AF455058

DES FONTAINES 1984

ALEXANDRE L. D'ALBÉCA
ADMINISTRATEUR COLONIAL

LA FRANCE AU DAHOMEY

PARIS
LIBRAIRIE HACHETTE ET Cie
79, BOULEVARD SAINT-GERMAIN, 79

1895

LA FRANCE
AU DAHOMEY

LES FACTEURS INFIDÈLES DU ROI TOFFA.

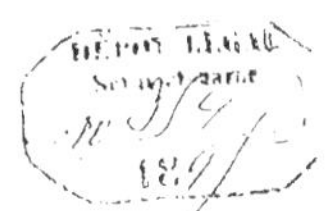

ALEXANDRE L. D'ALBÉCA

ADMINISTRATEUR COLONIAL

LA FRANCE AU DAHOMEY

PARIS

LIBRAIRIE HACHETTE ET CIE

79, BOULEVARD SAINT-GERMAIN, 79

1895

INTRODUCTION

Un voyageur n'a guère le temps de faire des livres. En Afrique, les impressions de l'Européen sont vives et multiples, ses sensations profondes, souvent aiguës. Sous l'action d'un climat débilitant sa mémoire s'obscurcit, sa volonté s'émousse; il rêve plus qu'il ne travaille. A son retour, il doit d'abord se reposer, se soigner, car il rapporte dans son organisme des germes morbifiques qu'il faut éliminer rapidement pour continuer à vivre, pour pouvoir reprendre la route de l'inconnu. A peine remis de ses fatigues, il repart. Il a jeté çà et là un article de revue, une interview; il a recopié hâtivement des notes de journal, prises au hasard de la plume, dans la paillote basse, où le soleil et la pluie, les deux plus mauvais génies des tropiques, venaient lui rendre d'incessantes et pernicieuses visites.

N'étant ni un savant ni un littérateur, je demande l'indulgence pour les erreurs qu'on remarquera. Surmontant la paresse, cette agréable et douce maladie que l'on contracte aux colonies, je me suis décidé à donner une relation sincère de mon existence en ces contrées torrides, où j'ai vécu quelques années sans connaître un instant de lassitude morale, tant ce que j'y ai vu m'a paru curieux et particulier. Pendant deux ans, j'ai voyagé, au gré des mouvements militaires, dans des régions à peine explorées. J'ai pu compléter mes études et visiter Abomey, Zagnanado, Atchéribé, Paouignan, Dassa, les Mahis, le Coufo, les Popos, les marais de Co et les forêts d'Alada. En janvier 1893, j'ai été nommé administrateur de Ouidah, le port du Dahomey que la France avait abandonné en 1797. En septembre de la même année, j'ai été chargé du service des affaires politiques et indigènes. Mes fonctions m'ont permis d'assister à la chute du dernier État nègre ayant accès à l'Atlantique, à l'exode d'un peuple indigène, à la désagrégation d'une société africaine, qui, grâce à son organisation politique basée sur la délation, le mensonge et l'espionnage, tenait depuis trois siècles sous sa domination les Nagots, les Mahis, les Éoués, tribus inoffensives dispersées sans cohésion entre la rivière Mono et le fleuve Ogoun, du golfe de Bénin au Bariba.

Avant les événements de guerre qui ont passionné l'opinion publique, le Dahomey était un pays fermé aux explorateurs. L'usage des instruments, tels que sextant, boussole, appareils photographiques, était prohibé; de là manque absolu de renseignements précis sur des régions dont les navigateurs avaient parcouru le littoral depuis le XIVe siècle. Les souverains d'Abomey *fermaient les chemins*, c'est l'expression consacrée. Pour sortir de Ouidah, tout *yéro* ou blanc qui voulait se rendre de Grand-Popo à Porto-Novo (établissements français) devait *avoir les chemins*, c'est-à-dire demander la permission, comparaître à l'*Agoli*[1] devant les autorités locales, et, après avoir fourni sur le but du voyage les explications les plus minutieuses, obtenir, moyennant le payement d'une somme de 60 centimes en cauris (2 000 coquillages) et d'une bouteille de tafia, le droit de circuler sur tel sentier désigné à l'avance, sans pouvoir s'en écarter. Le passeport était une amande de palme enveloppée dans une feuille de maïs ou de bananier. Quelque enfantines que puissent paraître ces formalités, le service était rigoureusement fait par les *décimères* ou douaniers qui surveillaient les croisées des routes étroites et ombreuses et les bords des lagunes saumâtres. La crainte du châtiment et la foi en la haute puissance du Dahomey entravaient toute tentative de corruption.

La consigne donnée aux gens du littoral — empêcher les Européens de voir ce qui se passait — était observée avec une exactitude encore plus sévère lorsqu'on se rendait de Ouidah à Abomey, et lorsqu'on essayait de pénétrer dans l'intérieur du Dahomey. Les visiteurs étaient considérés comme des *invités* du roi et traités avec les plus grands égards. Mais les fonctionnaires envoyés en qualité de guides ou de domestiques étaient chargés d'entraver toute communication avec les habitants, de fournir même des renseignements erronés pour satisfaire la curiosité, pour éviter tout prétexte à mécontentement ou à réclamation ultérieure. En réalité, Sa Majesté dahoméenne faisait garder à vue ses hôtes. Duncan en 1845, Skertchly en 1871, le docteur Bayol en 1889 ont été prisonniers plus ou moins inconscients de leur escorte et étroitement surveillés.

La destruction de l'armée dahoméenne, le démembrement de cet agrégat indigène nous ont ouvert ce pays mystérieux. Ce résultat, aussi important pour la science que pour notre expansion coloniale, a été obtenu rapidement grâce à la force d'endurance du soldat français, qui une fois de plus a montré ses hautes qualités militaires. Le corps expéditionnaire s'est trouvé en présence de difficultés matérielles de tout genre, intempéries d'un climat paludéen, manque d'eau potable et souvent de nourriture substantielle. Pas de guides, pas de routes, pas de bêtes de somme pour le service des transports, un ennemi courageux, mal connu, ayant pour lui le nombre, disputant son pays pas à pas, mètre par mètre, dans des terrains tantôt boisés, tantôt marécageux, dans un enchevêtrement de grands végétaux et de lianes tortueuses, éclairés par un soleil ardent, ou devant des herbes

1. *Agoli*, en langue *fon*, « tribunal », mot dont on a fait *agore* et autres.

épaisses et géantes formant une brousse impénétrable. Les guerriers et les amazones ont opposé à l'invasion du blanc, à son art militaire, à sa discipline méthodique, une résistance farouche, ont fait preuve d'une énergie et d'un courage dignes des meilleures troupes régulières. Les féticheurs, les véritables maîtres du Dahomey, ont mis en mouvement leurs génies malfaisants, leurs pratiques symboliques. Une victoire complète a couronné nos efforts. Puisse mon récit consoler les parents et amis des nombreux absents, héros inconnus, qui dorment, là-bas, loin de la mère patrie, dans les cimetières d'Abomey, d'Adégon, de Porto-Novo et de Cotonou, sous les sables fauves de la Côte des Esclaves[1].

Paris, avril 1895.

1. J'adresse ici tous mes remerciements à mes amis et camarades qui ont bien voulu m'aider de leurs conseils ou me prêter des documents intéressants : MM. Bayol, ancien gouverneur à la côte d'Afrique; Audéoud, lieutenant-colonel d'infanterie de marine; Trinité-Schillemans, chef de bataillon; Vuillemot, capitaine; Ferradini, lieutenant.

Je remercie tout particulièrement mes collaborateurs pour la partie artistique, M. l'enseigne de vaisseau d'Ambrières et M. l'aide-vétérinaire Brondy (Mattéo). Le premier a mis à ma disposition sa remarquable collection de photographies, le second m'a donné ses merveilleux croquis et aquarelles, pris sur place. Si l'on rapporte de nos expéditions d'outre-mer des germes de maladie physique, on retrouve aussi avec plaisir, quand on rentre en Europe, quelques amis que l'on s'est faits là-bas sous les tropiques, malgré le climat, malgré la lutte des intérêts qui conduisent à la misanthropie.

A. D'A.

PREMIÈRE PARTIE

(1888-1892)

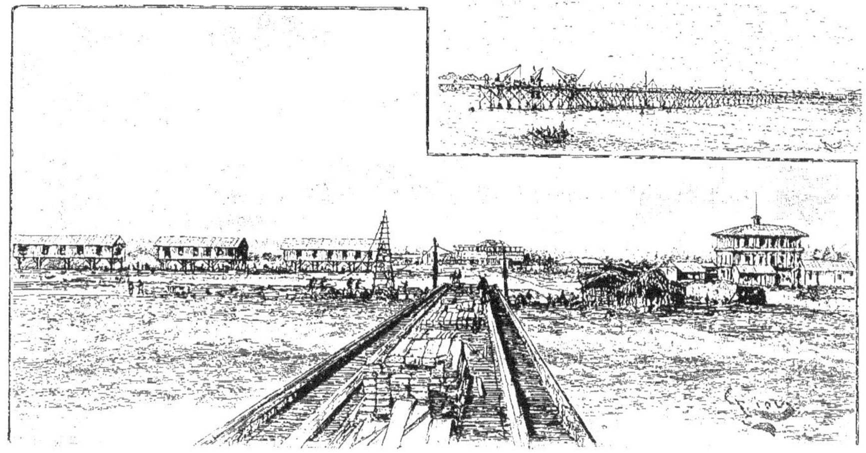

WHARF DE COTONOU.

CHAPITRE I

Départ de Bordeaux. — En vue de Ténériffe. — Dakar. — La *Ville-de-Céara* transformée en écurie. — La Côte des Esclaves. — Cotonou. — Le wharf, débarquement. — La barre. — Les féticheurs de la mer. — Le blockhaus et la ligne de défense. — Au mess des officiers. — Visite aux factoreries (10 août au 3 septembre 1892).

CANOTIER MINA.

Le *10 août 1892*, je m'embarquai à Bordeaux, à destination du Dahomey, sur la *Ville-de-Céara*, de la Compagnie des Chageurs-Réunis, qui fait le courrier de la côte occidentale d'Afrique. J'allais servir à l'état-major du commandant supérieur des établissements français du golfe de Bénin. Les hasards de la vie coloniale me portaient encore, après dix-huit mois d'absence, vers cet étrange pays, que j'avais habité de 1887 à 1891 et où je pensais ne jamais retourner.

En mer on fait vite connaissance. Nous sommes plusieurs à bord qui rallions le Bénin. Capitaines Lemoine, Benoît, lieutenants Mérienne-Lucas, Mouveaux, Bosano, etc. Temps clair. Conversation animée. Au départ de Pauillac, on nous a communiqué les derniers câblogrammes du Dahomey. « Le 9 août, le colonel Dodds est arrivé à Cotonou sur la canonnière *Opale*. Bombardement de la côte dahoméenne, mise en état de blocus depuis le 7 juin. Le croiseur le *Talisman* est devant Ouidah. L'artillerie du blockhaus de Cotonou tire dans la plaine, où campent de nombreux partisans ennemis. Les avisos *Héron* et *Ardent* participent à l'action de leurs postes de mouillage. Un détachement de 300 tirailleurs sénégalais, sous les ordres du commandant Stéfani, a fait une sortie vers Zobbo, près du lac Nokoué (Denham). Rencontre de l'ennemi. Dix heures de combats et de marche à travers des lagunes pestilentielles.... » « Et nous n'y sommes pas, dit en soupirant Mérienne-Lucas. Vous verrez que ce sera fini avant notre arrivée. »

17 août. — Sainte-Croix-de-Ténériffe. — Un aviso français de la station navale du Dahomey est en réparation dans le port. Nous ne pouvons pas descendre à terre. Le commandant a reçu l'ordre de se rendre d'urgence à Dakar. On file dix nœuds. Le soleil devient dangereux. Les plus prudents arborent fièrement leurs casques et les dolmans blancs. Derrière nous le pic de Teyde se perd dans des nuages grisâtres. A l'est, au loin, une plaine de sable brillant, faisant l'effet d'un immense miroir, prolonge l'océan. C'est le Sahara étincelant de mélancolie. La nuit vient un peu rafraîchir l'atmosphère. Le ciel scintille de globes en feu. On aperçoit la Croix du Sud. A travers les eaux transparentes, qui se remplissent de myriades de phosphorescences, le paquebot trace un sillon lumineux. Personne ne dort, personne ne peut dormir. Nous sommes six par cabine. Les plus jeunes n'ont pas de lit; leur réquisition de passage portait : *sans garantie de couchette.* Nous nous vengeons sur la table. Nous mangeons de tout avec un appétit féroce, quoique le menu soit très chargé. Le maître d'hôtel nous lance des regards écrasants, que nous supportons d'ailleurs plus facilement que ses aulx et ses oignons, qui empoisonnent l'air ambiant.

21 août. — Le Senégal. Dakar. Le phare des Mamelles. — Lorsqu'on approche du cap Vert, la noire Afrique se présente au navigateur sous la forme d'une femme nue, terre cuite nonchalamment étendue sur un tapis bleuâtre. A la lorgnette, nous distinguons, sur le quai, à côté du magasin de charbon, une foule grouillante d'hommes, d'animaux, de femmes et de bagages. Guinées bleues, cotonnades aux couleurs bariolées, burnous et boubous blancs, chéchias et madras rouges. Ce sont les spahis volontaires du capitaine Crémieu-Foa qui attendent la *Ville-de-Céara*. Intrépides cavaliers du Cayor, guerriers du Sine, du Saloum et du Baol, tous ont répondu à l'appel du gouverneur, M. de Lamothe, tous ont voulu suivre le colonel Dodds, leur compatriote, le vainqueur de Samba-Laobé, d'Aly-Boury, d'Abdoul-Boubakar, rois sénégalais, dont le commandant actuel du Dahomey a détruit la puissance. L'embarquement s'effectue rapidement au moyen de cotres, de chalands et de chaloupes à vapeur qui entourent le bateau. En quelques minutes une bande de noirs prend d'assaut le gaillard d'avant, crie, hurle, gesticule, salit tout. Le milieu de la *Ville-de-Céara* est transformé en écuries au moyen de planches ajustées à la hâte et formant mangeoires. La grue à vapeur hisse les bêtes, petits chevaux bais, bruns et gris, très étonnés de ce tohu-bohu, résignés. Le pont devient inhabitable. Partout des indigènes chargés de sabres, de pistolets et d'amulettes ou *gris-gris* destinés à les protéger contre les

LE PONT DE LA « VILLE-DE-CÉARA ».

balles. Du foin, de l'orge, du crottin. Dieu! que ces cavaliers sont encombrants! Nous allons être tassés comme des sardines!

Le capitaine Crémieu-Foa et le lieutenant Périer, bottés, éperonnés, gantés comme à l'Hippique, nous donnent les derniers renseignements sur l'expédition, les *tuyaux* les plus récents. « La colonne, comprenant 1 300 combattants et 2 000 porteurs toffanis, a quitté Porto-Novo le 18 août pour opérer dans le Décamé, plateau boisé situé au nord du royaume de notre allié Toffa. L'objectif est Sakété. On a employé deux jours au passage de la rivière Adjara. Le 19, arrivée à Kouti. Bombardement de Tacon le 20. Commandants Laserre et Riou légèrement blessés. On traverse une région fourrée. Les populations acclament les Français. La prise de Tacon a fait abandonner par les Dahoméens le camp retranché qu'ils avaient établi à Békandji, à 10 kilomètres à l'ouest. Dès que les opérations du Décamé seront achevées, le colonel Dodds rentrera à Porto-Novo pour présider à la formation de la nouvelle colonne qui va être constituée à l'aide de renforts amenés par le *Mytho* et le *Saint-Nicolas*, partis d'Oran le 2 août, et qui doivent être près de Cotonou. »

Nous sommes atterrés! Nous arriverons juste à temps pour ramasser les étuis de cartouches et féliciter ceux qui seront décorés. Nous tenons un *palabre* et nous décidons qu'il ne sera plus question du Dahomey à bord. Nous buvons des cocktails et nous jouons à la manille aux enchères avec acharnement.

22 août au 2 septembre. — Konakry, Sierra-Leone, Libéria, Grand-Bassam, Cape-Coast-Castle. — Nous passons au large. L'impatience et le désir d'arriver deviennent intenses lorsqu'on a doublé le cap des Trois-Pointes. Quelques sites montagneux, les derniers contreforts de l'Achanti. Sur la Côte de l'Or anglaise, un ou deux fortins ruinés, vestiges de l'occupation danoise et hollandaise. A l'époque où la traite était à la mode, les négriers rassemblaient dans ces bâtiments les « bois d'ébène » et les livraient aux voiliers qui venaient de l'Amérique chercher sur le sol africain la main-d'œuvre nécessaire aux plantations de café et de sucre.

Après le cap Saint-Paul, c'est notre sphère d'influence, la Côte des Esclaves. Le navigateur est frappé de la morne désespérance qui se dégage des plages sablonneuses et basses. Un cordon blanc et uniforme derrière une ligne continue d'écume jaunâtre. Le même paysage se déroule sans un point de repère pour les timoniers, sans une baie, sans une rade, sans un port. Au deuxième plan, le même horizon : un rideau vert foncé de brousses intenses et d'arbres feuillus apparaît et s'efface avec la fumée de la machine, dans le sillage du bâtiment. Çà et là quelques cocotiers rabougris émergent, se penchant péniblement vers le sol rayonnant de lumière, à côté de paillotes basses et indiquant les centres habités. Pas une élévation, pas une crique, Quittah, Addah, Porto-Ségouro, trois ou quatre factoreries en bois recouvertes de tuiles rouges, l'ensemble estompé de nuages gris.

3 septembre. Dernier jour. — De grand matin, pendant le lavage du pont, l'un de nous a vu le clocher de l'église d'Agoué. Nous sommes au Dahomey. Vers cinq heures on distingue à peine, par bâbord-avant, une grosse masse noire qui perce la brume. C'est le *Mytho*, transport-hôpital, arrivé depuis le 23 août avec la Légion étrangère, qui a déjà débarqué et rejoint le quartier général. Nous mouillons par 16 mètres de fond. Près de nous se balance le cargo-boat *Saint-Nicolas* qui a convoyé les spahis du commandant Villiers, 20 baraques Dœker, 160 voitures Lefèvre, 10 jours de vivres, etc.

LE TRANSPORT-HOPITAL LE « MYTHO ».

Nous sommes à l'époque de l'année dite petite saison des pluies. Dès l'aube, un brouillard épais couvre le littoral dahoméen; peu à peu la lumière devient blanche comme celle de la pleine lune. Six heures. Le soleil se lève tout rouge du côté du Bas-Niger.

Nous voyons enfin Cotonou, le *blockhaus*, les baraquements et le wharf, magnifique appontement en fer forgé construit par des ingénieurs français, MM. Daydé et Pillé, de Creil. L'ouvrage est à peine achevé. Mais on s'en sert déjà pour débarquer le personnel et le matériel.

Cotonou n'est pas une rade. Les bateaux y roulent toute l'année bord sur bord, soulevés par de fortes lames de fond.

La station navale est composée, outre le *Mytho* (commandant de Percin), des bâtiments suivants :

1° *Talisman*, croiseur de 3e classe (commandant Marquer) ;

2° *Héron*, aviso à roues (commandant Rougemont) ;

3° *Brandon*, aviso à roues (commandant Jacquet) ;

4° *Ardent*, aviso à roues (commandant Le Moine des Mares) ;

5° *Mésange*, aviso à roues (commandant Le Bris) [1].

On nous met dans un grand canot que remorque une chaloupe à vapeur. Nous accostons au wharf. Nous nous accrochons à une échelle de corde et nous nous hissons sur le tablier, à 280 mètres du rivage. Sous nos pieds d'immenses volutes d'eau salée passent avec une rapidité qui donne le vertige. Des montagnes de mer se brisent avec éclat entre les piliers de l'appontement, s'étalent sur la grève et se retirent en laissant une nappe écumeuse qui bruit sans discontinuer. En quelques secondes cependant nous touchons le sol dahoméen sans aucune avarie. La construction du wharf a rendu faciles et rapides les débarquements, autrefois lents et dangereux.

Deux ans auparavant on risquait sa vie chaque fois qu'on allait à terre ou qu'on se rendait en rade, à cause de la *barre*, phénomène naturel et constant qui étonne le voyageur, dès qu'il arrive sur la côte du Bénin.

Le *courant de Guinée* est un contre-courant équatorial. Les eaux, poussées au fond du golfe de Biafra par les deux courants de la Guinée septentrionale de l'ouest à l'est, et de la Guinée méridionale du sud au nord, viennent s'amortir l'un contre l'autre, en remous, sans direction fixe, autour des îles de Fernando-Po et du Prince, pour reprendre leur course équatoriale de l'est à l'ouest, à une soixantaine de milles au sud-ouest de San-Thomé. Vers le 12e degré de longitude ouest, les remous équatoriaux, se détachant vers le nord, viennent se diviser sur le cap des Palmes; une partie, très faible, remonte vers le nord-ouest le long de la côte de Libéria, mais la plus grosse masse prend la direction de l'est et court le long de la côte de Guinée avec une vitesse qui atteint jusqu'à deux nœuds à l'heure et rend impraticable aux voiliers le louvoyage de l'est à l'ouest pour remonter cette côte.

Ce courant ne paraît pas avoir d'influence sur la *barre* qui s'étend le long des plages.

1. La canonnière à hélice le *Scorpion* n'arrivera que le 11 octobre. Le *Sané* a quitté Cotonou le 29 juillet 1892.

Cet état de la mer est causé par la houle du sud-ouest, qu'occasionne le vent frais qui souffle tous les jours de cette direction moyenne entre l'équateur et la côte, et généralement à partir de midi. Ce vent lui-même est un contre-courant des alizés qui va remplir le vide des régions échauffées où la rotation de la terre, de l'ouest vers l'est, engendre dans les régions supérieures un retour apparent des ondes atmosphériques de l'est vers l'ouest.

La barre est plus ou moins grosse, suivant qu'elle frappe la terre plus normalement ou que les grands fonds sont plus ou moins voisins du littoral. Ainsi, du cap Saint-Paul à Elmina-Chica, la côte court presque nord-est et la houle du sud-ouest devant Quittah, dont la plage n'est battue que par des ondes en retour, laisse une barre très faible, un seul brisant peu élevé, que les indigènes traversent en pirogues légères pour porter aux paquebots des chargements de volailles et de fruits. A partir de la Volta et jusqu'au cap Formose la barre devient très difficile, parce que la terre est frappée perpendiculairement par des vagues gigantesques, suivant l'impulsion acquise. La base de la masse d'eau se heurte contre l'accore, tandis que la partie supérieure continue sa marche en avant, rebondit comme du haut d'une cascade en rouleaux de sable et de sel. Le mouvement de translation continue avec rapidité jusqu'au rivage. Les trois lignes de brisants ainsi formées sont séparées par des vallées ondulées, peuplées de requins.

J'ai souvent franchi la barre à Ouidah, à Grand-Popo et à Cotonou. J'ai éprouvé chaque fois une émotion incompréhensible, indéfinissable. Le courage individuel et la confiance en l'habileté des rameurs sont paralysés par l'appréhension du requin. La crainte de l'accident est instinctive lorsqu'on a vu, après que l'embarcation a chaviré, de malheureux Minas s'échouer mourants sur la plage, complètement défigurés, horriblement mutilés par les squales voraces.

Pour passer, la barre on emploie de grands canots (*surf-boat*) que montent douze pagayeurs et un pilote. L'équipage ou *compagnie* laisse à terre son cuisinier et ses féticheurs. Ce sont des noirs d'Accra ou de Cape-Coast qui font ce rude métier pour 30 francs par mois et la ration de riz. On leur distribue en outre du tafia de traite, une bouteille par homme et par jour, une bouteille par voyage pour tout le monde et une gratification d'une bouteille par trois voyages effectués sans accident, c'est-à-dire lorsque aucun colis n'est tombé à la mer. Seize voyages sont le maximum qu'on puisse atteindre en une journée de barre belle. Avant de lancer l'embarcation, on la roule sur le sable pour la placer sur le revers de la dune, droite à la lame. Le pilote, armé d'une godille en guise de gouvernail, se tient debout sur l'arrière et dirige la manœuvre. Immobile, il attend l'embellie. Lorsque la vague du dernier brisant va se former, pendant que le rouleau intermédiaire est en action, au moment précis où déferle la volute la plus rapprochée, le pilote crie, les féticheurs poussent à la quille, les Minas entièrement nus se hissent sur les rebords et rament vigoureusement à peine assis. L'embarcation flotte. On franchit le deuxième brisant à coups répétés de palettes, pendant que la troisième volute est devant, énorme, prête à engloutir tout. Le pilote doit saisir l'instant propice pour ne pas être étouffé entre deux rouleaux. Dès que l'on est en eau calme, les canotiers, humides, cessent de ramer vigoureusement. Ils se reposent, sourient et demandent au passager un petit cadeau, en montrant des dents blanches sous des gencives rouges qui éclairent joyeusement leur face d'ébène.

Pendant l'opération, les féticheurs sur la plage ont suivi la pirogue des yeux, poussant

LES FÉTICHEURS APRÈS LE LANCEMENT DE LA PIROGUE.

des hurlements, lançant des imprécations aux génies de la mer *Aïsan, Abbétayo, Avrékété*, neptunes dahoméens. Quand le danger est écarté, ces braves ivrognes, marchands d'orviétan, se couchent à côté de leurs idoles et arrosent de gin et de tafia les emblèmes de la divinité, morceaux de bois et de fer fichés dans le sable, barbouillés de sang de coq et d'huile de palme. Pour atterrir, on cherche à atteindre le brisant du milieu d'abord, puis on s'élance sur la crête de la vague, qui doit vous porter à terre directement ou vous faire chavirer s'il y a eu fausse manœuvre. Dès que le canot s'est échoué sur le fond solide, les rameurs jettent avec frénésie leurs pagayes en l'air et se précipitent à l'eau; les féticheurs empoignent le passager dans leurs bras huileux et le déposent avec déférence sur un terrain plus hospitalier. On leur donne une pièce de monnaie et tout le monde est heureux.

En considérant la barre, on se demande, non sans étonnement, comment les constructeurs du wharf ont pu en six mois mettre à terre leurs matériaux et installer cet ouvrage hardi, un appontement métallique sur des sables roulés par des vagues constamment en mouvement. En décembre 1891, les diverses pièces, fixées à des flotteurs insubmersibles, étaient halées du navire à la plage à l'aide d'amarres disposées en va-et-vient. Huit cents tonnes de matériel furent ainsi débarquées sans accident.

Pour la construction on a adopté le procédé suivant : L'extrémité des pieux de fondation en acier plein (14 centimètres de diamètre) était munie d'une large vis en fonte de fer. Au moyen d'une bigue s'appuyant sur la partie du travail déjà faite, on présentait le pieu en place et pour le visser on garnissait sa tête d'un tambour horizontal. Autour de ce tambour s'enroulait une corde qu'il suffisait de tirer à l'aide de treuils pour faire pivoter le pieu sur lui-même et le visser jusqu'au *refus* dans le sable compact et les bancs de coraux qui forment le fond de la mer en cet endroit. Une fois ces pieux placés, on les réunissait par des entretoises.

Le wharf se divise en deux parties : la passerelle, de 236 mètres de longueur sur 5 m. 30 de largeur; le débarcadère, 44 mètres de longueur sur 12 de largeur. Pour supporter la section de la passerelle la plus proche de la côte (136 mètres de longueur), on s'est contenté de palées simples formées de deux pieux, distants de 8 mètres les uns des autres ; mais, à partir de cet endroit, on a dû employer un système de palées doubles, rappelant les piles de ponts métalliques, formées de quatre pieux entrelacés; ces piles sont espacées de 16 mètres. Le plancher de la passerelle est muni de deux voies de chemin de fer de 80 centimètres d'écartement; celui du débarcadère a quatre voies et sera desservi par quatre grues tournantes. La barre ne se faisant sentir que jusqu'à 100 mètres au delà du rivage, l'extrémité du wharf n'éprouve pas d'agitation.

Destiné surtout au commerce, le wharf a été inauguré par la guerre. Le personnel et le matériel ont passé sans encombre par cette base d'opérations d'un nouveau genre.

Cotonou, en langue dahoméenne (*fon* ou *djedji*), signifie « bouche de la lagune morte » (*co to noum*). Ce nom indique que nous sommes à une embouchure de rivière. A 200 mètres à l'est du wharf se trouve l'isthme qui empêche les eaux du lac Nokoué (Denham) de communiquer avec l'Océan. Cette langue de terre s'est ouverte en 1887. L'*Émeraude*, petite canonnière, a pu la franchir à cette époque pour se rendre dans la lagune de Porto-Novo, au grand désappointement des féticheurs dahoméens [1]. Sous l'action des sables accumulés par le ressac, l'ouverture s'est refermée trois mois après. Le débit des eaux de l'intérieur n'est pas constant : on ne peut donc espérer pouvoir creuser dans la lagune un port capable d'abriter des navires d'un certain tonnage, comme à Lagos. L'emplacement sur

1. En novembre 1893, même phénomène. La bande de sable a été enlevée par les eaux subitement grossies à la suite de pluies exceptionnelles. La rupture ne s'est pas effectuée sans accident. La factorerie Cyprien Fabre, les magasins et l'appontement du service administratif ont été projetés dans la mer en même temps que le sol.

ARTILLEURS HAOUSSAS ET COMPAGNIE DE DÉBARQUEMENT DU « MYTHO ».

lequel est bâti Cotonou est de formation géologique récente et peut encore être appelé à disparaître, étant soumis au caprice d'une inondation.

Nous ne sommes pas dans une ville mais dans un campement, jeté dans les dunes de sable du cordon littoral, sorte de bourrelet solide qui s'est formé sur la Côte des Esclaves, entre l'Océan et les lagunes courant parallèlement à la mer, alimentées par les rivières qui descendent des hauts plateaux sis entre le septième et le huitième degré de latitude Nord.

Deux constructions sérieuses, le blockhaus, ouvrage en maçonnerie, bâti par le capitaine Lebigot, de l'artillerie de marine, et l'hôtel du câble anglais. Les factoreries sont des cases en planches. On a jeté les fondements de l'hôpital et des baraques Moisant destinées à la troupe. De droite et de gauche, au hasard, des paillotes, des tentes Tollet, des cuisines en plein vent, des marchandes de pacotille, des échoppes au milieu du chemin, etc. La forêt qui entourait Cotonou d'une forte ceinture de brousse verte et qui a permis à l'armée de Behanzin de venir attaquer nos lignes le 4 mars 1890, à 5 heures du matin, a été émondée. Les canons du fort ont un champ de tir de plus de 1 kilomètre, la défense est assurée. Une ligne de palanques complète le système; elle va de la mer à la lagune, formant pour ainsi dire la base d'un triangle isocèle.

Je suis reçu au mess des officiers, paillote circulaire en forme de pagode. A défaut de confortable et de luxe, la plus grande gaieté règne dans le *Kiosque,* comme nous disons. Nous assistons d'abord, sans nous déranger, en prenant l'apéritif, à la manœuvre du canon par des artilleurs improvisés dits *Haoussas.* La compagnie de débarquement du *Mytho* vient aussi faire l'exercice sur la place d'armes; enfin le commandant Villiers fait évoluer ses *Bachi-Bouzouks,* les spahis volontaires, mes compagnons de voyage.

Il règne partout une grande effervescence, provoquée par le ravitaillement de la colonne. Des noirs s'avancent processionnellement, à la file indienne, vers le wharf, y chargent sur leurs têtes crépues des caisses en zinc contenant les vivres du corps expéditionnaire, et les portent à la lagune, où des piroguiers les prendront pour les charrier vers l'Ouémé. Les kroumans des factoreries remplacent la population indigène, qui fait totalement défaut.

Visite aux factoreries. Bien que la France fût officiellement installée à Cotonou depuis 1861, le développement commercial de ce point a été très lent. Aujourd'hui encore ce n'est qu'un entrepôt de marchandises destiné à ravitailler les comptoirs d'Abomey-Calavi et Porto-Novo, un lieu de transit pour les puncheons d'huile de palme et les sacs d'amandes expédiés en Europe. MM. Cyprien Fabre et Régis aîné, de Marseille, y ont seuls des établissements. Les autres marchands de Porto-Novo font leurs opérations par Lagos, au moyen de vapeurs qui circulent dans la lagune de l'Ossa (Badagry). Les produits du cru sont achetés aux indigènes de l'intérieur contre espèces anglaises et contre tissus, alcools, faïences, fusils, poudres, sel, etc.

Des douaniers français se promènent aujourd'hui sur la plage et ont remplacé les anciens *décimères* du Dahomey, ainsi nommés parce que ces agents étaient en principe chargés de percevoir le dixième de la valeur sur les importations. Mais en réalité on payait des droits fixes peu importants.

Dans un avenir très rapproché, tout le commerce devra passer par Cotonou pour ne pas être taxé deux fois, à Lagos et à Porto-Novo. Les difficultés politiques cessant et le wharf ayant supprimé l'obstacle naturel, la barre, rien ne paraît devoir s'opposer désormais à la reprise des transactions, un peu ralenties pendant les hostilités.

MESS DES OFFICIERS A COTONOU.

ARRIVÉE D'UN CABÉCÈRE.

CHAPITRE II

Événements antérieurs à 1892. — La situation en 1888. — Monsieur Tom. — Conflits et palabres. — Mission Bayol en 1889. — Un couloir de vase sous un bosquet de verdure. — Un casque de dragon au milieu d'amazones. — Sacrifices humains. — Un pantalon à bande d'or dans une mare de sang. — Mort de Glé-Glé (30 décembre 1889).

FÉTICHE.

De tout temps le Dahomey a eu le don d'attirer les explorateurs et les hommes politiques soucieux d'ouvrir à leur patrie des débouchés commerciaux. Depuis le xve siècle jusqu'à nos jours, Dieppois et Marseillais, Danois et Hollandais, Portugais, Anglais et Brandebourgeois ont commercé le long de la Côte des Esclaves, y trouvant des éléments considérables de trafic, y créant des installations permanentes dites *factoreries*. Les fortins ruinés, disséminés le long du rivage, de Cape-Coast-Castle à Lagos, rompent l'uniformité des plages et attestent les efforts constants de l'Europe marchande pour exploiter cette riche partie de la Guinée septentrionale. Malgré les dangereuses volutes de la barre qui rendaient difficile l'atterrissement des embarcations légères, malgré les tracasseries administratives des autorités dahoméennes, jalouses et inquiètes à la vue du blanc, malgré la politique sanguinaire des féticheurs et les exigences des rois d'Abomey, le commerce français, représenté aux xviie et xviiie siècles par la Compagnie des Indes-Occidentales, au xixe siècle par la Compagnie du Sénégal et par les maisons de Marseille Régis et Fabre, conserva toujours une position prépondérante. Cette position, conquise depuis longtemps au prix de grands sacrifices, et que la jalousie d'une concurrence étrangère n'a pu parvenir à ébranler, s'est maintenue de nos jours. Cette force de résistance de la part de nos nationaux autorise les plus belles espérances.

La Compagnie des Indes-Occidentales avait été créée par un édit de Louis XIII, le 31 octobre 1626. Mais c'est à Colbert que revint l'honneur d'avoir cherché dès cette époque pour la France des marchés nouveaux. L'édit de 1664 confirma la charte de la Compagnie, libre de commercer avec les capitaux français du cap Vert au cap de Bonne-Espérance.

L'ancien royaume d'Ardres, qui a donné naissance aux États d'Abomey et de Porto-Novo, s'étendait à l'ouest jusqu'à la Volta, à l'est jusqu'au Bénin. Les Popos actuels, les Éoués, qui occupaient les ports de Ouidah et de Savi, le royaume de Juda, étaient sous sa dépendance. Mais en 1670, lorsque d'Elbée, commissaire de la marine française, vint rendre visite au roi d'Ardres, les Dahoméens ou *Fons* avaient commencé la conquête du pays. Adahounzo ou Adanzou Ier régnait déjà à Abomey, comme on verra lorsque je parlerai des acquisitions faites par la famille royale actuelle. Néanmoins le roi d'Ardres fit à l'envoyé du roi de France une brillante réception. « Le monarque noir le reçut avec déférence, dit le chevalier des Marchais, et le fit boire dans son verre, témoignage de considération et d'amitié qui n'a rien d'égal dans la nation! Depuis, le commerce fut ouvert et les Français eurent la liberté de traiter avec les sujets du roi. »

A son retour en France, d'Elbée est accompagné par un ambassadeur, Mattéo Lopez, qui fut reçu à Versailles le 16 décembre 1670 en audience solennelle. Ils offrirent à Louis XIV deux bons coutelas, deux zagaies, une veste et un tapis. Le cabécère supplia le roi des blancs d'accepter ces présents envoyés par le roi d'Ardres, ajoutant que le pays ne produisait rien de plus rare.

Nous possédions un établissement commercial très important, où nous avons entretenu des troupes jusqu'en 1797, le *Fort royal Saint-Louis de Grégoy*, situé à Ouidah. Le directeur de ce comptoir tenait le premier rang dans les cérémonies officielles, marchant avant ses collègues anglais, portugais, danois, hollandais. Le fort français ayant cessé d'être occupé par une garnison, la jouissance et la garde en avaient été remises à des négociants français, qui entretinrent les meilleurs rapports avec les rois d'Abomey et créèrent l'industrie des huiles de palme.

Le 1er juillet 1851, le lieutenant de vaisseau Bouët signa à Abomey un traité d'amitié et de commerce. Treize ans plus tard, le roi *Glé-Glé* nous cédait verbalement à Cotonou une bande de plage de 6 kilomètres de profondeur. La cession de Cotonou fut confirmée par le traité écrit du 19 mai 1868 et la France, en vertu de cet acte, était autorisée à prendre possession de ce territoire.

En 1857, les Minas nous vendaient la plage de *Pla*, plus connue sous le nom de *Grand-Popo*, et, en 1868, *Ajigo* ou *Agoué*. Le 19 juillet 1883, le gouvernement français affirma son protectorat sur ces contrées.

Le petit État nègre que l'on désigne sous le nom de royaume de Porto-Novo s'était constitué de la même manière que le Dahomey. Les habitants, de famille *fon*, avaient une origine commune. Les souverains étaient cousins, et un lien de vassalité subordonnait le

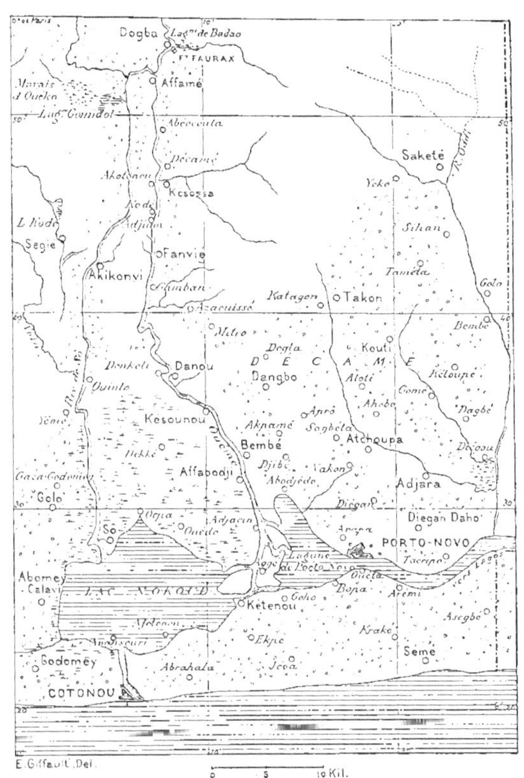

CARTE DU ROYAUME DE PORTO-NOVO.

roi d'*Adjaché* (Porto-Novo) au monarque d'Abomey. En 1863, le roi Mecpon, successeur de Soudji, fit alliance avec nous et se mit sous notre protectorat pour s'éviter la guerre avec les Anglais qui, au mois de décembre, venaient de s'emparer de Lagos, à l'embouchure de l'Ogoun. Le traité de protectorat fut renouvelé sous Toffa, successeur de Mési, le 25 juillet 1883.

Dans l'intervalle, un conflit entre le Dahomey et l'Angleterre provoqua une intervention de notre part. Le gouvernement britannique avait infligé à Glé-Glé une forte amende pour l'obliger à respecter ses nationaux. Le roi refusa de payer. L'Angleterre ordonna le blocus de la côte, qui ne fut levé que le jour où les commerçants français de Ouidah eurent payé eux-mêmes l'amende, pour ne pas voir leurs transactions interrompues. M. Paul Serval, capitaine de frégate et chef d'état-major de l'amiral commandant en chef de la division navale de l'Atlantique sud, reçut mission de négocier un nouveau traité avec le Dahomey. Ce fut la convention du 19 avril 1878. Elle stipulait la cession de Cotonou pleine et entière; le roi abandonnait même ses droits de douane. Pendant une dizaine d'années, aucune difficulté ne surgit quant à l'application des clauses de ce document. C'est sans opposition qu'en septembre 1885 on mettait une petite garnison à Cotonou, en même temps que l'on installait quelques miliciens à Porto-Novo, avec un résident, pour donner à nos nationaux un peu de confiance et de prestige. Cette prise de possession des pays soumis à notre protectorat était la conséquence de l'acte général de Berlin du 26 février 1885 qui, dans son article 35, stipule l'occupation effective des établissements de la côte d'Afrique. Jusqu'en 1887 aucun incident ne trouble le pays.

Je suis arrivé à Grand-Popo pour la première fois le 14 décembre 1887 et je me rendis immédiatement à Porto-Novo, pour saluer le commandant des établissements, M. Victor Ballot. La plus grande sécurité régnait partout. J'ai traversé le Dahomey la canne à la main après avoir accompli les formalités d'usage. Le respect de la personne du blanc était absolu. En janvier 1888, je rentrais à mon poste, après avoir pris mes instructions, par la route de l'intérieur, Cotonou-Godomey-Ouidah. A une halte, mes porteurs me demandent à soupeser ma sacoche, à voir de l'or par curiosité. Le trésorier m'avait confié 200 livres sterling pour les besoins du poste. J'étais seul, sans armes; mon boy, un enfant de dix ans, Komlavi, suivait en arrière avec mon revolver, qu'il portait sur la tête pour se gonfler d'importance aux yeux de ses congénères plus âgés. Je n'eus pas un instant la pensée que les Dahoméens pouvaient facilement me dévaliser, m'assener deux ou trois coups de bâton et m'abandonner dans la brousse. Je leur exhibai la fortune de l'État. Ils demeuraient émerveillés, mais ne se faisaient pas une idée exacte de ce que représentaient tant de pièces. Je dus leur expliquer qu'une livre valait 20 shillings, un shilling 4 000 cauris, que j'avais de quoi remplir plus de 200 sacs de piastres fortes (monnaie de compte en usage), enfin la nourriture du Dahomey tout entier pendant un mois. Un hourrah enthousiaste accueillit mon arithmétique. Je promis une bouteille de tafia par homme en plus du salaire convenu et j'arrivai vers quatre heures du soir, sans encombre, à l'hospitalière factorerie Fabre, après 40 kilomètres de voyage en hamac sous une forêt ombreuse. Ces hommes s'estimaient fiers de transporter un *yévoghan* (chef de blancs) si cossu. Je suis convaincu que l'idée d'un crime ou d'un vol ne leur aura même pas traversé le cerveau. Le noir de la Côte des Esclaves ne connaissait pas encore ce rude combat contre la mort que l'on appelle la lutte pour la vie.

J'ai cité plus haut le nom de Komlavi. Ce négrillon, que tous ont vu là-bas, mérite une mention dans ces souvenirs.

Monsieur Tom, Thomas, surnommé Komlavi, m'a fidèlement servi de domestique pendant deux ans.

Quand je l'ai connu, sa taille était de 95 centimètres. Trois années après, il n'avait pas grandi d'un pouce. Ce pygmée n'avait pas d'âge et ne savait où il était né. Quand on le questionnait, il répondait simplement : « Moi, Thomas, boy du Résident ».

Toutes les fois que l'on voyait apparaître cet enfant au bout d'un chemin, à l'avant d'une pirogue, dans la cour d'une case, les indigènes riaient et se disaient : « Le *yévoghan* est là ». Ceux qui avaient un *palabre* (procès), quelque affaire embrouillée à me soumettre, quelque cadeau de rhum ou de tissu à me soutirer, cherchaient à gagner les bonnes grâces de Thomas.

La principale préoccupation de l'Européen qui débarque sur la côte occidentale d'Afrique doit être le choix de bons domestiques.

Le soleil est ardent, la chaleur accablante; la plus insignifiante corvée fatigue et rend pénible le moindre effort musculaire. Il serait d'ailleurs impolitique de ne pas avoir plusieurs serviteurs : le prestige de l'autorité serait amoindri. Avec les nègres, comme chez les Arabes, tout est une question de dignité, de tenue, de représentation.

Au Dahomey, chaque domestique a sa spécialité, son emploi, et se garde bien d'aider son voisin. Les noirs sont instinctivement paresseux; il faut constamment user de moyens énergiques pour les faire sortir de leur apathie naturelle. Au-dessus de tout le personnel plane le *factotum*, l'homme de confiance, celui qui approche le maître en toutes circonstances. Thomas remplit ces fonctions auprès de moi pendant longtemps et, quoiqu'il fût un petit garçon, tous lui obéissaient et le redoutaient.

Je l'avais acheté à Grand-Popo, dans le courant de janvier 1888. Je me hâte d'ajouter qu'il cessa d'être esclave le jour même où il devint mon *captif*.

Des musulmans, venus de l'intérieur du Mossi, par Togodo, grand marché situé au nord de Grand-Popo, sur les bords du fleuve Mono, parcouraient à cette époque le littoral du golfe de Bénin, deux fois par an, avec des armes, des amulettes, de l'or, des corans, cherchant à troquer leur cargaison contre de la poudre, des balles et du sel, cette denrée de première nécessité manquant absolument dans les contrées montagneuses. C'est dans une de ces caravanes, qui se composait, outre les maîtres, de cinq négrillons qu'ils faisaient passer pour leurs enfants, que je vis Thomas pour la première fois. Je ne tardai pas à comprendre à l'attitude humble et craintive des petits qu'ils étaient esclaves. A peine vêtus de morceaux de calicot bleu, maigres, sales, ils suivaient leurs maîtres, silencieux, résignés, s'arrêtant seulement pour regarder avec curiosité les blancs. A leurs yeux étonnés de tout, puisqu'ils n'ont jamais rien vu que les arbres, le ciel et la terre, nous passons pour des sorciers, des êtres surnaturels.

Amadi, le sergent du poste, me fit remarquer Thomas, dont la mine éveillée, les yeux brillants et les tatouages bizarres attiraient tous les regards. Trois entailles partaient des coins de la bouche et se terminaient à la hauteur des oreilles. Il riait constamment, découvrait de grosses lèvres lippues sous un nez épaté, montrant des dents très blanches. Il savait à peine baragouiner un langage impossible et souvent presque incompréhensible. Malgré les observations de son « père », il s'approcha de moi et me demanda par un signe à manger. Je fis causer son maître et j'obtins le petit moyennant 250 francs. Nous donnâmes à l'enfant le nom de Thomas. Les Minas, ou habitants de Grand-Popo, l'appelèrent *Komlavi*, *Legba-vi*, petit Thomas, petit diable.

En six mois, Thomas, devenu mon boy, s'habitua à nos mœurs, se plia à mes habitudes, se soumettant docilement à tous les ordres. Son bonheur était de cirer mes bottes. Il apportait dans ce travail une attention religieuse, des scrupules de grand artiste. Levé avec le jour, il empoignait le soulier et la brosse et frottait, frottait avec acharnement. Lorsque le cuir était brillant, il s'arrêtait, se reposait et se contemplait avec délices, en souriant, dans ce miroir d'un nouveau genre qui lui plaisait plus que la glace qui ornait ma chambre à coucher, et devant laquelle je le surprenais en train de se faire des grimaces à lui-même.

Très souvent même, il regardait derrière la glace pour tâcher de deviner ce qui produisait un pareil phénomène, extraordinaire pour son intelligence, ouverte mais inculte.

Thomas apprit aussi très vite à servir à table, montrant une aptitude spéciale à cette besogne, celle qu'il prisait le plus, à cause des bénéfices, les restes, qu'il partageait solennellement avec les marmitons et les enfants de nos tirailleurs.

Dès qu'on apercevait mon casque ou mon dolman blanc, on était certain de voir survenir Thomas, chargé de quelque colis précieux, le revolver, la sacoche ou le panier à provisions contenant le déjeuner du matin.

Je lui confiai mon revolver, parce que j'étais certain qu'il n'y toucherait pas : il avait horreur des armes à feu et se bouchait les oreilles toutes les fois qu'on exécutait un tir. Sa peur instinctive m'était un sûr garant de sa fidélité à observer la consigne qui lui interdisait d'ouvrir l'étui. Mais sa vanité le poussait à vouloir se charger de l'arme, afin de passer pour belliqueux aux yeux de ses compagnons.

Dans tous mes voyages, à Petit-Popo chez le commissaire impérial allemand, à Lagos chez le gouverneur, au Tado chez Pohenzon, à travers le Dahomey, j'ai été suivi de Thomas, gai, valide et bien portant.

Pendant la campagne de 1890, mon boy a assisté à toutes les affaires, sans se départir une minute de ses occupations multiples de valet de chambre, de maître d'hôtel et de chef de ma maison civile.

Plus tard, dans un combat sur les bords du fleuve Ouémé, il eut une expression heureuse. Nous naviguions sur l'*Émeraude*, lentement, craignant une surprise; les berges se rapprochaient de nous, et nous pouvions être fusillés à bout portant, sans voir d'où seraient partis les coups. Thomas suivait des yeux les arbres; tout à coup il s'écria : « Voyez, voyez, des nègres là-bas! » Il avait vu mieux que nous; grâce à lui, nous pûmes diriger le tir vers l'endroit indiqué et nous passâmes sans avarie.

En quittant Cotonou, j'avais confié Thomas au gouverneur, qui lui avait décerné le titre de garçon de bureau, aux appointements de quinze francs par mois. Il devenait fonctionnaire comme moi. Mais il avait le goût des voyages : il ne voulut pas attendre mon retour.

Engagé par mon ami Clozel, de la mission Maistre, il disparut dans le Haut-Congo, mangé par un tigre en 1892.

Au contact de l'Européen ou de voisins plus civilisés, les nègres se débarrassent peu à peu de leur passivité instinctive; ils commencent à se remuer, à s'agiter, à se trouver des besoins qu'ils ne se connaissaient pas quelques années auparavant et cherchent à les satisfaire. Dès qu'ils ont une organisation politique quelconque, dès que l'un d'eux arrive à prendre sur les siens un semblant d'autorité, on voit naître les convoitises, les querelles, les luttes intestines entre individus, entre familles, entre tribus. Guerres de pillage et de rapines, où le plus fort achève le plus faible, ou l'emmène en captivité. Le vainqueur dépouille le vaincu et brûle le village. Sans avoir appris la tactique, lorsqu'une razzia est décidée, les hommes s'assemblent. Sans convoi, sans impedimenta, à peine quelques boules d'*akassa* (manioc bouilli) dans la besace, en deux ou trois marches, les pillards se portent vers l'objectif du coup de main et se cachent dans les broussailles. Avant l'aube, le groupe se divise en deux tronçons : les uns vont de l'avant, les autres tournent les cases. Le fusil d'une main, le coutelas de l'autre, ils se précipitent, effrayant les habitants encore endormis, et disparaissent en entraînant qui ne résiste pas, tuant qui ne veut pas marcher. L'année suivante, même opération. La tribu victorieuse, encouragée par le succès, dans le but de prévenir un retour offensif ou une vengeance de voisins jaloux, recommence ses incursions. Pour rémunérer grassement le concours dévoué de tous les malandrins qui viennent se joindre à elle, pour équilibrer le budget devenu onéreux, elle agrandit son champ d'exploitation, elle renouvelle ses raids en plusieurs endroits. C'est ainsi que le Dahomey contemporain a pris naissance vers le milieu du XVIIe siècle et a conquis peu à peu Abomey, Alada, Savi, Ouidah, Godomey ou Jacquin. En présence d'aborigènes aux mœurs patriarcales s'est élevée une féodalité de guerriers qui terrorisaient de temps en temps les populations du littoral ou de l'intérieur, incapables de résister. Des négriers espagnols ou portugais, débarqués de leurs boutres, ont donné des conseils, des principes politiques, quelques notions d'art militaire.

Pour inspirer aux gens d'alentour une terreur salutaire, un roi institue vers 1670 la fête des Coutumes, pendant laquelle sont immolés les captifs que l'on n'a pu vendre et que l'on ne sait employer pour les travaux de culture. Les féticheurs expliquent les sacrifices humains par la nécessité religieuse d'entretenir des relations avec les morts, auxquels les messagers décapités portent les cadeaux, les alcools, les tabacs, des cauris et des nouvelles de la terre.

Les procédés sanguinaires en usage au Dahomey, c'est-à-dire à 100 kilomètres de l'Atlantique, contrastent avec l'humeur pacifique, des Éoués et des Minas, qui ne parlent souvent que par ouï-dire, comme de légendes, des affaires d'Abomey. Le foyer de cruauté est restreint, pour ainsi dire localisé, au nord de nos possessions. Il n'y a pas sur la côte, et même à Ouidah, trace de férocité instinctive.

C'est à la raison d'État qu'il faut imputer les causes de la barbarie dahoméenne. Pour maintenir leur autorité et leur prestige, leurs sources de revenus, les guerriers conquérants sont obligés de forcer leurs mœurs; ils perpétuent la crainte qu'inspire le nom dahoméen, ils masquent sous une apparence de force une puissance problématique, qui se désagrège, et qui s'écroulera dès qu'un peuple plus hardi se présentera.

En 1885, la France, pour donner aux commerçants de Porto-Novo quelque prestige, affirma son droit de protectorat, déjà ancien, en accréditant un représentant officiel auprès de Toffa Houenou Baba Dassy dit le Doux. Ce noir n'avait pas la même morgue belliqueuse que son parent Glé-Glé. La fréquentation des civilisés, l'habitude du luxe, l'abus des alcools, l'excitaient de temps en temps à rompre en visière à son suzerain. En 1888, des questions d'intérêt les divisent davantage. Une période de tiraillements, d'hostilités sourdes, succède à des échanges de messages aigres-doux. Grisé par tout ce que ses confidents mulâtres lui racontent sur notre puissance militaire, Toffa, après quelque orgie, sort de sa torpeur habituelle.

A l'insu du Résident, il donne des ordres à ses agents. On tracasse les Dahoméens de Godomey et d'Abomey-Calavi quand ils passent le lac Denham pour venir commercer à Porto-Novo. Les chemins sont fermés de part et d'autre. Les traitants protestent. Les *décimères* (douaniers de Glé-Glé) rossent les *onibodés* (percepteurs de Toffa). Les *laris* ou ministres de ce dernier prélèvent des droits de péage, établissent des impôts, pressurent les vilains, soi-disant pour remplir les coffres de leur maître, en réalité pour augmenter leurs revenus personnels, qu'ils consomment dans les factoreries. Aux réclamations de Glé-Glé, Toffa répond par des plaisanteries et des rodomontades. Il fait fétiche, cérémonie grotesque où l'officiant, prenant une attitude hiératique, immole une chèvre et une poule. Le *legba* annonce que le Dahomey doit bientôt succomber et que Toffa sera roi de toute la contrée. En mars 1887, Glé-Glé, convaincu que les Français n'avaient aucun intérêt à se mêler des dissentiments qui régnaient entre son indiscipliné cousin et lui, puisque les comptoirs commerciaux des deux pays appartenaient aux mêmes raisons sociales, envoie quelques bandes appuyer ses remontrances de démonstrations plus énergiques. Toffa n'hésite pas une seconde : il se sauve sur la rive anglaise.

CARICATURE EN BOIS
OFFERTE A L'AUTEUR PAR LE ROI TOFFA
REPRÉSENTE LE ROI DU DAHOMEY,
ENTOURÉ DE SES FAVORITES
ET PORTÉ PAR SES MINISTRES.

Le pavillon tricolore flottait au mât du protectorat. Un navire de la reine se présenta devant la ville affolée. De mesquines rivalités d'attributions surgissent entre le fonctionnaire civil et l'officier. On câble. L'*Aréthuse,* battant pavillon de l'amiral Brown de Colstoun, arrive devant Colonou, met cinquante hommes à terre et les cohortes de guerriers dahoméens disparaissent.

C'est dans ces malentendus de nègres, dans ces palabres qu'il faut chercher la principale raison, ou tout au moins l'origine du conflit franco-dahoméen. Nous avons pris fait et cause pour une des parties.

Au commencement d'octobre 1889, je me trouvais à Porto-Novo avec le docteur Bayol, qui avait été chargé par le gouvernement de tenter un accord pacifique et de mettre fin à un état de choses préjudiciable au développement économique de la colonie.

Natif d'Eyguières, près d'Arles, sous le bon et chaud soleil du Midi, poète provençal à ses heures, boulevardier, médecin de marine, explorateur, le gouverneur colonial Bayol voulut éviter la guerre entre la France et le Dahomey. Il ne put, à son grand regret, briser l'entêtement des nègres ignares et vaniteux.

Le *16 novembre 1889*, la mission Bayol quitte Cotonou pour gagner Abomey. Glé-Glé avait fait attendre trois semaines l'envoi de sa canne.

A la Côte des Esclaves, un bâton ostensiblement porté par un domestique ou *moulèque* représente l'envoyeur; on lui doit la même considération qu'à son propriétaire. Le souverain fait toujours communiquer ses ordres aux gens du littoral par un *cabécère* (chef) qui remplit les fonctions de *récadère* ou messager porteur de canne. Ce dernier est reçu avec solennité; les sujets se prosternent, mettent la tête dans la poussère et les grands honneurs se rendent à la canne comme à Sa Majesté dahoméenne.

A mon ancien collaborateur et ami
A. d'Albéca
affectueux souvenir
Jean Bayol.

LE DOCTEUR BAYOL.

La canne représente la personne à laquelle elle appartient. Lui manquer de respect équivaut presque à une insulte faite à son propriétaire. En 1863, l'amiral Laffont de Labedat a abandonné Porto-Novo parce que le roi de ce pays avait cassé le bâton du représentant de la France sur la tête du domestique porteur d'un message, le sieur Lawani-Kosoko. Lorsqu'on veut faire acte de déférence envers un notable sans l'aller voir, on envoie son domestique le saluer avec la canne. Cet objet remplace l'anneau du moyen âge : il atteste que le messager dit la vérité et vient bien de la part de son maître. Lorsqu'on passe dans une ville où il y a beaucoup de personnes à visiter et que le temps manque, le boy fait une tournée dans chaque maison, la canne à la main. Cela suffit. On vous rend la politesse par le même procédé, et les convenances sont respectées. C'est la carte de visite.

Secouée par ses hamacaires, exposée aux rayons pernicieux du soleil, aux piqûres de myriades de moustiques, la caravane, composée, outre le lieutenant-gouverneur, d'un secrétaire, d'un interprète, d'un sergent et de quatre gardes civils, passe Godomey, Abomey-Calavi, Torricada, Alada, Ekpé, villages sans importance, suivant, à travers la grande forêt de palmiers à huile, des sentiers étroits et sinueux, encombrés de lianes et de troncs d'arbres, que le nègre paresseux laisse religieusement, malgré l'encombrement, là où la dernière tornade les a jetés, se contentant de passer à côté et plus loin quand l'obstacle devient infranchissable. Derrière les hamacs des Européens courent à la file indienne, chantant des complaintes somnifères, tous les parasites qui, au Dahomey, font cortège aux gens de qualité : autorités locales, *yévoghans*, *agoligans*, *apollogans*, *koussougans*, *chaudatons*, *moces*, féticheurs, domestiques, esclaves et curieux. Tout ce monde suit, pieds nus, par habitude et par devoir. L'usage de la conduite est dans les mœurs. Les représentants du roi honorent la marche du blanc de leur présence, mais aussi le surveillent, pour qu'il ne se serve d'aucun instrument, d'aucun appareil photographique.

En avançant vers le nord, le pays s'ondule sensiblement, la population diminue, les habitants ont fui les vexations et les cruautés des gens du roi. Sous le bois profond, des singes et des perroquets, seuls propriétaires de ces vastes et mornes solitudes, se sauvent à l'approche des hommes. Le *19 novembre*, on traverse la *lama*, marais réputé inextricable : un couloir de vase sous un bosquet de verdure. Le sol devient mou, les porteurs glissent, les paquets tombent, les Européens se fâchent, les nègres crient, mais on marche quand même pour arriver à Cana. La végétation est moins dense; çà et là quelques cultures : maïs, ignames, arachides, bananiers; dans le lointain, des collines : ce sont les premières terrasses des monts de Mahis, à peine entrevues en 1871 par l'Anglais Skertchly. L'*harmattan*, vent chaud imprégné d'électricité, souffle et dessèche les puits, l'eau devient rare; on l'achète à des femmes qui passent, portant sur la tête de grandes cruches en terre rouge.

20 novembre. — *Cana*. — Des cases en pisé, des masures menaçant ruine. Une députation des grands du royaume, avec de larges chapeaux de feutre gris sur le sommet du crâne, des chaussettes de laine rouge aux pieds. S'avancent lentement, hiératiques, grotesques, le *Migan*, chef de la justice et grand bourreau, le *Mehou*, chef des guerriers; le ministre Imavo, le *Méco* Roublé, les cabécères Gonflé, Aladagmé, un millier de soldats. Ces dignitaires complimentent le *yévoghan* français.

De Cana, M. Bayol m'écrit la lettre suivante :

« Monsieur le Résident, j'ai l'honneur de vous informer que nous sommes arrivés hier matin à Cana, à 9 heures 50 minutes. Entre Abomey et Alada, forêts inextricables, sentiers, lianes-caoutchouc très abondantes. Entre Alada et Ekpoué, continuation des forêts, arbres superbes de première grandeur. Le pays est formé par des ondulations sensibles de terrain. Après Ekpoué, nous avons traversé dans le sens du sud au nord de longs couloirs de verdure, dont le sol est formé par une vase noire variant d'épaisseur. C'est ce que l'on est convenu d'appeler la *lama*. La marche y est très rude. Peu de mares réelles.

CANNES ROYALES.

« A Cana, nous sommes dans un pays mieux cultivé. La végétation y est beaucoup plus rare; on y cultive le manioc, le mil, les ignames, les niébés. Plus de palmiers à huile depuis Ekpoué. Le sol argilo-ferrugineux est jaune pâle. Nombreux petits cailloux formés d'argile conglomérée; quelques effritements de roches ferrugineuses. Nous avons aperçu dans le nord-est une petite colline de 40 mètres de hauteur.

« Il n'y a pas plus d'eau que dans le grand Bélédougou. Le pays a sensiblement l'aspect du Haut-Sénégal à Bakel. Le vent d'est (*harmattan*) a commencé brûlant comme au Sénégal.

« Je suis obligé de vous écrire à la hâte pour profiter d'un messager que l'on veut bien nous donner. Notre santé est bonne jusqu'ici, mais je ne crois pas que cela continue, pas plus pour Angot que pour moi.

« J'ai hâte d'avoir rempli ma mission et de reprendre la route de Cotonou. Les paysages superbes traversés par nous ne sont pas parvenus à m'émouvoir et, sans l'importante mission que j'ai à remplir, je vous dirais que je n'ai jamais de mon existence éprouvé un ennui aussi colossal. Angot lui-même, qui est jeune et enthousiaste, partage mes sentiments.

« Le nombre des porteurs ayant été insuffisant, nous avons laissé huit caisses en arrière, et nous n'avons ni vin ni riz. Nous allons boire du cognac, dont il nous reste une bouteille.

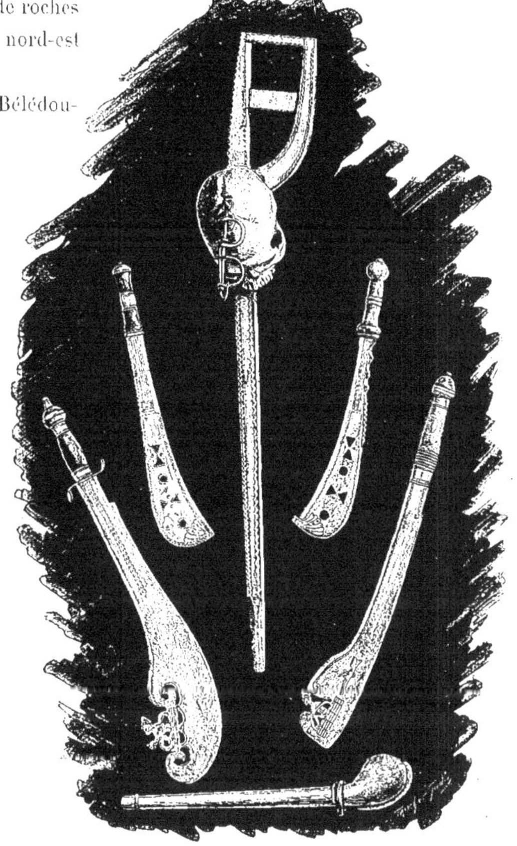

INSTRUMENTS DU BOURREAU. — D'APRÈS NATURE.

« Ignorant si la poste est bien faite, je me borne à ces renseignements sommaires.

« Nous écrivons pour demander du pain.

« Agréez, etc.

« JEAN BAYOL. »

Le *21*, à 10 heures du matin, le lieutenant-gouverneur Bayol entre dans Abomey. Grand caravansérail, peuplé des fidèles du roi, esclaves et domestiques. Les tams-tams, les dents d'éléphants trouées qui servent de flûtes, les sons bizarres, les hurlements et les cris rauques que lancent les négresses accroupies, faisant la haie pour voir passer nos compatriotes, tout ce tintamarre d'instruments primitifs et de voix avinées produit un tohu-bohu, un charivari indicibles et donne aux voyageurs la migraine, seul bienfait des mélopées africaines. On loge la mission dans une case en terre, humide et sans lumière; on déploie autour du *saramé* ou quartier plusieurs escouades de guerriers pour veiller sur les blancs et un peu aussi pour les garder à vue. Pendant trente-six jours, roi, prince héritier, chefs de tout rang, soldats, amazones et serviteurs se procurent le plaisir — ineffable pour un nègre — de se moquer sans vergogne des blancs qui assistent, bon gré mal gré, à des danses furieuses, hurlantes, érotiques, à des libations copieuses et enfin à des sacrifices humains. En l'honneur de la France, pour saluer les mânes des ancêtres, pour apaiser les génies malfaisants, les *legbas* et les *maous* de l'Olympe dahoméen, ces sauvages entassent cadavres sur cadavres dans les rues, places publiques et cours des maisons.

« Jusqu'au 6 décembre, dit M. Bayol dans son rapport officiel, nous fûmes contraints d'assister à des spectacles pénibles pour des Européens. Chaque jour des têtes fraîchement coupées étaient placées sur un monticule de sable de chaque côté de la porte du palais du roi. Des mares de sang couvraient la place, et nous apprenions par des émissaires qu'un grand nombre de prisonniers avaient été égorgés dans les prisons.

« Au grand Marché, des cadavres horriblement mutilés étaient pendus deux par deux, la tête en bas, à des gibets très élevés, et les femmes du roi qui passaient là chaque jour, vêtues de leurs habits de fête, faisant partie de la procession des fétiches, pouvaient sans rougir contempler ces nudités sanglantes. Pour nous, qui savions combien étaient nombreux les prisonniers faits sur le territoire de Porto-Novo et sacrifiés par le roi Glé-Glé aux mânes de ses ancêtres, nous souffrions vivement d'être obligés de voir ces témoignages de la barbarie des Dahoméens. Heureusement pour moi, une maladie grave allait m'empêcher de quitter la maison où nous vivions comme des prisonniers. »

A tout instant, le roi Glé-Glé (*Quini-quini-quini*), lion des lions, un vieux rabougri au chef dénudé, au visage émacié, un débris de nègre, œil éteint, voix aphone, affublé d'un grand pagne de soie verte, constamment entouré de femmes nues qui essuient son front pigmenté et luisant, à tout instant Glé-Glé éprouve le besoin de consulter le docteur; on vient le chercher dans sa chambre, dans son lit même; on exige qu'il ait son costume officiel, et surtout son pantalon à bande d'or. De l'uniforme de gouverneur colonial, — grande tenue des préfets, broderies or, épée à poignée de nacre, chapeau à plumes, écharpe tricolore, etc., — le pantalon à bande d'or seul produit un réel effet sur les esprits enfantins de ces prétoriens de bas étage. La bande les hypnotise. Ils la touchent, la palpent et en demandent la valeur au secrétaire. Les porteurs s'arrangent toujours, en se rendant au palais, pour que les Français aient à traverser soit une mare de sang, soit un groupe de corps en putréfaction étendus en travers des portes et des ruelles étroites. Une odeur fétide empeste l'air ambiant : cette odeur se mélange avec celle des bordelaises de rhum de traite éventrées, avec le parfum douteux de l'eau de Cologne frelatée.

Kondo, aujourd'hui Behanzin, fait de la politique avec M. Bayol. Son père, absolument incapable de gouverner, lui laisse carte blanche. Grand gaillard de trente-huit ans, le

SACRIFICES HUMAINS EN 1889.

BEHANZIN.

faciès éraillé par les excès prématurés, l'héritier présomptif est notre ennemi. Il déclare tous traités nuls, repousse notre intervention et résiste aux patriotiques suggestions de l'ambassadeur français.

Rien ne peut améliorer la position; la diplomatie perd son latin en présence de l'entêtement du prince, que des traitants mulâtres de Ouidah excitent contre nous. M. Bayol prend force purgations. Le prince ne s'émeut pas. Les cadeaux de M. Étienne, sous-secrétaire d'État des Colonies, ne font aucune impression. Il y avait cependant une collection pittoresque d'échantillons de notre industrie nationale : un casque de dragon à crinière verte, une longue-vue marine, un stéréoscope qui faisait voir les merveilles de Paris en 1889, six pièces de soie et trois de velours, un yatagan avec fourreau grenat, un bonnet d'astrakan semblable à celui du shah de Perse, orné de pierreries précieusement fausses, une boîte à musique jouant plusieurs airs, entre autres la *Marseillaise*, le *Père la Victoire*, six douzaines de chaussettes de laine, douze parapluies, vingt caisses de liqueurs. Toutes ces belles choses trouvent des spectateurs froids et dédaigneux.

Nous avons des armoires pleines de pareils bibelots, répond Kondo. Aucune détente; on parle même de garder les envoyés comme otages, parce que les cadeaux sont insignifiants et les desiderata exorbitants. Kondo ne comprenait pas que la France se laissât gouverner par une femme, la République, qu'on lui a montrée sur une pièce de 5 francs. M. Bayol, essaye de lui expliquer le régime parlementaire. Un rire large et prolongé, des exclamations gutturales, des cris de paon affolé accueillent cette courte dissertation de droit constitutionnel, qui écrase l'intellect du moricaud. Toute réflexion faite, il déclare préférer son système de gouvernement, plus expéditif, plus macabre, plus original. Son Altesse engage les Français à revenir à l'Empire et envoie ses hommages à son *cousin* Napoléon : on a beau lui affirmer que l'Empereur est mort, il n'en croit rien et se fâche.

Le *27 décembre*, départ d'Abomey. Il était temps : Glé-Glé meurt le 30 et on accuse le docteur de lui avoir jeté un sort. Le *31*, la mission revoit la plage de Cotonou avec un légitime soulagement. Behanzin, surnommé *Hossu Bowélé* (roi requin), succède à son père Bahadou-Glé-Glé.

Craignant le courroux de la France, pris d'un remords tardif, le nouveau roi nomme M. Bayol grand cabécère et apollogan honoraire d'Alada. Comme ces fonctions peu lucratives l'exposaient à retourner dans la capitale, et comme il ne se souciait guère de se voir de nouveau accablé de politesses extraordinaires, le docteur répondit que les Français ne pouvaient prendre de service à l'étranger, même à titre honorifique, sans l'autorisation de leur gouvernement, mais qu'il allait solliciter la permission d'accepter ce bienveillant témoignage de la munificence royale.

M. Bayol rendit compte immédiatement à Paris de son voyage et de l'insuccès de ses démarches.

UN PARASOL DE CHEF.

PORTO-NOVO.

CHAPITRE III

Événements antérieurs à 1892 (suite). — Expédition de 1890. — Arrestation des cabécères de Cotonou. — Nos compatriotes otages à Abomey. — Le commandant Terrillon. — Stoïcisme d'un décapité. — Escarmouches et combats. — Nous restons l'arme au pied. — Arrangement du 3 octobre 1890. — Année 1891. — Construction du wharf et du blockhaus de Cotonou. — Introduction d'armes à tir rapide. — La mission Audéoud à Abomey. — Rapport de l'enseigne de vaisseau d'Ambrières. — Incursions des Dahoméens. — Attaque de la *Topaze* (27 mars. 1892). — Le colonel Dodds est nommé commandant supérieur.

BANANIERS.

15 janvier 1890. — Colonies à Lieutenant-Gouverneur, Cotonou : « Conseil des ministres peu favorable à expédition pouvant entraîner intervention du Parlement. Câblez ce que jugez nécessaire pour assurer protection nationaux, défendre comptoirs européens de la côte et de l'intérieur. »

Ce télégramme fut le prélude des hostilités. Dès le début, quelque chose de vague et d'irrésolu flotte sur les conciliabules que l'on tient dans la salle à manger de la factorerie Régis. On ne savait pas exactement ce qui s'était passé à Abomey. On ignore les intentions du gouvernement.

Le *15 février*, après l'arrivée sur rade du *Sané*, commandant Fournier, on apprend que la flotte ne nous prêtera que son concours maritime, ne débarquera (quoi qu'il arrive) aucun fusilier, *pas même un marmiton*, dit un officier de vaisseau. Des pouvoirs rétifs, ombrageux, égoïstes vont se trouver en présence et se contrecarrer mutuellement. Sous l'action d'un soleil éblouissant de clarté, l'Européen perd son artificiel vernis de civilisation et arrive à l'exaspération de son individualité. Les opinions les plus divergentes se font jour et s'échangent avec une ardeur tropicale; l'irritabilité nerveuse et l'esprit de contradiction deviennent presque une nécessité de l'existence.

Il semblait, à entendre les conversations bruyantes, les discussions byzantines, tenues à l'heure de l'absinthe, que la France allait perdre son prestige et l'Europe son équilibre si on ne marchait pas sus aux amazones avec 24 hommes et 1 caporal. L'oisiveté et le milieu ambiant portent à la déclamation. Tout le monde estime que la guerre ne sera qu'une promenade militaire. Tout le monde est brave; chacun a son plan, émet des idées, donne son avis. Le premier venu fait le rodomont et se croit déjà un héros. Le troc des huiles de palme ne fonctionne plus. Les employés de commerce prennent un fusil Gras et se préparent à faire le coup de feu.

Les noirs ne s'étonnent pas des gestes et des cris que poussent les blancs. Ils sont habitués à voir leurs maîtres s'agiter bruyamment, avant, pendant et après le repas.

S'il y avait quelquefois désaccord dans la manière d'envisager la situation mal définie où nous nous trouvions, on était unanime à critiquer, à « éreinter » le docteur Bayol. On lui en veut plus qu'à Behanzin, dans tous les camps, dans tous les clans, sans rechercher les causes de l'antipathie.

Le *19 février*, l'*Ariège* mouille devant Cotonou. Le chef de bataillon Terrillon débarque sans encombre, avec deux compagnies de tirailleurs sénégalais. Les douaniers dahoméens, assis sur le sable poreux de la plage, comptent silencieusement les hommes en alignant des petits coquillages, et envoient des messagers à Abomey.

Le *21 février*, toutes nos mesures sont prises pour l'attaque du village nègre et l'occupation effective de Cotonou. A 2 heures 30, l'*agoligan*, le sieur Houakétomé, est mandé avec ses conseillers à la factorerie, où se tiennent l'état-major de la colonne et le lieutenant-gouverneur. Après un long interrogatoire, on les met en état d'arrestation purement et simplement. Le procédé employé en cette occurrence était quelque peu cavalier. On abusait de la confiance que ces gens, venus sans armes à notre appel, avaient dans la parole du blanc, réputée sacrée, et jamais violée. On les faisait prisonniers sans lutte, en dehors du champ de bataille. Il paraît que la mesure était politique, indispensable. Nous avions des otages en cas de besoin, mais nous déclarions la guerre.

Pour qui connaît le caractère sournois et souple du djedji, il est probable que jamais le roi ne se serait directement attaqué à un de nos postes. Les bandes dahoméennes eussent, comme par le passé, et comme elles continueront à le faire, malgré les traités et les arrangements les plus authentiques, ravagé les villages de l'intérieur; mais de là à une ère d'hostilités ouvertes il y avait loin.

Nos fusils partirent tout seuls. On donnait ainsi satisfaction aux traitants, qui ne cessaient de demander des actes. On s'engageait dans l'inconnu, faute de pouvoir reculer ou avancer, et ce sans exposer clairement la situation au département. A mon sens, l'arrestation des autorités dahoméennes fut inutile et dangereuse pour l'avenir; comme tous les esprits simples, le nègre a la mémoire tenace et le don d'imitation.

Du *21 février* au *3 mars*, nos troupes livrent tous les jours de petites batailles, légères escarmouches, où nous sommes en présence des contingents du littoral, mal armés, mal commandés. Pas d'orientation dans le plan de campagne. Des lenteurs politiques, administratives. Au lieu de faire immédiatement un *raid* sur Ouidah et de trancher l'affaire, nous avons une attitude expectante. Nous laissons à l'ennemi le temps de se reconnaître.

La colonne est venue à la hâte du Sénégal, sans ambulance, sans convoi, sans outils, sans équipage d'eau. Comme il n'y a pas une bête de somme dans le pays, le commandant s'adresse à Toffa, qui vide ses prisons et envoie 1 500 squelettes d'ébène, incapables de marcher douze heures de suite avec trente kilogrammes sur la tête. Il faudra d'abord les engraisser. En attendant, on les entraîne à coups de trique; ils suivent la troupe dans les marches, stupides, résignés, et s'esquivent à la première alerte, à travers broussailles et marais. Le convoi rappelle le tonneau des Danaïdes : on a beau le remplir, il se vide constamment. Je suis nommé chef des services administratifs de la colonne.

22 février. — On procède à des travaux de fortification passagère et on commence un fortin en palanques sur l'emplacement laissé libre par la destruction de l'Agoli.

23 février. — A midi, l'ennemi est signalé à 1 200 mètres des avant-postes sur la lisière des bois que traverse la route de Cotonou à Godomey. Il semble hésiter à se porter en avant. Deux colonnes sont formées pour l'attaquer. Un bois les sépare; il est fouillé et les éclaireurs ennemis l'évacuent.

Protégés par le tir de l'artillerie, les Sénégalais s'avancent rapidement. L'ennemi essaye de résister dans la plaine et les broussailles très épaisses situées au nord-ouest de Cotonou. Il est poussé vigoureusement et mis en déroute par des feux de salve. Il disparaît dans la forêt, en laissant sur le terrain 17 cadavres, de nombreuses armes, des munitions et des vivres. Cette escarmouche nous coûte 3 blessés. Les Dahoméens ont plus de 60 hommes hors de combat. Ils étaient environ 800. Le commandant demande au Sénégal des renforts, des munitions et des outils dont le manque se fait sentir.

24 février. — L'*Ariège* appareille pour le Gabon. Le *Sané*, croiseur, commandant Fournier, demeure seul sur rade. On attend le *Kerguélen* et l'*Ardent*. Des auxiliaires arrivent de Porto-Novo et les travaux de défense sont poussés activement. La construction du fort et le débroussaillement sont menés de front. On commence à couper le bois situé à l'ouest du télégraphe.

25 février. — A minuit, le *Sané* ouvre le feu sur la forêt, où des rassemblements avaient été signalés par les vigies. Le lendemain, les reconnaissances poussées à deux kilomètres n'ont rien vu d'anormal. Des renseignements envoyés de Porto-Novo font connaître que des troupes se concentrent sur la ligne Godomey-Abomey-Calavi et plus en arrière, à Alada, où le roi est attendu.

1er mars. — Le commandant Terrillon, pour se donner de l'air et tâter l'ennemi, dirige une pointe sur le Denham, lac situé à 5 kilomètres au nord de Cotonou. Les troupes s'embarquent sur des pirogues à 4 heures du matin. La distance de Cotonou à Aouansori (village lacustre construit sur le lac Denham) est rapidement franchie ; puis, pendant 2 500 mètres, les hommes traînent les pirogues dans la vase jusqu'au village de Zobbo. Le débarquement ne peut commencer qu'à 8 heures. Les cases paraissent vides ; mais les premiers hommes mis à terre, les gardes civils, sont accueillis par une fusillade nourrie partant des fourrés. Pendant quelques instants, le commandant et les officiers qui l'entourent sont obligés de se défendre avec leurs revolvers contre des ennemis qui s'approchent à dix pas. Deux gardes civils sont tués. La compagnie Lemoine se plonge dans la vase et accourt. Les clairons sonnent la charge. On s'élance à l'assaut ; on enlève le village à la baïonnette. Les pièces de canon sont mises en batterie, au prix de grands efforts. Les Dahoméens, délogés, fuient dans toutes les directions. A 10 heures, au moment du repas, l'ennemi prononce un retour offensif. Il faut que tout le monde se déploie et combatte jusqu'à midi. La journée coûte 4 hommes. Le combat a eu lieu dans un pays très difficile, couvert de palétuviers, de hautes herbes et de marais. Les Dahoméens ont attaqué en masse. Leurs pertes étaient estimées à 150 hommes. Cette sortie a permis de constater la présence d'un ennemi sérieux à peu de distance de Cotonou. Jusqu'à ce jour, on n'avait rencontré que les contingents improvisés chargés de la garde du littoral. Ces troupes s'étaient bien battues, mais sans ordre. Les régiments réguliers ne devaient pas être loin.

En principe, tout Dahoméen en état de porter les armes était incorporé en cas de guerre. Le service était plus qu'obligatoire ; les cabécères et les *bonougans* le pratiquaient sous les formes les plus variées. A côté des contingents irréguliers, on comptait un certain nombre de régiments permanents, dont les noms ont été conservés par les féticheurs et les rapsodes, appelés *Ahanjito*, ou gardiens des traditions nationales :

Aci, premier régiment armé de fusils ; *Avanti*, composé à l'origine de guerriers recrutés chez les Achantis ; *Adangbenou*, consacré au génie *Dangbé*, serpent ; *Ahouanzo* (feu de l'alcool), régiment de soudards ; *Ahowikan*, commandé par les fils des rois ; *Softimata ; Malenou* (musulmans) ; *Fanti ; Cacotoukou ; Blu ; Anilima ; Adonvi ; Adla.*

Les amazones *Minos* (nos mères) formaient deux bataillons (Gugbé et Agbodogbé). Leur fétiche s'appelait *Dewin* : il veillait à la chasteté de ces guerrières. Mais leur vertu n'était qu'une légende depuis longtemps.

L'armement consistait en longs fusils de traite, portant à 80 mètres au maximum, une cartouchière, une besace, un couteau et un bâton en bois appelé *aglocpo*. Il y avait aussi des espingoles ou tromblons. Les canons que l'on rencontre partout sont de vieux mortiers employés pour les salves les jours de fête et inutilisables pour un tir régulier.

Le *3 mars*, un espion est pris, interrogé et décapité. Comme il n'y a pas de guillotine, M. Bayol prête un grand couteau *matchet*, un sabre de *migan*, curiosité dont Toffa lui avait fait cadeau. Un garde civil, ancien esclave à Abomey, fait office de bourreau.

Le condamné arrive à l'endroit choisi pour l'exécution, au bord de l'eau. Dialogue :

L'exécuteur. — Tu sais, frère, je vais te couper... (geste significatif).

Le condamné. — Bien.

Il se met à genoux et penche la tête, comme quelqu'un qui veut se faire tondre les cheveux.

Le garde civil lève son instrument et dit en souriant :

« Tu y es?

— Oui.

— Eh bien, voilà! »

Et le glaive tombe sur le cou du pauvre diable, fait une entaille; le sang jaillit, mais il n'y a pas décollation. Pendant quelques secondes, le bourreau, devenu féroce, essaye de scier. Fatigué, ruisselant de sueur, il crie à un de ses camarades :

« Prête-moi ton sabre. »

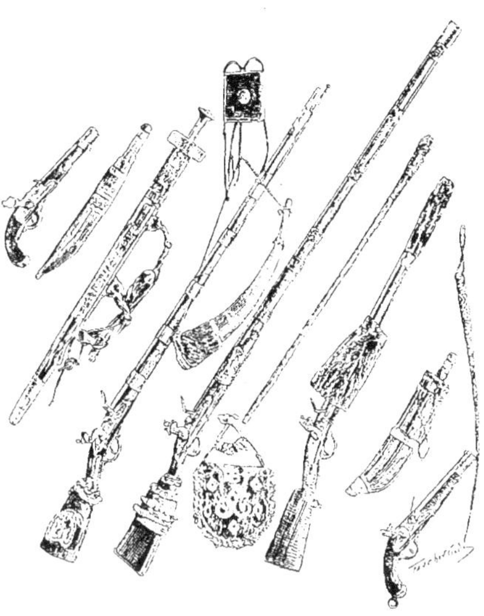

ARMEMENT DES DAHOMÉENS EN 1890.

Le demi-décapité, immobile, stoïque, ne se plaint même pas. Il faut encore trois minutes. Le corps est enfin jeté dans la lagune poissonneuse, où les caïmans ne tardent pas à se le partager....

Un déserteur nous apprend que nos compatriotes demeurés à Ouidah malgré les avis de leurs collègues, plus prudents, qui s'étaient évadés en temps opportun, ont été arrêtés le 24 février, garrottés, maltraités et dirigés sur Abomey. Cet incident jette un froid. On craint pour leur vie. On recommande à Toffa de bien traiter nos prisonniers, pour que nous ayons des objets d'échange présentables, le cas échéant. Plus tard, nous savons que les autorités dahoméennes de Ouidah auraient laissé les Européens vaquer tranquillement à leurs affaires, si, par excès de zèle, égarés par le manque de nouvelles, étourdis par un long isolement, ces braves gens ne s'étaient pas d'eux-mêmes, et sans aucun ordre, mis en état de guerre, barricadant leur factorerie le 15 février, six jours avant l'affaire de Cotonou, montant la garde, faisant l'exercice, répandant des bruits sinistres dans la population, au grand ébahissement des indigènes, compromettant leur situation, et rendant réel un ennemi sinon imaginaire, du moins problématique à ce moment-là.

4 mars. — Behanzin, surpris par notre attaque du 21 février, ordonna d'abord aux gens de Cotonou de reprendre leurs cases et de nous jeter à la mer. Puis, craignant de nous voir marcher soit sur Ouidah, soit sur Abomey, il avait concentré ses troupes immédiatement disponibles à Alada, qui commande toutes les routes du littoral et de l'intérieur, en avant de la *Lama*.

Dans la nuit du 3 au 4 mars, profitant d'un orage très violent et des bois qui couvraient ses mouvements, sans feux, en silence et en ordre, l'ennemi prenait position à quelques centaines de mètres de nos avant-postes, attendant pour nous attaquer l'heure propice, le premier chant du coq. En raison de la nature du terrain et la manière de combattre des Dahoméens qui s'avancent en rampant, en se dissimulant avec beaucoup d'adresse, et aussi à cause de notre faible effectif, le commandant avait adopté pour la nuit un système de sûreté très simple : quatre petits postes d'une section, échelonnés le long de la ligne du télégraphe-Agoli; pas de sentinelles avancées, trop faciles à enlever. Les gardes civils et deux pièces de canon en seconde ligne près d'un gourbi, appelé par euphémisme *Sanatorium*. Le gros dans les factoreries.

Comme les vigies des navires n'avaient rien signalé d'anormal la veille, tout le monde dormait dans les cantonnements, sauf quelques hommes de garde et le lieutenant Compérat, chef du petit poste le plus exposé, au nord de la place, dans un fortin en construction. A 4 h. 45, la tornade venait de s'apaiser; la lune disparaissait au milieu des nuages. Compérat — ancien zouave et mon camarade de promotion à Saint-Maixent (1884-1885) — entend des rumeurs sourdes, des chuchotements, des bruits étouffés par le sable humide. Il réveille sa troupe et se met en position de défense. Tout à coup des grelots, des hourras, des cris, des feux de mousqueterie, une foule immense se dresse à dix pas des palanques, entoure le bastion et veut y pénétrer à l'arme blanche. Compérat commande son premier feu, suivi de plusieurs salves tirées avec ensemble. Les Gabonnais sont calmes, malgré l'imminence du danger. L'officier reçoit trois balles dans le corps, dont l'une lui brise l'omoplate gauche. Les amazones s'élancent sur les remparts, écartent les arbres à peine enfoncés, et à travers les interstices glissent les canons de leurs fusils; nos hommes se trouvent dans une souricière : ils font une sortie pour dégager la gorge de l'ouvrage; 3 sont tués, 8 blessés. Le fort est enveloppé; les cadavres des ennemis hissés sur le sommet des palmiers, et que l'on tue à bout portant, tombent à côté de nos blessés. Compérat, héroïque, rallie tout le monde, ne souffle mot de ses blessures, et se décide à mourir sur place plutôt que de lâcher la position. Il attend. Le secours était proche, heureusement. Le lieutenant Lagaspie, son camarade de promotion, arrive au pas de charge avec un peloton de tirailleurs, suivi bientôt de la 4e compagnie tout entière. Un mouvement d'hésitation se produit dans les hordes dahoméennes. Le jour apparaît. La petite section française est dégagée. L'ennemi recule; il avait montré une bravoure et un acharnement inouïs; mais son élan s'était brisé contre la ténacité des Gabonnais. Les abords du fort témoignèrent de la rage avec laquelle on avait combattu des deux côtés; il y avait un véritable amoncellement de cadavres, hommes et femmes, les uns sur les autres, des mares de sang, des têtes tranchées, des figures grimaçantes, des mains crispées.

A la gauche de la ligne de bataille, nos affaires sont un instant compromises.

Les Dahoméens avaient formé deux masses d'attaque. L'une, forte de 1 000 guerriers et 200 amazones, devait enlever le fort « Compérat »; au sud, 1 200 hommes avaient pour objectif le télégraphe et les factoreries. Les féticheurs, qui marchent en tête des contingents, sont sans armes; une queue de cheval, qu'ils agitent à droite et à gauche comme un chasse-mouches, leur sert d'épée de commandement pour entraîner leurs hommes à l'assaut et de *gri-gri* protecteur contre les projectiles des blancs.

Les guerriers s'élancent le sabre d'une main, le fusil de l'autre; ils tirent au hasard, sans viser; des esclaves ramassent les armes et les rechargent. Les blessés sont achevés, les têtes emportées comme trophées et portées à Behanzin.

La colonne du sud avait attaqué avec vigueur et enfoncé notre poste de garde en tuant 5 hommes. Elle poursuivait sa marche au milieu des ténèbres, lorsqu'elle rencontra la compagnie Lemoine qui la fit reculer vers la forêt, où l'artillerie du *Sané* envoyait ses obus dès le début de l'affaire.

Cette phase du combat dure deux heures. A 6 h. 15, les Dahoméens essayent un retour offensif, mais l'artillerie de terre a pris position et contribue au succès de la journée. De 6 h. 40 à 9 heures, l'ennemi, quoique vaincu désormais, essaye de se reformer et n'hésite pas à se découvrir. A 9 h. 30, les plus intrépides disparaissent en abandonnant leurs morts, 120 guerriers, 7 amazones. Les patrouilles volantes signalent que la plaine est jonchée de cadavres.

Nous avions 8 tués, dont 2 Européens, et 26 blessés.

Dans la soirée, le front à défendre étant jugé trop étendu, on incendie tout le village, on renforce les postes; toute la colonne campe sur les positions. On procède à la décollation des 127 Dahoméens. Les têtes sont envoyées au roi Toffa dans des sacs cousus et cachetés, les corps enfouis dans des trous arrosés de goudron. Les vautours et les termites se chargent des nombreux morts tombés dans les bois d'alentour....

La journée du 4 mars s'achève sans incident. Effet des événements nets, précis, inattendus : tous les bavards d'antan sont muets. Ce farceur de Behanzin est quelqu'un. Diable! Mais le Dahomey bouge! Adieu les parties de plaisir que plus d'un se promettait à Abomey et dans les régions salubres du 8e degré. Chacun rengaine son plan de campagne; quelques-uns envoient en France des télégrammes pessimistes, espérant forcer l'opinion publique. L'autorité est obligée de soumettre au visa toutes les élucubrations plus ou moins alarmantes.

Du *5* au *30 mars* commence pour la garnison de Cotonou une vie des plus pénibles : tous les jours, on est prêt à recevoir un ennemi qui ne se montre plus et qui fait répandre le bruit qu'il va s'avancer. En réalité, l'armée de Behanzin a reculé, elle ne se représentera plus devant Cotonou. Si nous avions achevé la victoire en marchant sur Ouidah, la campagne était finie. Des renforts arrivent par petits paquets, par compagnies et par pelotons. Les forces navales s'augmentent.

Le *23 mars*, dans une marche sur Godomey, la colonne ne rencontre rien.

Le *25*, on occupe Godomey-plage et un détachement va reconnaître la route de Godomey-ville, dans l'intérieur. A 1 500 mètres des cantonnements, vers 2 heures de l'après-midi, au moment de s'engager dans le bois épais qui débouche sur la lagune conduisant à Ouidah, une fusillade part sur la droite de fourrés impénétrables. L'ennemi, que personne ne voit, a déchargé ses armes et s'est enfui. 50 guerriers préposés à la garde des factoreries abandonnées avaient d'abord reculé devant nous, puis, postés à l'endroit le plus propice pour une surprise, nous attendaient. 2 officiers blessés grièvement, 3 hommes tués, 9 blessés. Pour avoir un champ de tir, on se replie sur une clairière à 500 mètres en arrière. L'infanterie de marine se déploie et essaye les fusils Lebel. On ne peut apprécier les avantages de la poudre sans fumée : il n'y a plus d'adversaires. La retraite sur Cotonou commence à 4 heures, la marche est pénible. Les porteurs ont peur, abandonnent leurs charges, les blessés souffrent. Nous mettons six heures pour faire 9 kilomètres.

L'armée du roi est toujours à Alada ; pour la faire sortir de son inertie, le commandant Terrillon tente, les *28* et *29 mars*, une diversion sur l'Ouémé, dans les collines boisées, au nord de Porto-Novo. Les chasseurs des villages dékamés, Dogba, Zongué, Mitro, Yokon, Bada, Azaouicé, forment une excellente troupe d'éclaireurs dévoués au Dahomey. Ils ne reconnaissent pas le roi Toffa et pillent, quand ils le peuvent, les villages amis. La colonne a remonté l'Ouémé en pirogues, remorquées par la canonnière l'*Émeraude* jusqu'à Késounou, où s'effectue le débarquement. On se dirige ensuite vers les villages perchés à flanc de coteau à travers la forêt vierge. Les tirailleurs s'avancent avec précaution dans des sentiers à peine indiqués. Çà et là, des groupes de cases enfouies sous des futaies : ce sont des repaires de brigands plutôt que des habitations. La végétation est luxuriante, la vue limitée. Vers midi, un coup de feu tiré à bout portant tue le capitaine Oudard. Le lieutenant Mousset succombe à un coup de chaleur et meurt sans soins. Les guerriers sont partout, sur les arbres, dans les maisons, dans les broussailles. C'est la bête qui défend son antre. Nous marchons depuis 5 heures du matin, sans repos, sans eau. La chaleur devient suffocante. A 1 heure, on reprend le chemin de Késounou, face en arrière. On se contente d'incendier les cases. Dans ces journées terribles, les tirailleurs sénégalais nous donnent une idée exacte de leur valeur et de leur force de résistance en campagne. C'est une troupe admirable. Marchant, combattant neuf heures sur des chemins difficiles, à travers bois et marais, dans lesquels nous enfonçons jusqu'à la ceinture, tous les noirs riaient, chantaient. Campagne ! disaient-ils philosophiquement, campagne ! Et ils montraient leurs belles dents blanches, leurs gencives rouges en écartant leurs grosses lèvres lippues.

Notre diversion sur l'Ouémé eut une conséquence immédiate : le roi Behanzin en personne, avec toute son armée, passe l'Ouémé à Badao et marche sur Porto-Novo dans les premiers jours d'avril.

A Cotonou, le télégraphe sous-marin communique des nouvelles graves. M. Bayol

TIRAILLEUR SÉNÉGALAIS.

est rappelé en France, le commandant Terrillon est nommé lieutenant-colonel. M. le capitaine de vaisseau Fournier prend les fonctions de gouverneur,... la marche sur Ouidah est définitivement ajournée... et la marine met enfin à terre ses compagnies de débarquement.

20 avril 1890. — Depuis quelques jours la panique règne dans la banlieue de Porto-Novo. Les renseignements signalent la marche de bandes nombreuses qui se rapprochent; un poste de 20 gardes civils établi à 18 kilomètres au nord-ouest a été attaqué et forcé de se replier avec quelques pertes.

Le 19 avril, à minuit, on annonce que Behanzin campe à Bedji, à 12 kilomètres. L'attaque est imminente. Toute l'armée dahoméenne est là qui va tenter un suprême effort. La garnison ne pouvait dégager que par une audacieuse sortie une grande ville dépourvue d'ouvrages de fortification. S'y renfermer, c'était se condamner à subir le choc des Dahoméens, à voir l'enceinte, un misérable mur en terre, forcée, et les factoreries européennes pillées et brûlées. Le 20 avril, à 5 h. 45 du matin, la colonne française, forte de 350 hommes et trois pièces de canon, s'ébranle dans la direction de Bedji.

Le roi Requin, poussé par Dékamé-Hossou, son chef d'état-major, quittait aussi son camp et se dirigeait vers nous à la tête de 3 000 guerriers et 1 000 amazones. La collision se produit à 7 h. 30 au village d'Atchoupa, près d'un ruisseau. Les guerriers de Toffa, au nombre de 300, éclairent la route. Ces auxiliaires se heurtent aux masses ennemies à l'improviste et s'enfuient en laissant huit des leurs sur le terrain. Le carré est formé. Des feux de salve sur toutes les faces. Pendant deux heures les Dahoméens attaquent avec furie et renouvellent leurs assauts malgré la mitraille. Les amazones sont les plus acharnées : elles

6

s'avancent à cent pas. Les pièces tirent à toute volée. Dès qu'un rang ennemi disparaissait sous nos balles, une autre ligne se reformait et enjambait les cadavres, s'avançait en exécutant des feux de file, comme dans les vieux règlements de la ligne. Cependant nos munitions diminuaient. La chaleur devient intense. Les guerriers ne lâchent pas pied; fanatisés par les féticheurs, ils harcelaient sans cesse les tirailleurs sénégalais et les disciplinaires. A 9 heures, on apprend qu'une colonne essaye de nous couper la route de Porto-Novo : la ville risquait d'être enlevée si le coup de main réussissait. On sonne la retraite, qui s'effectue lentement et en ordre. De temps en temps on s'arrêtait pour détruire les grappes humaines qui se précipitaient plus denses et plus courageuses. A 11 heures, la colonne rentrait dans ses cantonnements, après avoir brûlé 25 000 cartouches, 120 boîtes à mitraille, 200 obus à balles; 8 guerriers de Toffa tués, dont le prince Beni Patoutou; 57 blessés, dont 1 officier et 20 auxiliaires. L'ennemi avait le quart de son effectif par terre, près de 1 000 hommes et femmes. Les effets produits par les feux de peloton et les canons avaient été quelquefois terrifiants. Deux jours après l'action, les Dahoméens renonçaient à enterrer leurs morts et les jetaient par tas dans les puits profonds de 10 à 15 mètres, nombreux dans cette riche contrée. L'affaire d'Atchoupa fut le dernier fait d'armes de cette courte mais pénible campagne. Elle eut les conséquences politiques les plus heureuses. Behanzin rentra à Abomey pour se préparer à y attendre les Français, et concentra ce qui lui restait de soldats au camp de Zagnanado. De notre côté, nous ne devions plus bouger. En sept engagements nous avions eu 2 officiers tués, 5 blessés, 1 mort des suites de ses blessures, 21 soldats tués, 8 morts des suites, 101 blessés, plus 9 hommes décédés par maladies pernicieuses; total : 147 hors de combat. Ces pertes douloureuses sont minimes, surtout lorsqu'on les compare à celles subies par les Anglais dans la guerre contre les Achantis, qui présente beaucoup d'analogie avec notre expédition [1].

Le *22 avril*, le commandant Fournier, qui avait remplacé M. Bayol dans les fonctions de gouverneur, télégraphie à Paris, demandant des renforts, non pour aller en avant, mais pour repousser l'ennemi qui semble vouloir s'emparer de Porto-Novo. Il ajoute : « Il faudra expédition sérieuse. Programme : marche sur Abomey par Porto-Novo. Moyen : 1 500 tirailleurs sénégalais, 1 500 hommes troupes blanches avec artillerie; nombreux porteurs indigènes; service organisé d'approvisionnements, ambulances, gîtes d'étapes fortifiés pour renvoi en arrière malades et blessés, un transport-hôpital à Cotonou, un transport-aviso avec division navale (les troupes d'occupation renforcées sont en dehors des 3 000 hommes nécessaires); blocus continué; occupation de plage Ouidah, prise de ville par troupes détachées de colonne de marche. »

En même temps, le *Sané* bombarde Ouidah et obtient la mise en liberté des Français emmenés en captivité à Abomey le 24 février, MM. Dorgère, Chaudouin, Heuzé, Bontemps, Piétri, etc.

1. Voir p. 103.

Pour des considérations qu'il n'y a pas lieu d'examiner ici, le gouvernement n'est pas favorable à une expédition sur Abomey et prescrit d'engager des négociations. M. le contre-amiral de Cuverville, remplaçant le commandant Fournier, arrive en rade de Cotonou le 8 juin 1890 et cherche à clôturer l'incident franco-dahoméen d'une manière transactionnelle.

Le *19 juillet*, à huit heures du matin, la *Naïade* et le *Roland* couvrent de projectiles les bois et les clairières qui environnent Cotonou. Alerte, prise d'armes. A 9 heures, comme on ne voit rien, chacun rentre dans son gourbi pour manger la soupe. Le rapport général explique l'événement : « Les vigies avaient signalé des chiens errants, et comme le chien indique généralement l'homme, nous avons cru à la présence d'un parti ennemi ». Les malheureux caniches ainsi bombardés étaient les derniers survivants du village nègre de Cotonou ; depuis l'incendie des cases, ces pauvres bêtes ne savaient comment réintégrer leurs anciens domiciles, d'où le vent transportait au loin les bonnes odeurs des viandes de conserve et des ragoûts qui mijotaient dans les marmites de nos troupiers.

Le *12 août*, à minuit, deux coups de fusil sont tirés aux avant-postes. En un quart d'heure on brûle 6 000 cartouches : les feux électriques et les boulets fouillent l'obscurité. Rien. Le lendemain matin, on trouve un nègre criblé de balles. C'est un vieil esclave qui, échappé des mains dahoméennes, voulait rentrer chez son maître à Porto-Novo. Pour le dédommager de ses peines et réparer le malentendu, par ordre supérieur, l'indigène est baptisé le 14 ; il meurt le 15, et on l'enterre, à côté de nos soldats, dans le cimetière européen. Le feu ne devait plus enlever personne, mais l'hivernage avec ses pluies torrentielles et ses brouillards était arrivé. Atmosphère lourde, humide. Jour et nuit pas de repos, pas de sommeil.

Je remplis les douloureuses fonctions d'officier de l'état civil. Pendant la saison des pluies, les ambulances se remplissent. La constitution hydrotellurique de la région occasionne des fièvres de tout genre. Les caractères les plus dociles s'aigrissent ou arrivent à une indifférence absolue de tout ce qui n'est pas la mort, contre laquelle tous luttent avec énergie. Que de fois, hélas ! j'ai reçu ce billet triste et laconique :

« *Ambulance.* — L'infirmier-major a l'honneur de prévenir M. le Résident du décès du soldat B..., de la 30e compagnie, mort à l'ambulance.

« Porto-Novo, 15 juillet 1890.

« *Signé : L'infirmier*, Bilaval.

« *P.-S. — Le menuisier est prévenu.* »

Oh ! ce post-scriptum ! Ce menuisier ! mon cauchemar. Pour pouvoir enterrer nos pauvres soldats convenablement, entre quatre planches de roko (arbre rouge très dur), j'avais traité avec un ouvrier du pays qui travaillait comme un nègre, c'est-à-dire mal. Ou bien il n'était pas prêt à l'heure de la cérémonie, ou bien, pris d'un accès de zèle intempestif, il confectionnait d'avance deux ou trois boîtes raboteuses trop longues ou trop étroites, qui souvent ne pouvaient servir.

Cependant les souffrances physiques n'empêchaient pas nos petits marsouins de rire, de chanter, d'écrire. Dans un cahier de vers d'un caporal j'ai copié les strophes suivantes, que je publie à titre de document, pour les curieux des lettres :

... Des fois, on a ses jours, je songe à la beauté
De ces pays troublants où l'aurore est plus brève.
Où les palétuviers qui prolongent la grève
Comme en un bain d'argent plongent aux nuits d'été.
Voici le bois profond de grands singes hanté,
La brousse où sous mes pas le scorpion se lève,
Et la paillote basse et l'enclos écarté
Où le bambou se fend sous l'effort de la sève,
Et la lagune glauque où glissent lentement
Comme de longs poissons les pirogues légères,
Et les sombres fourrés où chantent constamment
Des oiseaux ravissants, un monde d'éphémères.
Et puis,... quand je me dis que tant d'autres ici
Ont été, sont restés à six pieds sous le sable,
J'ai le droit de hurler comme un gueux qu'on accable :
La graisse vous l'aurez,... quant à la peau,... nenni!...

Le *3 octobre*, après de longs et interminables préliminaires, M. le contre-amiral Cavelier de Cuverville signait à regret, à Ouidah, un traité avec les sieurs Aladaka, Dodedji, Koussougan, Guédou, Zizidokoué, Aïnadou, Zonoucouhou, cabécères représentant Behanzin Aï-Djerry. Un décret, paru à l'*Officiel* du 19 décembre 1890, a ratifié cet *arrangement*, qui assurait au roi de Dahomey une rente de 20 000 francs en échange des douanes de Cotonou.

J'ai quitté le Bénin par le *Taygète*, le 10 octobre, convaincu que tout cela recommencerait tôt ou tard. Le livre d'or de l'infanterie de marine et des tirailleurs sénégalais s'est enrichi d'une page de plus. Les hasards de la vie militaire leur avaient réservé le rare et périlleux privilège de forcer, au déploiement en rase campagne, ces compagnies mystérieuses de femmes réputées terribles, qui maintenaient encore, par delà les mers, les légendaires exploits d'Antiope, de Thomyris et de Penthésilée.

Pendant l'année 1891, Behanzin se prépare à la guerre, achète des armes à tir rapide [1], fait subir de nombreuses vexations aux commerçants français de Godomey et de Ouidah. De notre côté nous fortifions Porto-Novo et Cotonou. Nous construisons le wharf et le blockhaus. C'est une trêve armée.

On essaye cependant de nouer des relations amicales. M. Audéoud, chef de bataillon d'in-

1. Armes européennes achetées par les Dahoméens en 1891 et 1892 :

Chargé par le général Dodds, le 1er janvier 1893, de faire l'enquête sur l'introduction des armes à tir rapide au Dahomey, j'ai pu établir, après vérification des livres de commerce des maisons allemandes, un premier recensement; mais toutes les livraisons ne furent pas inscrites dans les registres. J'ai trouvé trace de vente de : 300 peabodys; 133 winchesters ; 648 chassepots; 200 albinis; 200 spencers; 240 sniders; 1 canon de 8 cent. ; 4 canons de 6 cent.; 3 mitrailleuses ; 2 canons (ballon geschütz) ; 400 000 cartouches de divers modèles. Soit un total de 10 pièces d'artillerie et 1 721 fusils.

Les livraisons ont eu lieu du 1er janvier 1891 au 9 août 1892, date de la déclaration de blocus. (Voir annexe I.)

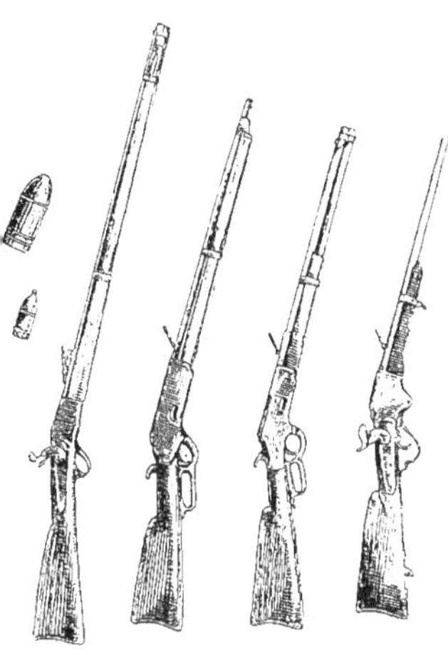
ARMEMENT DES DAHOMÉENS EN 1891-1892.

fanterie de marine, connu par un remarquable voyage de Siguiri à Benty, très au courant des affaires indigènes, est envoyé en mission à Abomey, accompagné de M. l'enseigne de vaisseau d'Ambrières :

Voici un extrait du rapport de cet officier de vaisseau qui nous initie au cérémonial de la cour d'Abomey.

« Enfin nous arrivons à Goho (Abomey) à 9 h. 30, dit M. d'Ambrières.

« A 3 h. 30, on nous fait aller au milieu de la grande route, en face du palais du roi. On y installe des chaises et des parasols; nous nous asseyons avec le Père Dorgère et les sœurs, entourés de tous les cabécères qui nous ont accompagnés pendant le voyage. Au loin devant nous, sur la route, de nombreux parasols et pavillons multicolores qui flottent au-dessus des têtes d'une foule énorme de gens et de soldats, avec cela une poussière et un soleil aveuglants. Nous allons recevoir successivement les cabécères d'Abomey. Les premiers tournent trois fois autour de nous, viennent nous saluer, et dansent un instant selon les rites. Ils sont précédés de leurs guerriers et suivis de leur musique. Leur personnel varie de 20 à 50 hommes. Eux-mêmes sont montés à cheval, souvent en amazone; ils sont soutenus de chaque côté par un individu, tandis que le cheval est tiré devant par le licou et qu'un quatrième personnage le pousse par derrière. Le parasol, signe distinctif du rang de cabécère, est toujours porté avec un balancement méthodique au-dessus de sa tête. Comme l'heure avance, le grand maître des cérémonies conduit directement les cabécères devant nous sans les faire tourner et supprime les danses; néanmoins les présentations durent longtemps.

« Après les cabécères, vient le défilé des troupes de parade qui sont actuellement à Abomey.

« Une dizaine de compagnies, dont les effectifs varient de 30 à 50 hommes, passent à tour de rôle devant nous. Ces troupes sont invraisemblablement habillées de costumes des plus grotesques et à la fois pittoresques. Chaque compagnie a son uniforme spécial; en général il est très léger. Il se compose d'un pagne d'une couleur déterminée, de nombreux fétiches autour du cou et des bras et d'une coiffure plus ou moins excentrique.

« Deux compagnies se distinguent parmi les autres. Les guerriers de l'une ont des pantalons dont les jambes droites sont vertes et les gauches noires; les casaques sans manches

GÉONÉDA, GARDIEN DU PARASOL ROYAL.

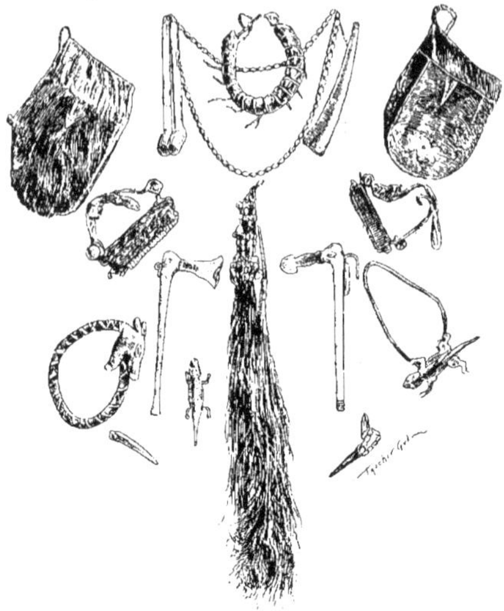

ÉQUIPEMENT DES DAHOMÉENS.

qui recouvrent leur buste, se terminent dans le dos par une queue. Les soldats de l'autre ont la tête ceinte d'une queue bien fourrée, qui leur forme une auréole, et ils se peignent des cercles blancs et rouges sur les mollets. Les soldats dansent très bien et avec ensemble; un coutelas entre les dents, ils brandissent leurs fusils de différentes façons en se balançant de droite à gauche et en tournant sur place. En même temps, ils font des contorsions horribles et roulent des yeux féroces. Tantôt ils foncent sur nous en courant, s'arrêtent au moment où ils sont sur nous et nous font des gestes menaçants; tantôt ils se retirent, pour recommencer le même manège. Tout cela en chantant, pendant que le bruit du tam-tam s'allie aux sons lugubres des cornes en dent d'éléphant et au son criard des clochettes de fer. Les coups de fusil ne cessent pas un instant. A 5 heures, le défilé se termine par la présentation de tous les drapeaux et d'une dizaine de piques surmontées de crânes humains. Nous nous levons et suivons en hamac la route d'Abomey. Nous sommes précédés par les cabécères et les troupes, tandis qu'une multitude innombrable de gens du peuple nous accompagne des deux côtés de la route. Deux ou trois cents mètres avant d'arriver, nous rencontrons une longue file de grands fétiches qui sont assis sous des apatames au milieu de la route. Enfin voici les portes de la ville ou, pour parler, plus exactement une percée dans les murs. Il ne reste d'ailleurs que quelques vestiges de ces murs, qui sont bien tombés en ruine. De distance en distance, des pans de 50 mètres de long restent encore debout. Nous apercevons également les traces d'un ancien fossé qui a dû faire le tour des murailles, mais il n'existe guère qu'au passage par lequel on nous a fait entrer dans la ville; il y a un petit pont que nous passons : le mur a 1 mètre d'épaisseur environ à cet endroit. Le gardien de la porte, qui est un cabécère, vient nous saluer; on tire 21 coups de canon en notre honneur, puis nous remontons en hamac. Nous marchons très lentement et nous mettons près d'une demi-heure à arriver sur une place immense.

« Un des côtés de cette place est formé par les murs du palais royal. A la porte d'entrée, sous un apatame se trouve le roi.

« Il est allongé sur un grand divan en soie; à ses côtés se tiennent ses femmes de service. Un peu plus loin, une centaine de femmes du palais sont accroupies autour de femmes cabécères. A une dizaine de pas en avant et de chaque côté, se trouvent des amazones, au nombre de 900. En suivant le contour de la place, on trouve une centaine de cabécères sous leurs parasols, entourés de leurs guerriers; puis enfin les troupes qui sont venues défiler devant nous. Le centre de la place est inoccupé. Nous comptons 2 500 fusils et évaluons approximativement la populace à 10 000 personnes.

« Nous faisons une fois le tour de la place, puis nous descendons de hamac en face du roi. Nous nous approchons jusqu'à une distance d'une trentaine de mètres qui est déterminée par une ligne de bambous et nous saluons le roi.

« Celui-ci se lève et vient à nous, entouré de ses femmes de service. L'une d'elles tient un parasol au-dessus de sa tête; une autre lui évente la tête, une autre les pieds, une quatrième tient un crachoir en argent, une cinquième a la charge de lui essuyer la bouche, etc. Il fume constamment une longue pipe, qu'il garde dans la bouche tandis qu'il nous adresse la parole. C'est un homme assez grand, d'une quarantaine d'années environ; ses cheveux commencent à grisonner; il n'a presque pas de barbe. Il a l'œil très vif, le regard hautain et souvent dur; le geste est brusque. Il nous demande si nous avons fait bon voyage et si nous nous portons bien, puis il retourne sous son apatame en se dandinant.

« Tous les cabécères lui crient : *Té, Té, Také... Ladé.* « Prends garde, ô mon roi! » Si le roi buttait ou tombait, des têtes tomberaient certainement aussi.

« Alors nous engageons une conversation à 30 mètres de distance. Le roi parle, son premier ministre répète en criant ses paroles, Koussougan les transmet à l'interprète et nous savons alors seulement ce que le roi a dit, ou ce qu'on a bien voulu nous dire. Il s'étonne de la longueur de nos sabres, qu'il ne trouve pas convenables pour des guerriers.

« Le roi fait danser les amazones. Elles portent une casaque sans manches, jaune devant et bleue derrière, un pagne écossais avec dessus rouge et un bonnet de police noir et rouge. Elles ont le même fusil à pierre que les guerriers et portent de nombreux fétiches. Koussougan nous raconte très sérieusement qu'elles ne meurent jamais de maladie et qu'elles ressuscitent, même lorsqu'elles ont eu le cou coupé. Quelques amazones sont jeunes, la plupart sont d'un âge mûr, quelques-unes ont les cheveux blancs. Elles paraissent assez guerrières, et lorsqu'elles dansent, elles ont l'air non moins terrible que les hommes. Il est vrai que la danse excite les noirs à un point extraordinaire dont ne peut se faire une idée quelqu'un qui ne l'a pas vu.

« Leurs ballets sont assez beaux et très curieux. Après les amazones, on fait venir devant nous les gardes du corps du roi, qui sont au nombre de 500. Ce sont les plus beaux hommes du royaume, ils ne vont jamais à la guerre. On les reconnaît facilement à leurs bonnets rouges, ornés sur le devant d'un colimaçon doré. Après eux, vient une troupe de gens qui sont tous bourreaux. Le roi nous dit alors le courage de ses troupes, que celles que nous avons vues ne sont rien, qu'il lui faut trois mois pour les réunir. Toffa a été cause de la guerre ; mais nous sommes à jamais amis et il est très content de nous voir. Il est 9 heures, on nous fait boire, puis, le roi nous ayant donné rendez-vous pour demain, nous partons, les cabécères en tête. Nous sortons de la ville par un autre chemin et, après une demi-heure de marche, nous arrivons dans l'ancienne maison du chacha, où nous devons demeurer pendant notre séjour à Abomey. Nous recevons à notre tour les cabécères et nous ne pouvons nous mettre à table qu'à 11 heures du soir.

« *Jeudi 5 mars.* — Nous partons à 2 heures pour le palais de Djébé. Quelques minutes avant d'y arriver, on nous fait arrêter sous de grands arbres, où nous trouvons Koussougan, Zizidokoué et Hounkésé. Le Père Dorgère et les sœurs nous y rejoignent. Un noir, Feliciano, qui accompagne Candido et Georges (trio dont les têtes ont été mises à prix pendant la guerre), vient pour nous serrer la main,... mais il se retire en pure perte. Après un quart d'heure d'attente, nous nous remettons en marche, nos cabécères en tête, et nous arrivons sur une grande place qui fait face au palais.

« On nous fait asseoir à l'ombre; les cabécères gardiens du palais, qui sont bien au nombre de cinquante, viennent nous saluer.

« Ensuite commence un immense défilé de cabécères en grand apparat; j'en compte soixante-dix. Les uns ont une vingtaine de personnes à leur suite, d'autres quarante et plus. Ils font trois fois le tour de la place en tirant des coups de fusil, chantant et dansant; cela dure près de deux heures. Le défilé se termine par deux femmes cabécères et des amazones. Alors arrive le roi, précédé de deux ou trois cents guerriers. Il est dans un hamac de soie, porté par huit hommes; il fume toujours la même pipe et porte sous le nez une sorte de godet en argent maintenu derrière les oreilles par des pattes comme des lunettes. Il doit aspirer du camphre ou quelque autre poudre odorante.

« Il fait quatre fois le tour de la place en saluant devant nous, puis il descend de hamac, monte sur un divan suspendu comme son hamac, et défile trois fois avec ses femmes. Alors il se dirige vers une case fétiche, au centre de la place, en fait deux fois le tour et entre dans son palais. Les amazones seules le suivent. Peu de temps après, nous sommes appelés. Koussougan veut nous faire retirer nos sabres avant d'entrer : nous nous y refusons, pour n'avoir pas été prévenus d'avance. Le roi est très aimable, il s'approche très près de nous, écartant d'un geste les cabécères qui sont allongés entre lui et nous; il nous dit bonjour, demande de nos nouvelles et se fait répéter nos noms. Il salue ensuite le Père Dorgère et les sœurs, puis, se retournant vers nous, il nous dit qu'il est trop tard pour causer, qu'il nous reverra demain.

« *Vendredi 6.* — Nous sommes appelés à 4 h. 30, il paraît que le roi nous attend; les hamacaires prennent le pas de charge, nous faisons 4 kilomètres en vingt-cinq minutes. Cela ne nous empêche pas de faire une station d'une demi-heure, sur la place, avant d'entrer. Au moment où nous franchissons la porte du palais, les cabécères qui nous accompagnent se jettent à genoux et se lavent dans la poussière. A un signe du roi, ils avancent de quelques mètres en rampant et en poussant des « ah! » formidables, puis ils recommencent leurs ablutions. Ils s'avancent ainsi jusqu'à quelques mètres du roi, en faisant plusieurs stations, à chacune desquelles nous saluons. Après nous avoir parlé quelques instants, le roi fait venir

COMBAT DE LA « TOPAZE » (27 MARS 1892)

successivement les grands cabécères, quelques chefs de guerre autorisés à entrer dans le palais, les ministres et les gardiens, les princes au nombre de vingt, les princesses au nombre de quarante et les amazones. Ces différents groupes nous saluent du cri de « Adeo » ; nous nous levons et rendons leur salut.

« Tous ces gens, sauf les guerriers, entrent en rampant.

« *Samedi* 7. — Après avoir déjeuné légèrement, nous partons à 12 h. 15 pour le palais de Djébé, où nous n'entrons qu'à 3 heures. Le roi nous fait attabler tout de suite. Nous avons devant nous des monceaux de viande. Au centre de la table, cinq ou six cabris entiers, entourés d'une couronne d'une vingtaine de poulets ; puis une quarantaine de plats entre lesquels on a jeté des pains, du biscuit, des oranges et des bananes. A côté, une autre table, où je compte plus de trois cents bouteilles assorties. Nous restons assis deux heures environ. Pendant ce temps, les amazones viennent danser et chanter devant nous ; les femmes artilleurs et les chefs des tueuses d'éléphants tirent des coups de fusil sans discontinuer. Les amazones nous font un cadeau de treize cabris, seize poules, des ignames, des oranges. A ce moment, on nous fait lever et mettre par rang d'ancienneté devant le roi. Celui-ci nous présente quatre pagnes, quatre enfants dont deux garçons et deux filles, et un parasol en soie pour M. Carnot. Puis il donne à chacun de nous un pagne et deux enfants, un garçon et une fille. On nous fait revêtir un pagne et c'est dans ce costume que nous sortons du palais avec le roi. Il nous reconduit pendant cinq minutes et, au moment de nous séparer, il fait tirer des salves par ses gardes du corps, au nombre de cinq cents. Comme leurs fusils sont chargés jusqu'à la bouche et qu'il fait presque nuit, l'effet est saisissant et très beau. En même temps, on tire plusieurs coups de canon. Nous prenons alors congé du roi, que nous ne reverrons plus. »

L'« [illegible] » DANS LA LAGUNE DE COTONOU.

La mission rentre à Cotonou et le chef de bataillon Audéoud, commandant des troupes, rend compte au Ministre de la Marine qu'il y a lieu de détruire le Dahomey, pour rétablir le calme à la côte et permettre la reprise des transactions commerciales, absolument interrompues.

En mars 1892, Behanzin déclare de nouveau la guerre à Toffa et, au mépris de l'arrangement du 3 octobre 1890, pénètre sur le territoire du royaume de Porto-Novo.

Le 27 mars, la chaloupe *Topaze*, ayant à son bord le lieutenant-gouverneur M. Ballot et le chef de bataillon Riou, est attaquée sans aucune provocation dans l'Ouémé par 400 Dahoméens postés derrière les hautes herbes de Dongoli. Un tirailleur et deux matelots sont grièvement blessés par des balles à tir rapide. Dans la nuit du 29 au 30, les Dahoméens occupent Késounou.

Après les premières mesures de défense prises par M. Ballay, gouverneur, le Ministère de la Marine est chargé de la direction des opérations, et, le 30 avril, le colonel Dodds, de l'infanterie de marine, est désigné pour remplir les fonctions de commandant supérieur du Bénin.

L'arrivée du colonel Dodds sur la *Ville-de-Maceio* le 28 mai, des navires de guerre et des troupes de renfort rassurent les populations et éloignent l'armée dahoméenne, qui se concentre à Alada.

Le colonel établit le quartier général à Porto-Novo, où sont rassemblées nos troupes.

Le corps d'occupation comptait au 1er juin un effectif de 940 combattants. Au 7 août, il était de 2 186 Européens, tirailleurs sénégalais, haoussas et artilleurs. Avec le bataillon de la légion étrangère et les spahis, il atteignait le 1er septembre un total de 3 451 hommes.

Sur les lagunes et dans l'Ouémé circulait la flotte, composée de : chaloupe canonnière *Corail* (commandant de Fésigny); canonnière à roues *Opale* (La Tourette, enseigne de vaisseau); *Ambre*, *Émeraude* et *Topaze* (commandées par des premiers maîtres).

L'armée dahoméenne, forte d'environ 12 000 hommes, occupait les positions suivantes : un groupe à Alada, sous les ordres directs de Behanzin; un groupe entre Godomey et le Nokoué; un groupe sur la rive gauche de l'Ouémé, échelonné de Zagnanado à Dogla, dans le Décamé.

Les chemins étaient fermés partout. Le service des renseignements fonctionnait difficilement. Malgré ces difficultés d'ordre matériel, l'époque des tergiversations était passée. — Nous marchions en avant.

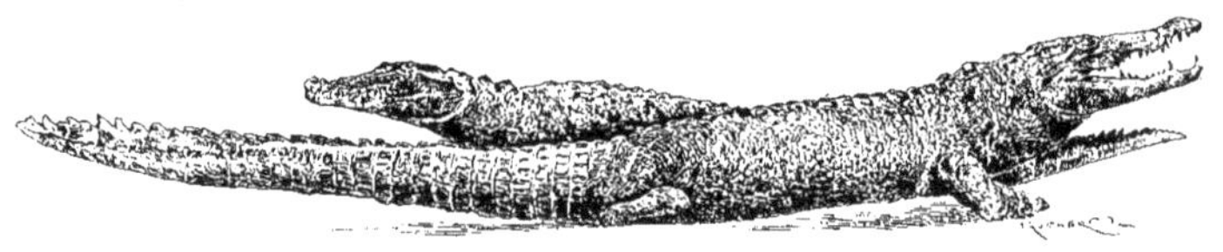

CAÏMANS.

EN PIROGUE SUR LE LAC NOKOUÉ.

CHAPITRE IV

En pirogue sur le lac Nokoué. — Les empalés d'Aouansori. — Villages lacustres. — Le canal du Toché. — Porto-Novo. — Le roi Toffa. — Le Tout Porto-Novo. — Recrutement des porteurs (du 5 au 10 septembre 1892).

UN TOFFANI.

4 septembre 1892. — Je quitte Cotonou pour me rendre à Porto-Novo; 18 milles marins séparent ces deux points. Les communications se font par chaloupes à vapeur. Malheureusement mes camarades et moi nous manquons la canonnière de service. Nous sommes obligés de prendre une pirogue du pays, creusée dans un tronc d'arbre et servant habituellement au transport des puncheons d'huile de palme. Trois tonnes peuvent être chargées dans une embarcation, que les indigènes mettent six mois à confectionner. L'ouvrier travaille dans l'intérieur des forêts, seul, lentement et à son aise, avec le plus grand dédain du temps et de sa valeur qu'il ignore. Pour les Européens ce mode de locomotion est moins que confortable. Couchés sur des planches nues que recouvrent de grosses nattes du pays, dites *chachas*, nous entendons le clapotis de l'eau qui pénètre à travers la carcasse fibreuse du baobab mal raboté qui nous porte. Un nègre tenant à la main une calebasse, ornée de dessins burlesques, enlève cette eau qui menace de couler notre esquif et la rejette dans la rivière. Au-dessus de nos têtes une toiture primitive, formée de feuilles de palmier et de bananier entremêlées, nous abrite du soleil ardent. La chaleur est suffocante, la navigation mortellement ennuyeuse. Nous ne pouvons regarder que devant nous ou en arrière, à travers les jambes des canotiers qui se tiennent debout deux par deux sur les caillebotis, enfonçant paresseusement leurs longs bambous dans la vase, et les en retirant imprégnés d'une boue noirâtre qui dégage des miasmes peu odoriférants. Nous passons alternativement d'une rive à l'autre, sans gouvernail, suivant les fonds bas pour éviter de prendre les pagaies. La lagune de Cotonou est large de 80 à 100 mètres, profonde de 80 centimètres à 1 mètre. Les bords sont déterminés par des palétuviers. Quelques palmiers se profilent au-dessus des terres meubles d'un sol alluvionnaire, fait d'immondices et de détritus, riche en matières organiques. Nous écartons les branches pour avancer, non sans déranger des caïmans qui se prélassent sur le sable, et qui plongent précipitamment à notre approche, effrayés de ce vacarme qui trouble leur sieste.

Au bout de deux heures d'une marche lente et pénible, nous entrons dans un vaste entonnoir de forme elliptique, le grand lac Nokoué ou Denham, du nom d'un marin anglais qui en a fait la première carte en 1845. La vue s'étend à 10 kilomètres au large. De tous côtés, de l'eau. Dans le fond, vers Abomey-Calavi, Ganvié et Sò, quelques grands arbres, des manguiers. C'est le déversoir des eaux de l'Ouémé et de la rivière de Sô. A droite, un îlot d'herbes piqué d'aigrettes blanches dont les silhouettes mélancoliques égayent le paysage. Des poteaux fichés dans l'eau, des *coquères* ou demi-roniers supportent les squelettes en décomposition de deux noirs que le roi Toffa, dit le Doux, a fait empaler récemment pour avoir volé les sacs et le canot de la poste. Des charognards gris foncé sont en train d'achever ces infidèles facteurs. A gauche, Aouansori, un village sur pilotis. Ces constructions préhistoriques sont pittoresques, quoique le séjour en soit des plus malsains. Les habitants originaires de Godomey et d'Abomey-Calavi se sont réfugiés là pour éviter, dit-on, les incursions et les vexations des Dahoméens, qui, d'après la légende (très fausse), ne doivent pas naviguer. Leurs cultures sont en terre ferme près de Zobbo. On a cru longtemps que ces gens étaient amis de la France. Pendant les opérations de 1890, comme en 1892, ils n'ont cherché qu'à se maintenir entre nous et leurs redoutables voisins, leur vendant des provisions plus souvent qu'à nos troupes. Ils étaient chargés d'alimenter le marché de Cotonou, mais ils préféraient porter leurs produits à Abomey-Calavi, centre de ravitaillement des troupes de Behanzin, lorsqu'elles campaient à Mahon et autour d'Alada. La crainte d'être sévèrement châtiés par quelque canonnière les a seule empêchés de prendre ouvertement parti contre nous, et d'arrêter les convois de vivres qui montaient à Porto-Novo.

Le lac Nokoué mesure 17 milles de la rive d'Abomey-Calavi à la crique de Kéténou et 10 milles d'Aouansori à Sô. La profondeur varie avec les saisons. Les chaloupes à vapeur calant 60 à 90 centimètres y peuvent naviguer toute l'année.

Çà et là autour de nous des pêcheurs jettent leurs filets ou attendent patiemment la récolte. Le poisson, d'un excellent goût, est la principale nourriture des indigènes, qui le préfèrent avarié et légèrement fumé. Nous croisons des pirogues; nos gens en profitent pour échanger des politesses. *Okou! okou! okou déou! okou kaka! okou baba!* etc. : « Bonjour! bonjour!

LES EMPALÉS D'AOUANSORI.

Comment vas-tu? Comment va ton père, ta sœur, ton frère, ton bœuf, ton cochon, ta poule, etc.? » Toute la famille y passe. Les formules de salutation sont longues et dites sur un rythme doux, presque plaintif. *Okou yévo* : « Bonjour, blanc ». *Tafia! tafia!* (cri de ralliement de tous les nègres quand ils voient passer un Européen : « Donne-moi du tafia! »

Tout a une légende et un fétiche au Dahomey. *Nokoué* signifie « case de la mère : « *no*, « mère », *koué*, « maison ». Le lac n'existait pas il y a trois cents ans, paraît-il. C'était un bois touffu. Une féticheuse ayant donné le jour à un enfant difforme qu'elle ne voulut pas reconnaître, pria *Legba* de détruire les palmiers et la case de la véritable mère du monstre. Le fétiche exauça le vœu de sa prêtresse, incendia la forêt et la transforma en lagune.

Les noirs, très superstitieux, ont une grande crainte de voyager la nuit sur le lac. Leur ignorance de la navigation et la défectuosité de leurs embarcations sont les véritables causes des nombreux accidents qui ont fait au Nokoué une mauvaise réputation.

La lagune qui vers l'ouest paraît conduire à Ouidah communiquait autrefois avec le grand lac et on pouvait se rendre en pirogue de Lagos à Porto-Ségouro. L'isthme qui s'est formé entre Zobbo et Godomey rend indispensable aujourd'hui le transbordement lorsqu'on veut pénétrer dans le Bas-Dahomey sans toucher à Cotonou. Couper cette langue de terre et entretenir le chenal au moyen d'une drague paraît facile et semble devoir être un travail d'utilité publique très profitable au commerce de nos comptoirs.

Les canotiers ne poussent plus la pirogue au bambou. Pour profiter de la brise de mer qui s'est élevée vers midi, ils ont mis à la voile. Deux pagnes de coton, teints en bleu, noués bout à bout et fixés à une gaule formant vergue, et nous voguons rapidement le cap sur Afotonou, autre village lacustre situé à l'est.

Vers 3 heures du soir, nous sommes dans le canal du Toché, laissant sur la droite Kéténou, que l'Angleterre nous a cédé le 1er mars 1890, en échange de Pocrah et de la rivière Addo. Le lac Nokoué communique avec la lagune de Porto-Novo par des petits bras de l'Ouémé, le Zoumé, le Toché, canaux peu profonds bordés de villages sur pilotis [1].

Les rivières, torrentueuses dans le nord, n'ont pas dans la région inférieure des berges bien nettes. Elles déposent sur le fond les matières qu'elles ont charriées, coulant souvent à un niveau presque plus élevé que la contrée environnante. Pendant la période des inondations, les eaux s'épanouissent dans une plaine basse comprise entre le plateau d'Alada et celui de Porto-Novo, et forment un vrai delta. Dans leur marche vers le sud, les arbres et les plantes qui bordent les rives s'arrachent et viennent obstruer l'entrée des canaux.

Nous circulons difficilement. Les piroguiers se mettent à l'eau, après avoir agité les bambous et poussé des cris lugubres pour chasser quelque caïman endormi; ils portent presque

1. A signaler à Kéténou, dont le territoire avoisine l'océan, des salines. Les habitants mettent de l'eau de mer dans un tonneau placé verticalement sur une couche de sable d'environ 25 centimètres d'épaisseur. Au moyen d'un trou pratiqué à la partie inférieure et d'un bambou, l'eau plus ou moins filtrée s'écoule dans des jarres que les indigènes placent ensuite sur des foyers très actifs. Après l'évaporation complète de l'eau, ils recueillent le sel qui s'est déposé à l'intérieur des récipients.

la pirogue à travers les joncs et les herbes marécageuses remplies de nids de gendarmes, peuplées de moustiques, de papillons multicolores et de passereaux bruyants, parmi lesquels se distingue le martin-pêcheur au ravissant plumage de turquoise. Nous heurtons des îlots de nénuphars jaune pâle.

Après le poste du Toché, occupé par des gardes civils, le canal s'élargit : on aperçoit Porto-Novo, la maison Régis, la Mission, la Résidence, et en face, à 800 mètres, le petit village de Ouéta, caché sous un petit bois de cocotiers et de palmiers. La nuit est arrivée. Des millions de mouches lumineuses se promènent partout et nous éclairent. Nous longeons le bord du plateau, légèrement incliné vers la lagune, sur lequel est bâtie la ville. Pour fouler un terrain solide il faut pénétrer dans de petits fossés perpendiculaires dits *bouthés*, creusés dans la vase par chaque propriétaire de terrain situé sur le bord de l'eau. Ces bouthés sont utiles, mais comme ils servent de dépotoirs à 30 000 habitants, ils entretiennent un cordon infectieux. La brise du soir, que chacun attend avec impatience pour se rafraîchir, arrive imprégnée de principes morbides et d'odeurs nauséabondes.

OUÉTA.

5 septembre. — Porto-Novo, capitale du royaume de ce nom, est la seule ville du Bénin. La forêt qui autrefois semblait jeter les maisons dans la lagune a été défrichée. Des rues, des places publiques ont été tracées un peu partout : l'avenue Gabrielle, la place Bayol, la place Cuverville, le boulevard Toffa. L'hôtel du gouverneur est en construction sur la crête d'un plateau situé à l'ouest, en avant des casernements de la troupe. A l'est de la Résidence (ancienne factorerie Daumas-Béraud) commence la ville indigène, dont les cases sont bâties en *barre* et recouvertes en paille. On donne le nom de barre à l'argile rougeâtre que les nègres pétrissent comme du mortier en la foulant avec les pieds. Cette terre durcit sous l'action du soleil et acquiert une grande fermeté. Pour construire une case, on établit une première couche de barre, puis une tranche horizontale de 60 à 80 centimètres de hauteur et de 60 centimètres d'épaisseur. Dès qu'elle est séchée, on remet une deuxième couche sur la

PETIT-MARCHÉ, AVENUE GABRIELLE, A PORTO-NOVO.

première, et ainsi de suite. Des maisons très habitables atteignent jusqu'à dix et quinze couches. Pour les rendre plus solides, on y entremêle quelques briques et des coquères.

Le royaume de Porto-Novo est composé de plateaux élevés de 30 à 40 mètres, séparés par des dépressions ou bas-fonds qui sont la continuation de la *Lama*, le grand marais du Dahomey. Il faut remonter à Dogba pour trouver des cailloux. La terre est durcie et rougie par du peroxyde de fer. Le premier plateau va jusqu'au marigot de Badao : il est sillonné par des cours d'eau sans importance et des lagunes boisées sans courant défini. l'*Iddi*, l'*Aguidi*, la lagune de *Couti*, et enfin la lagune d'*Adjara*, marais sous forêt de 600 à 800 mètres de largeur, dont le fond vaseux rend impossible le passage à gué. Ces trois lagunes convergent au village de Diégou et forment la *rivière d'Adjara*, qui sert de frontière entre les possessions françaises et la colonie de Lagos (convention du 10 août 1889).

Dans sa marche sur Abomey, la colonne expéditionnaire suivra les rives de l'Ouémé, la grande route commerciale du Bénin, la voie de pénétration naturelle. L'Ouémé ou Ouo (*Ouo*, nom propre de la rivière ; *mé*, dans) prend sa source vers le 9e degré de latitude nord ; on ne connaît encore rien de précis sur son bassin supérieur. Mais, dans son cours moyen, en aval des gués de Tohoué-Adégon (*To*, rivière ; *houé*, passage), Tohoué-Gbédé, Aouangi-Tohoué, il prend une direction générale nord-sud, qu'il conserve jusqu'à son embouchure dans la lagune côtière, à Aguégué. Les pirogues pouvant partir de la base d'opérations chargées de vivres et remonter le fleuve, l'Ouémé devait constituer la ligne de ravitaillement la plus importante, surtout aux hautes eaux. La route de terre est parallèle à la rivière et suit la rive gauche jusqu'à Adégon; mais cette voie est souvent impraticable. Comme tous les cours d'eau des régions intertropicales, l'Ouémé est sujet chaque année à des crues produites par la saison pluvieuse et qui ont lieu généralement au mois de septembre. A toute époque de l'année, des canonnières peuvent arriver jusqu'au seuil de Danou; les difficultés de la navigation commencent à partir de Dogba; des barrages sont formés par les arbres qui tombent des berges effondrées.

En aval d'Adégon, l'Ouémé reçoit sur sa rive gauche le Zounou, qui descend du versant méridional du plateau de Kétou et qui traverse la dépression marécageuse séparant ce plateau de celui de Porto-Novo. Après avoir reçu plusieurs affluents peu importants qui arrosent le pays des Hollis, il se jette dans l'Ouémé, en face du village de Zounou. Rives basses et marécageuses; à l'époque des crues, les eaux couvrent la vallée sur une largeur de plus de 1 kilomètre.

De Zounou jusqu'à son confluent avec la lagune de Porto-Novo, l'Ouémé reçoit quelques cours d'eau sans importance dans la saison sèche, mais qui, au moment des pluies, grossissent d'une manière extraordinaire et se transforment en lagunes dont la largeur atteint jusqu'à 300 mètres, comme la lagune de Tové.

Les principaux sont : 1° lagune de Bougoudou; 2° marigot de Badao; 3° lagune de Tové; 4° rivière de Niakpo ou lagune de Gocon. Quelques-uns de ces cours d'eau présenteront un obstacle sérieux à la marche du corps expéditionnaire.

La rivière de Sò double l'Ouémé, elle s'en détache à Dogba; l'accès en est interdit aux blancs; des troncs d'arbres encombrent son lit généralement vaseux.

Le royaume de Porto-Novo est divisé en dix cantons, portant le nom de leur principal village. A la tête de chacun de ces cantons est placé un chef, sur qui Toffa a une autorité plus ou moins grande.

Les opérations du mois d'août 1892 dans le Décamé et à Sakété, la destruction du camp de Békandji, la prise de Tacon ont raffermi le prestige de notre protégé.

Les habitants sont Nagots, mais les princes et les principaux notables appartiennent au noyau *Éoué* et parlent *fongbé*, ou langue dahoméenne proprement dite. Ils sont originaires d'Alada, berceau de la famille royale qui a conquis le pays entre Mono et Addo, du littoral aux montagnes des Mahis. Rien de précis, rien de régulier, rien d'historique. Pas de chroniques. Des légendes, des chansons, des complaintes symboliques. Les souvenirs du passé se transmettent verbalement de père en fils et il n'est guère possible, sans tomber dans le domaine de la fable, de remonter au delà des temps modernes. Il n'existe nulle part de centre intellectuel semblable à ceux du nord de l'Afrique et des régions musulmanes; partout des gens absolument illettrés. Pas même de ruines pouvant guider le voyageur. Aucune trace paléontologique.

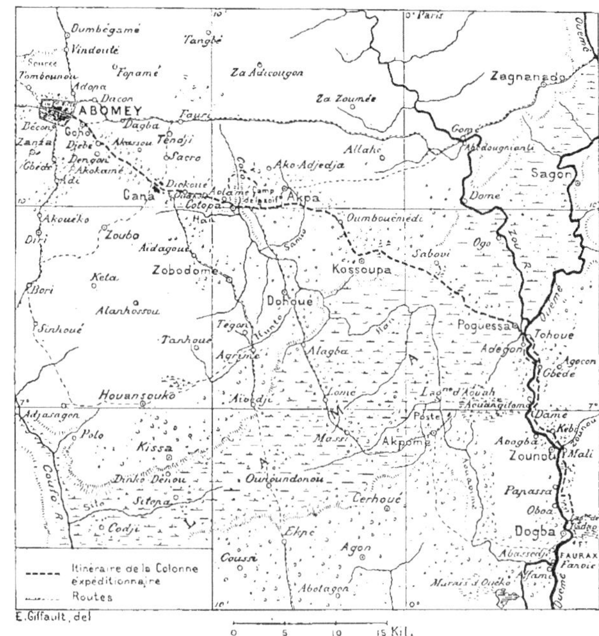

ITINÉRAIRE DE DOGBA A ABOMEY.

Le dernier souverain d'Ardres mourut en 1610 : ses trois fils ne pouvant s'entendre pour le gouvernement de la contrée se séparèrent. Pendant que Tacodonou allait au nord de la Lama fonder Abomey, et que Méji, l'aîné, était laissé près de la source de Ahoutégoudou[1] pour garder le terrain fétiche, l'*Adja*, et y continuer les sacrifices quotidiens de poules et de canards, Atéagbalin traversa la rivière de Sô et l'Ouémé. Il fonda *Adja-ché* entre Ekpé et Bécon ou Aklou, faubourgs actuels de Porto-Novo. Ayant obtenu le droit de faire des cultures, il aida les aborigènes de ses conseils et de son expérience. Grâce à son activité, le pays se développa rapidement. Il eut six fils, dont cinq régnèrent successivement après lui. Tous firent la guerre aux peuples voisins, agrandissant leur domaine, vendant leurs esclaves à Badagry, comptoir de traite très fréquenté, situé à l'embouchure de l'Addo.

Le dernier descendant d'Atéagbalin, Soudji, mourut le 3 février 1864. Son fils, Dassy, ne fut pas élu, à cause de sa sympathie pour la France. Les chefs, séduits par les gratifications des traitants de Lagos, poussèrent au pouvoir un Nagot, le prince Mecpon, ennemi de notre influence. Mési succéda à Mecpon le 4 juin 1872. Mais comme ce roi ne sortait jamais de son palais, où il vivait dans un état d'ivresse continuelle, les négociants français, parmi lesquels il convient de citer M. Colonna de Lecca, directeur de la maison Régis, réussirent à faire revenir sur le trône, en février 1875, Dassy, qui prit le nom de Toffa et signa le 25 juillet 1883 un traité de protectorat rétablissant d'une manière définitive les relations diplomatiques interrompues depuis le départ de l'amiral Lafont de Labédat.

L'islamisme a pris depuis une dizaine d'années un grand développement à Porto-Novo. Les *Halloufas* (nom sous lequel on désigne les adeptes du Coran) sont très estimés; ils ont une mosquée et font de la propagande. Cette infiltration va sans cesse en grossissant. Elle a été

1. A 4 kilomètres du palais d'Alada.

favorisée par le recrutement du bataillon de tirailleurs haoussas, presque tous originaires de l'Ibadan, du Yorouba et du Niger. Les José Marcos, Ignatio Paraiso, Lopez, Bakary sont des notables : ils possèdent des factoreries, font un commerce sérieux. La loi du Prophète ne supprime ni la polygamie ni la circoncision. Les imans n'interdisent pas l'usage des alcools : ils donnent les premiers l'exemple de l'intempérance. La couleur du professeur étant la même que celle de l'élève, les concrètes prescriptions du Coran exercent beaucoup d'attraction sur des esprits simples, dont l'intelligence est éveillée jusqu'à quatorze ou quinze ans. On compte à Porto-Novo près de 10 000 musulmans, qui vivent en très bonne intelligence avec les fétichistes. Je n'ai jamais entendu dire qu'il y eût des querelles religieuses.

FACTORERIE FABRE, A PORTO-NOVO.

Porto-Novo est un centre commercial important. Tous les produits de l'Ouémé, du Décamé et de l'Adjara y arrivent et sont expédiés en Europe par Lagos et Cotonou. A côté de nos deux grandes factoreries françaises Régis et Fabre, se sont installés de nombreux concurrents étrangers : les Voigt and C°, les Holt et Welsh, les Kœnigsdorf, etc., et près de 200 traitants métis, d'origine brésilienne. Le marché indigène a lieu tous les jours sur la place du palais de Toffa. Mais au coin des rues on trouve des boutiques où se vend la nourriture du jour, les *akassas,* les *akras,* les sauces au piment et les poissons frits. Le maïs réduit en farine, cuit à l'eau, puis condensé en boules, forme l'akassa, le pain du noir. On le remplace par des patates, des ignames et de la farine de manioc. L'huile de palme est aussi un aliment de première nécessité. On l'emploie surtout pour la préparation du *canalou,* ragoût de poulet ou de poisson dans lequel on mélange des herbes aromatiques et des gombos, malvacées qui poussent autour des villages, moitié cultivées, moitié sauvages et dont noirs et créoles sont très friands [1].

Les musulmans ont installé des boucheries et débitent chèvres et moutons. Les Nagots, fétichistes, tuent les cochons qui ont été élevés dans les cours des maisons et dans les rues de la ville, sur les tas d'immondices.

Le bœuf vendu à la troupe par Tovalo Quénou, le grand entrepreneur des subsistances militaires, vient du bas Ouémé. C'est une petite race sans grande consistance, semblable aux veaux de la Camargue. Leur robe est noire et tachetée de blanc. Les noirs ne s'occupent pas

1. *Hibiscus esculentus*, L.

TOFFA ET SA COUR.

LE ROI TOFFA.

de leurs animaux domestiques, qui croissent comme ils peuvent et mangent ce qu'ils trouvent. Tout le long de l'Ouémé jusqu'à Danou, on voit des bœufs paître dans les prairies après l'inondation. Pendant les hautes eaux, les habitants les recueillent dans les cases sur pilotis et leur font quelques rares distributions de paille de maïs sèche.

Comme liquides, on trouve au marché du vin de palme, boisson fermentée, tirée par excision des cellules intérieures du tronc d'un palmier. Mais le tafia, le gin, l'anisado, toutes sortes de liqueurs fines à six sous le litre, dominent. Les noirs s'enivrent facilement et fréquemment. Ils ne travaillent le jour que dans l'espoir de se griser dès que la nuit est arrivée. J'ai été à même de constater que les progrès de l'alcoolisme étaient une des causes principales de leur état d'âme, pour ainsi dire adynamique.

Il n'y a pas de monument à Porto-Novo. Seul le palais du roi Toffa, maison en pisé, badigeonnée à la chaux, mérite la visite du voyageur, à cause des nombreux fétiches qui en garnissent la cour principale, où se tiennent les assemblées de justice, les *palabres*. Toffa, entouré de ses femmes, assis sur un trône ou couché sur un lit en cuivre doré, accueille tout le monde. C'est un homme de cinquante ans passés; les indigènes ne connaissent pas leur âge et il est difficile d'établir leur état civil. Haut de taille, dolichocéphale, les yeux éteints, la figure glabre, le roi d'*Adjaché* (nom indigène de Porto-Novo) se distingue de ses sujets par ses costumes bariolés. Il se drape dans un grand pagne de soie coloriée, porte sur son crâne une large casquette verte le matin, un gibus de livrée à cocarde d'argent l'après-midi, un chapeau de général de division le soir. Il met des chaussettes et des pantoufles en velours vert sur lesquelles on lit, brodés en or, les deux mots *King-Toffa ;* au demeurant un bon nègre, très conciliant, peu belliqueux, presque toujours entre deux vins, dégrisé subitement lorsqu'on lui annonce que les Dahoméens s'approchent. Il ne craint que le Dahomey.

Très décoratif, Toffa ne sort qu'en hamac ou en voiture. A défaut de chevaux, il attelle ses ministres ou *laris*, qui le tirent dans la ville pour les réceptions solennelles. L'usage veut que le peuple se prosterne sur le passage du roi ; tous ses sujets mettent genou à terre et poussent les exclamations de joie. Sa puissance est problématique : le concours de nos gardes civils lui est souvent utile. Les laris, parmi lesquels il convient de citer Rhazoumé, premier ministre, sont ses représentants ; solides gaillards, véritables académies noires, torse nu, cheveux finement lissés sur le sommet du crâne en tronc de cône, signe de leur haute fonction. On peut manquer de respect verbalement

CACHET ET SIGNATURE DU ROI TOFFA.

à un lari, mais il est très grave de leur toucher les cheveux; cela occasionne des palabres interminables. Ces personnages perçoivent fréquemment des impôts pour leur propre compte, mais Toffa craint les intrigues de palais et se voit obligé de fermer les yeux sur les irrégularités administratives de ses favoris, qui se disputent ses bonnes grâces, en lui tenant le parasol, en lui présentant le crachoir. La salive royale ne doit pas aller jusqu'au sol foulé par les simples prolétaires. Lorsque Sa Majesté va boire, les laris et tous les noirs de la suite se précipitent à terre, automatiquement, comme des clowns, et mettent la tête dans la poussière. Elle-même se cache derrière son pagne et vide son calice d'un seul trait. Dès que le roi a bu, tout le monde doit manifester son bonheur en sifflant des soupirs de satisfaction.

M. BALLOT.

La cour de Toffa et la personne même du roi de Porto-Novo frisent quelquefois l'opéra bouffe. Tout ce que peut contenir un magasin de bric-à-brac de Paris est réuni à Porto-Novo ou à Bécon, palais situé en dehors de la ville : casques de carabiniers, pendules, lances, cuirasses, panoplies moyen âge, images d'Épinal, vaisselle plate et en porcelaine, vases de toutes dimensions. Le roi de Porto-Novo distribue une décoration, l'*Étoile noire*, ordre civil et militaire, créé à l'occasion de la campagne de 1890. Le nombre des chevaliers est illimité. Le brevet de commandeur représente une belle femme blanche (la France), aux pieds de laquelle se prosterne un nègre habillé de cotonnades fabriquées à Manchester. Dans le lointain, des palmiers, une vaste nappe d'eau bleuâtre où circule une longue pirogue. Au centre, une étoile et un cachet à sec. Dans un coin à gauche on lit, non sans surprise : *Imprimerie du roi à Porto-Novo.* On a même constitué un blason à Sa Majesté toffanienne : léopard d'argent sur un fond de gueules rampant sous un palmier de sinople écartelé d'une étoile de sable sous fond d'azur. Cet écu est surmonté d'une couronne royale à cinq étoiles de sable terminée par un globe.

J'ai présenté mes devoirs à Toffa le 6 septembre. Il y avait palabre. Tous les chefs de la banlieue, chargés de rassembler des porteurs pour la colonne, venaient rendre compte de leur mission. Dans un pays sans bêtes de somme, sans routes praticables, le seul mode de transport usité est le porteur. De toutes les opérations préliminaires, celle du recrutement des Toffanis a été la plus importante et la plus difficile. M. Ballot, lieutenant-gouverneur, a eu en cette occurrence un rôle délicat. La marche sur Abomey eût été probablement impossible, si l'on n'avait pas réuni les 5 000 indigènes nécessaires au corps expéditionnaire. Le roi Toffa a suivi les errements de ses voisins les Dahoméens. Il a obligé ses sujets à s'engager volontairement. Les jours de grand marché, des souricières étaient établies à Adjara, dans les centres peuplés de la banlieue et même aux portes de la ville. Les habitants pouvaient rentrer, mais ne sortaient que pour s'embarquer à destination de l'Ouémé ou pour suivre les fractions de troupes ralliant le quartier général. Les chefs de village étaient en outre chargés de recruter directement leurs contingents. Ils procédaient sur leurs territoires comme le roi aux environs de Porto-Novo, par réquisition. Pendant trois mois, dans tout le royaume, ce ne fut qu'une chasse à l'homme, le noir se montrant peu enthousiaste pour le métier de coolie.

L'œuvre des raccoleurs et la garde des Toffanis ont été facilitées par la réfection de l'enceinte et des fossés de Porto-Novo. Sur un périmètre de 3 kilomètres, les indigènes, dirigés par nos artilleurs, ont coupé lianes et arbres et élevé quatre ouvrages de fortification passagère : le fort des Amazones, le fort Oudard, le fort Mousset et le fort Toffa.

Une avenue fait le tour de la ville. Le Tout Porto-Novo des dimanches s'y donne rendez-vous après vêpres. On y voit des nègres de toute nuance, affublés de chapeaux de dimensions et de formes majestueuses, vêtus de redingotes noires, longues lévites de mode juive, voire même d'habits fripés à la française, défroques antédiluviennes, vendues au prix du neuf par les pacotilleurs. Pour se donner du *chic*, — le mot est prononcé en français, — les gentlemen noirs tiennent à la main le parasol qui doit protéger leur teint basané contre les ardeurs du soleil, portent des breloques fantastiques, des chaînes de montre larges comme des câbles, des bracelets, des boucles d'oreilles, et des lorgnons à verres fumés. Le monocle est inconnu, mais il fera son apparition dès que les indigènes l'apercevront dans l'œil de quelque Européen. Les mulâtresses indolentes promènent nonchalamment leurs toilettes bigarrées, mélange hétéroclite de confections imparfaites taillées comme à Sierra-Leone, corsage très court, jupe longue qui laisse une traînée de poussière et dégage une odeur *sui generis* et des parfums d'Europe frelatés, mélangés d'*atiké* [1].

Leur attitude embarrassée prouve qu'elles sont habituées à marcher sans chaussures : elles savent mal se servir des petits bateaux de cuir qui emprisonnent leurs larges pieds. Ce petit monde, sauvage hier encore, parle, rit, crie, potine, en un mot se civilise. Nos marsouins et nos légionnaires, qui pour des raisons de service ne sont pas encore à la colonne, profitent de leur passage en ville pour circuler au milieu des groupes. Ne pouvant résister aux suggestions de leur vive imagination, ils pincent sans gêne, en mousquetaires, en vainqueurs, en conquérants, toutes ces chairs noires et veloutées qui se balancent devant leurs yeux fatigués par la

1. Composition exotique dont les femmes et les jeunes filles se poudrent les épaules et la poitrine. — Formule de l'*atiké*, selon le P. Ménager, ancien préfet apostolique du Dahomey : Clous de girofle, graine d'anis, eau de lavande; une espèce de résine odorante (le coubaril); semence d'*Hibiscus abelmoscatus*, quelques feuilles odorantes inconnues, dont l'une vient de la côte de Krou, le musc d'un chat-tigre.

lumière blanche. Effet des rêveries incohérentes, chacun arrive, après quelque séjour sous le tropique du Cancer, à donner le nom de femmes à des formes passives. Le sentiment de la laideur est momentanément étouffé par le besoin d'exutoire et la négresse joue le rôle de dérivatif aux longs isolements, aux abstinences obligatoires.

Lorsqu'il fait clair de lune, les dames de Porto-Novo organisent des sauteries, séances de chorégraphie indigène vulgairement appelées *tams-tams*. On se trémousse furieusement. Les bras, les mains, la tête, le corps, les yeux, les lèvres, tout danse, ou plutôt se remue, se déhanche. Le salon est une cour en plein air. Les violons sont remplacés par des voix avinées qui chantent des mélopées d'un rythme uniforme, accompagnées de battements de mains et de tambours grossiers. Quelques maisons créoles ont reçu des pianos, devenus douteux à force d'être manipulés par des mains inhabiles. Et cependant il ne faut pas dire très haut que ces virtuoses jouent comme des savates : on se ferait des ennemis mortels. Le métis brésilien du Dahomey n'admet pas la plaisanterie sur le chapitre de ses mérites : il croit les avoir tous. Il a une haute opinion de son individualité naissante et se sent appelé, dans son ignorance, à vivifier le monde africain sans le concours du blanc.

L'ÉTOILE NOIRE DU BENIN.

PASSAGE DE L'OUÉMÉ, 2 OCTOBRE 1892.

CHAPITRE V

Marche sur Abomey. — Composition de la colonne expéditionnaire. — Combat de Dogba. — L'armée dahoméenne. Passage de l'Ouémé. — Poguessa. Adégon-la-Mort. (Du 11 septembre au 5 octobre 1892.)

SPAHI VOLONTAIRE.

Le *11 septembre*, le colonel Dodds quitte Porto-Novo, sur l'*Opale*, avec son état-major, et arrive au bivouac de Késossa. Après avoir dégagé le Décamé, assuré sa base d'opérations et la ligne de ravitaillement, le commandant supérieur rabattait vers l'ouest les différentes fractions de la colonne et, avec les renforts débarqués du *Mytho*, commençait la marche sur Abomey par la rive gauche de l'Ouémé. Le Dahomey proprement dit est sur le côté opposé: la route la moins rude et la plus directe, d'après les renseignements du roi Toffa et de quelques esclaves évadés, va de Tohoué vers le nord-ouest. La concentration s'opère lentement. Il faut constamment débroussailler pour traverser des pays fourrés peu propices aux évolutions d'un corps d'armée.

Les tentes ne suffisant pas pour abriter des ardeurs du soleil, dont les rayons pernicieux peuvent provoquer des insolations, la construction rapide d'abris de feuillage est prescrite à l'arrivée à l'étape. Le cantonnement chez l'habitant n'est guère possible. Pour traverser les ruisseaux et les marécages et faire passer les canons et les voitures Lefèvre, il faut construire des ponts. Les berges de l'Ouémé s'escarpent au fur et à mesure qu'on s'élève vers le nord. Pour faciliter le débarquement des vivres et du matériel, le génie doit aménager des rampes d'accès à chaque point de rassemblement. Le CONVOI FLOTTANT, composé de 20 chalands et de 100 grandes pirogues, suit les mouvements, remorqué par les canonnières entourées de plaques de blindage.

Le *12 septembre*, la colonne se concentre tout entière à Késossa. Elle est constituée de la façon suivante, les cadres des troupes indigènes fournis par l'infanterie de marine :

ÉTAT-MAJOR : lieutenant-colonel Grégoire, commandant en second; commandant Gonard, chef d'état-major; capitaine Marmet, officier d'ordonnance du commandant supérieur; capitaines Trinité-Schillemans, Roget, Lombard, lieutenants Vuillemot et Ferradini.

1er *groupe* : commandant Riou, adjudant-major, lieutenant Toulouze; 1re compagnie de légion étrangère, capitaine Battreau, lieutenants Kieffer et Vivier; 3e compagnie de tirailleurs sénégalais, capitaine Rilba, lieutenants Gélas et Fautrat; 1re compagnie de Haoussas, capitaine Sauvage, lieutenants Ayrolles et Mérienne-Lucas; 1re section d'artillerie, capitaine Delestre, lieutenant Maron; ambulance, médecin-major Barthélemy.

2e *groupe* : commandant Faurax; adjudant-major, capitaine Demartinécourt; 3e compagnie de légion étrangère, capitaine Drude, lieutenants Farge de Filley, Courtois, Cornetto; 2e compagnie de légion étrangère, capitaine Jouvelet, lieutenants Varennes, Jacquot et Morin; 5e compagnie de tirailleurs sénégalais, capitaine Gallenon, lieutenants Lahache et Combes; 2e section d'artillerie, capitaine Montané, lieutenant Michel; médecins-majors, Vallois, Piedpremier.

3e *groupe* : commandant Lasserre; adjudant-major, capitaine Manet; 4e compagnie de légion étrangère, capitaine Poivre, lieutenants Farail, Morandy, Amelot; 9e compagnie de tirailleurs sénégalais, capitaine Robard, lieutenants Doué et Marceau; 3e section d'artillerie, lieutenants Jacquin et Merlin; ambulance, médecin-major Thomas.

TROUPES HORS GROUPES : aumônier, abbé Vathelet; parc de réserve, capitaine Vallerey; ambulance principale, médecins-majors, Rouch et Carrière; convoi administratif, lieutenant Valabrègue, vétérinaire Surjus; services administratifs, sous-commissaire Noguès; compagnie d'infanterie de marine, capitaine Roulland, lieutenants Genest et Badaire.

Cavalerie : un escadron de spahis réguliers, capitaine de Fitz-James; un escadron de volontaires, capitaine Crémieu-Foa, sous le commandement supérieur du chef d'escadrons Villiers.

Génie : capitaine Roques et lieutenant Mouneyres. Deux compagnies de volontaires sénégalais étaient laissées à Porto-Novo, une compagnie de tirailleurs sénégalais et une de Haoussas à Cotonou.

Le chef de bataillon Audéoud prenait le commandement de Grand-Popo et des deux compagnies indigènes destinées à opérer dans la région des Ouatchis, pour créer une diversion en menaçant le Dahomey par l'ouest.

Du *13* au *14*, les groupes s'avancent par échelons et successivement occupent Fanvié,

OFFICIERS DE LA COLONNE DE 1892.

Affamé et Dogba. La lagune de Badao est difficile à traverser, il faut un pont sur chevalets. On bivouaque en carré et on commence les travaux d'un fort. Des reconnaissances sont lancées de droite et de gauche. Aucune trace de l'ennemi. Behanzin semble vouloir rester inactif et nous laisser pénétrer chez lui sans opposer de résistance. La nuit, alertes continuelles, provenant de mouvements désordonnés dans les palmiers exécutés par des gros singes, étonnés de voir des visiteurs. Le colonel met au rapport que quiconque tirerait sans motif coucherait aux avant-postes sans armes. Le remède est énergique et la guérison radicale. Les nuits sont claires. On dort d'un bon sommeil après le service de la journée. Seules les sentinelles veillent, le fusil chargé, l'œil cherchant à pénétrer la brousse.

D'après les derniers renseignements, l'armée dahoméenne se compose de 12000 guerriers, divisés en trois groupes de quatre mille fusils environ. Les positions occupées sont les suivantes : le premier groupe, auprès d'Alada, sous le commandement de Behanzin lui-même, avec sa garde particulière et les amazones, le *Migan* Nigla (premier ministre et bourreau), et le *Méhou* Akladaten (ministre des affaires extérieures); le deuxième groupe au camp de Mahon, entre Godomey et Abomey-Calavi et le long du Denham; le troisième sur la rive gauche de l'Ouémé, à Zagnanado, Tohoué et Poguessa, sous le commandement du *Bigo* (1er chef de guerre) Lahasaoupamazé et du *Possou* (2e chef de guerre) Charagacha.

Combat de Dogba, 19 septembre. — Le *18*, la marche en avant avait été reprise, le groupe

L' « AMBRE » SUR L'OUÉMÉ.

Riou était porté sur Zounou à 12 kilomètres en avant. Les autres fractions bivouaquaient sur le plateau qui domine l'Ouémé à l'ouest, couvert au nord par la lagune de Badao, à l'est par une épaisse forêt dont on avait débroussaillé une centaine de mètres pour rendre le champ de tir moins fourré. L'*Opale* mouillait au bas de la berge, sous pression.

A 5 heures du matin, à la faveur d'une obscurité complète, sans feu, sans bruit, les Dahoméens pénètrent dans le carré jusqu'à la garde de police. Le petit poste d'infanterie de marine, placé à la cosaque en avant du front de bandière et commandé par le caporal Wurmser, signale l'ennemi et riposte au feu des guerriers.

Le capitaine Roulland ne voyant pas venir son officier, M. Badaire, l'envoie chercher; on le trouve mort sur son lit de camp, frappé d'une balle qui, entrée par le sommet de la tête, avait dû l'atteindre au moment où il se baissait pour attacher ses brodequins ou prendre son revolver; il était retombé à la renverse, foudroyé. Le chef de bataillon Faurax s'avançant derrière une de ses compagnies en ligne tombe comme une masse, blessé d'une balle au côté gauche. Deux livrets individuels qui étaient dans sa poche avaient un peu atténué la force du projectile. Le commandant, relevé par ses hommes, est porté près du colonel, qui le questionne sur son état; Faurax répond d'une voix sourde : « Je souffre ». A l'ambulance il reprend vite sa présence d'esprit. On l'embarque sur l'*Opale*; un peloton de légion rend les honneurs. En prenant congé du colonel Dodds, le dernier mot du commandant Faurax fut : « Êtes-vous content de mes légionnaires? »

LE BIGO LAHASAOUPAMAZÉ, COMMANDANT DE L'ARMÉE DAHOMÉENNE A DOGBA.

Pendant que l'infanterie de marine soutenait vaillamment le

COMBAT DE DOGBA, 19 SEPTEMBRE 1892.

premier choc, sous la direction du capitaine Roulland, fumeur énergique qui, malgré la pluie de balles tombant autour de lui, avait son cigare à la bouche, la légion (compagnie Jouvelet) prenait position et exécutait des feux de salve Lebel avec la précision du terrain de manœuvre ordinaire. Un cordon de plomb et de mitraille est dessiné en avant du front. Les gerbes déterminent les premières hésitations de l'ennemi qui commençait à reculer. Le *Bigo* hurle en agitant sa queue de cheval, gri-gri protecteur et insigne de commandement : « Est-ce donc cela que vous avez promis au roi. En avant! en avant! *Koia! Koia! Dahomé!* » Mais les guerriers sont découragés; ils tentent vainement quelques retours offensifs pour enlever les morts ; le colonel fait pousser les troupes en avant par échelons. Les Dahoméens quittent la crête et se sauvent sous les palmiers. La compagnie Roulland poursuit de ses feux les fuyards, qui abandonnent leurs morts, indice précis de la défaite complète chez les peuples indigènes. 105 cadavres sont réunis en deux charniers sur des bûchers de pétrole, feuilles de palmier et bois mort. Le lieutenant Mouneyres est chargé de la crémation. Un brigadier d'artillerie a le mot de la fin : « Quel dommage de perdre une si bonne graisse quand nous en manquons pour nos roues de canon ! »

INCINÉRATION DES DAHOMÉENS MORTS, APRÈS LE COMBAT.

Les pertes étaient : 2 officiers tués (le commandant Faurax mourut le lendemain à Porto-Novo), 3 hommes et 12 blessés. Mais l'ennemi était repoussé. Le champ de bataille, jonché d'armes à tir rapide et à silex, de bonnets, de besaces et de cartouchières d'amazones, est visité par les amateurs de curiosités.

Le groupe Riou, à quelques kilomètres de là, n'entendait rien et n'était pas inquiété. L'ennemi croyait réussir un mouvement tournant et ne trouver à Dogba que le convoi et l'ambulance.

22 septembre 1892. — Fête nationale. Revue des troupes, champagne chez le colonel après dîner. Les clairons, tambours et fifres de la légion, conduits par le caporal tambour-major (qui avait sa canne), jouent des airs variés : *la Retraite de Crimée*, *le Père la Victoire*, la *Charge* et la *Marche* : *Tiens! voilà du boudin! voilà du boudin!* L'*Opale* tire des salves d'artillerie et lance des projections électriques, sous un beau ciel étoilé. Les fusées lumineuses effrayent les lucioles et les chauves-souris. Peu à peu le silence se fait, on se couche sur des feuilles sèches qui laissent passer des puces, des chiques, des rats et des fourmis-cadavres, pendant que l'obscurité est traversée par le cri macabre des hyènes qui achèvent les Dahoméens tombés au delà des lignes, par le coassement des grenouilles de l'Ouémé et par les chants des grillons dans la forêt.

Le *23*, la cavalerie arrive à Zounou. Toujours fiers, toujours beaux les spahis rouges. Les intempéries, la poussière et la boue, les fatigues ne les démontent pas. Le climat n'agit que sur les chevaux, qui commencent à disparaître.

Le *27*, marche sur Aouangitohoué. Arrivée au bivouac à 11 heures. Aucun incident. Les Toffanis sont employés au débroussaillement de la route vers Gbédé.

28 septembre. — Combat des canonnières. Le lieutenant de vaisseau de Fésigny, avec le *Corail* et l'*Opale* (commandée par M. La Tourette), ayant à bord le capitaine Lombard de l'état-major et une section de légion, remonte l'Ouémé pour reconnaître les gués et le point où la colonne pourra effectuer le passage. Les bateaux s'avancent en ligne de file à petite vitesse entre les berges escarpées, à 300 mètres de distance environ l'un de l'autre. Devant Gbédé une première salve part de la rive droite, suivie d'un feu nourri. Les équipages étaient au poste de combat. La riposte fut immédiate. L'ennemi, rangé sur un espace de 1 kilomètre, tirait bien et avait de l'artillerie. Le long de son bord le *Corail* signale quatre renfoncements provenant d'obus d'un calibre sensiblement pareil à celui de 4. Au coude de Tohoué, M. de Fésigny fait virer de bord et, pour rentrer au mouillage, doit repasser devant la ligne des feux ennemis. A Gbédé, un légionnaire est frappé d'une balle dans le crâne. Il veut absolument continuer de tirer. Il meurt le fusil à la main. Il y a en tout quatre blessés. Le but de la reconnaissance était atteint : les Dahoméens attendaient les Français au passage des gués. Le chef de Zounou, qui s'est rallié à notre cause, donne des renseignements précis. Behanzin a fait monter sur le plateau d'Abomey et à Cotopa les troupes d'Alada et de Mahon, et a échelonné des détachements entre Tohoué et Agony. Derrière les arbres, des tranchées-abris ont été creusées. Toutes les routes sont gardées. Le Dahoméen, qui avait toujours attaqué le premier son adversaire, va se tenir dans une défensive opiniâtre, pour résister à outrance et disputer sa terre pied à pied à l'invasion européenne.

30 septembre. — La colonne se porte sur Gbédé par deux routes parallèles. Dans la nuit, vers 1 heure, réveil subit. Un coup de canon, qui semble avoir été tiré de très loin, puis un second. Les obus éclatent sur la rive opposée. Le *Corail* lance sa lumière électrique. L'ennemi règle son tir d'une façon remarquable et envoie sur chacune des faces du carré un projectile qui tombe à peu de distance des hommes. La flottille répond avec les hotchkiss. Le feu cesse. C'est la première fois que le canon ennemi donne sur la colonne. Le sifflement des obus dans la nuit au-dessus du bivouac, joint à l'appréhension d'entendre des cris de douleur, produisait une impression pénible. Heureusement personne ne fut touché.

1er octobre. — Pour éviter des pertes nombreuses au passage de la rivière si l'ennemi voulait le défendre, le colonel garde le silence le plus absolu sur ses intentions, et fait ouvrir une route en avant de Gbédé. Des reconnaissances se portent vers Adégon, avec ordre de s'engager pour attirer l'attention des Dahoméens. On commence un petit blockhaus pour constituer un poste de ravitaillement. Le bivouac est à 100 mètres au-dessus du fleuve, qui forme un saillant à cet endroit. Le capitaine Roques entaille la berge sous prétexte d'améliorer les abords des abreuvoirs et faciliter l'embarquement des malades. La rive droite est à 100 mètres de distance, en pente douce, sablonneuse.

2 octobre, dimanche. — De grand matin, l'abbé Vathelet, aumônier de la marine, dit la messe en plein air; le lieutenant de cavalerie de Tavernost fait office d'enfant de chœur. A 6 heures, par un brouillard épais, commence la traversée de l'Ouémé. Le *Corail* détache un quartier-maître et un laptot sur le côté ennemi. Ces deux hommes *seuls* plantent le piquet auquel doit s'attacher l'aussière qui reliera les deux rives en passant par l'arrière de la canonnière et permettra le va-et-vient des pirogues. A 6 heures 10, le détachement du génie débarque, suivi de la compagnie Battreau. Le mouvement se continue avec un ordre parfait. Les troupes viennent successivement prendre leur place de bataille à côté des premiers éléments placés sur la terre dahoméenne. Le soleil se lève éblouissant de lumière blanche et chasse la brume. Sur la rive gauche, chacun fouille d'un œil anxieux le terrain en avant, s'attendant à voir les amazones bondir d'un instant à l'autre, décidées à empêcher en désespérées la violation de leur sol vierge et fétiche que l'homme blanc foule pour la première fois. Mais les mouvements de la veille et les reconnaissances poussées le jour même ont trompé les Dahoméens et assuré le succès de l'opération, qui fut exécutée sans coup férir, sans perdre un homme.

Un immense tronc d'arbre poussé par le courant violent s'était à un moment accroché à l'aussière. Un laptot sénégalais se détache en canot pour dégager le filin. A peine monte-t-il sur le tronc, que ce dernier s'enfonce et file à grande vitesse, emmenant son homme, qui debout, les bras croisés, regarde en riant les troupiers ahuris. On envoie à sa recherche et il rentre à son bord calme et riant encore; il n'avait pas même eu conscience qu'il avait couru un danger quelconque.

A 2 heures du soir, reconnaissance dans la direction de Poguessa, forte d'un peloton de légion (lieutenant d'Urbal), d'une compagnie de tirailleurs haoussas (capitaine Sauvage) et d'un peloton de cavalerie (lieutenant Basset). A 1 kilomètre en amont du bivouac, une vive fusillade éclate; le maréchal des logis Samba N'Diaye veut s'emparer d'un canon ennemi, il est tué. Malgré toutes les recherches, le corps ne peut être enlevé. La forêt très dense empêche de voir les Dahoméens, très nombreux. Des amazones, que l'on reconnaît à leur bonnet de coton blanc, orné de lézards et de caïmans bleus, se terrent dans des trous creusés en arrière des palmiers à huile. Le lendemain, on retrouvait le cadavre du malheureux Samba N'Diaye horriblement mutilé, mains coupées, tête arrachée du tronc et plantée sur un piquet, au milieu du sentier conduisant à Poguessa. Le soir, toute la colonne bivouaque sur la rive droite, après s'être retranchée très fortement.

« Vous voyez que mon fétiche a été meilleur que celui de Behanzin », disait le Père Vathelet en se frottant les mains, à l'heure de l'absinthe.

Le *3 octobre*, le chef d'état-major Gonard ouvre une route praticable aux voitures; l'ennemi est là en masse, prêt à barrer le chemin direct de l'Ouémé à Abomey.

Le *4 octobre*, on se met en marche sur deux colonnes. En tête le génie et les Toffanis qui débroussaillent. La boussole Peigné sert de guide. On s'avance péniblement de 6 heures à 9 heures du matin sous un ciel de plomb, le fusil d'une main, le coupe-coupe de l'autre. Les artilleurs rencontrent à chaque instant des obstacles et font des prodiges d'adresse et de force pour passer mulets, caissons et voitures dans des chemins à peine praticables pour les bêtes fauves.

A 9 h. 10, le colonel et son état-major, le groupe Lasserre, se heurtent en pleine brousse au campement des Dahoméens, pendant que le commandant Riou suit le sentier longeant la rivière. On se fusille à 15 mètres à peine avec une violence inouïe; les unités se forment aussi rapidement que le terrain le permet; on reçoit des coups, on ne voit rien, mais on entend des cris, des commandements. On est au corps à corps. Les mots *Dahomé! Dahomé!* reviennent fréquemment s'entremêler au crépitement des balles, à travers les arbres. Le lieutenant Amelot, le capitaine Bellamy, le sous-lieutenant Bosano tombent mortellement frappés.

Le lieutenant Passaga a un projectile dans son casque; le commandant Lasserre s'affaisse, une balle dans le ventre. On le couche sur une civière, les yeux fixes, les mains croisées sur la poitrine. Des chasseurs postés au haut des arbres visent particulièrement les officiers.

Le lieutenant Vuillemot, de l'état-major, est envoyé à l'arrière pour chercher une compagnie de tirailleurs et la section d'artillerie Jacquin.

L'ennemi, étant très près et ne sachant utiliser la hausse, tire mal. Le point de chute des balles est éloigné du premier rang, mais les officiers qui portent les ordres et les réserves courent les plus grands dangers. En revenant près du colonel, Vuillemot aperçoit un être à figure informe, complètement ensanglanté, se tenant la mâchoire dans la main gauche et lui disant : Adieu! Adieu! C'était le brave Ferradini, notre plus brave compagnon d'armes, notre photographe. Ce bon camarade, en allant communiquer des ordres, était tombé la mâchoire fracassée et la langue traversée. Évanoui, Ferradini allait mourir, isolé dans ce coin de brousse sauvage, lorsqu'un tirailleur sénégalais, passant au pas de course, le reconnaît et sans aucun ménagement, sans ombre de respect, le jette sur ses épaules, la tête en bas. Dans sa précipitation et à son insu, le soldat avait sauvé la vie à l'officier, qui pouvait expirer d'un moment à l'autre étouffé par le sang aggloméré dans ses poumons. Une abondante hémorragie détermina un mieux sensible et permit son transport à l'ambulance.

Vers 10 heures, l'ennemi menaçant de déborder la gauche de la colonne, une section de égion s'y porte et l'artillerie entre en ligne. Les canonnières remontent l'Ouémé en amont de 'ohoué-Gbédé, et flanquent le champ de bataille au nord-est; leurs obus vont frapper les uerriers dans une clairière qui se trouve en avant des positions occupées par nos troupes. Ces dispositions arrêtent l'élan impétueux des Dahoméens, qui se retirent en laissant 150 cadares sur le terrain, dont 17 amazones. On trouve 200 fusils à tir rapide. Un légionnaire achève une amazone blessée; c'est le dernier coup de fusil de la journée. La tête s'ouvre en deux, chacune des moitiés retombant à droite et à gauche comme une pomme coupée au couteau par le milieu. A 11 h. 30, repos; on déjeune sur la position : bœuf bouilli et eau saumâtre. Le *Corail* transporte à Porto-Novo les morts et les blessés, au nombre de 43.

5 octobre. — Bivouac d'Adégon. Une reconnaissance prend le contact de l'ennemi. Le lieutenant Legrand, des spahis, a deux chevaux tués. On trouve un ruisseau, le Zouga, large de 26 à 30 mètres, que la carte n'indiquait pas. L'ignorance complète dans laquelle on se trouvait au point de vue géographique devait occasionner des surprises. L'Ouémé se dirige vers le nord-est, contrairement à ce que l'on croyait, d'après les renseignements des voyageurs ou prétendus tels. Adégon n'est qu'une vaste plaine marécageuse, située dans une dépression de terrain formée par le Zou, affluent de l'Ouémé. Les hauteurs qui dominent les rives de l'Ouémé et du Zou s'écartent du lit de ces fleuves à leur confluent. Les eaux se déversent et forment des ruisseaux parallèles plus difficiles à passer que les cours d'eau principaux. On bivouaque dans cette vallée couverte de hautes herbes qui arrêtent la vue. A l'ouest, les vedettes signalent un pont fait par les Dahoméens. Tous les détachements envoyés pour tâter l'ennemi essuient des coups de feu. La tête de pont est fortement gardée. Il faut s'attendre à une résistance sérieuse. Les guides, le vieil Adeschouma lui-même, déclarent qu'il y a beaucoup de marigots. On réapprovisionne tous les groupes en munitions et en vivres. On continue le débroussaillement et on se tient prêt à toute éventualité.

La tête d'étape de guerre est transportée de Gbédé à Adégon, où les canonnières peuvent monter facilement. Avec des voitures Lefèvre démontées on construit un petit fort. Une réserve de douze jours de vivres y est constituée. Le lieutenant de vaisseau de Fésigny prend le commandement des services de l'arrière, de Porto-Novo à Adégon.

Le colonel se rendait très bien compte que les difficultés de ravitaillement allaient augmenter à mesure que la colonne s'avancerait dans l'intérieur. Jusqu'à ce jour, la ligne de l'Ouémé avait suffi; tout allait dorénavant se faire par terre et à dos d'homme. Il fallait un point fixe pour recevoir les convois de vivres venant du sud, et servir de lieu d'évacuation pour les malades et blessés. Malheureusement l'inondation envahit la plaine d'Adégon. Les nombreux cadavres de la dernière affaire, et les Toffanis qui meurent par centaines, exhalent des miasmes qui occasionnent des fièvres nombreuses. Le triste nom d'*Adégon-la-Mort* est donné à ce point par les troupiers philosophes.

La gaîté cependant ne perd pas toujours ses droits. Un matelot ayant été piqué par un caïman en voulant se baigner dans l'Ouémé, ses camarades lui chantèrent une complainte qui est restée légendaire, et que chacun disait quand on s'ennuyait, le soir après dîner, avec plus ou moins de précision musicale sur un air de *Faust* :

Et voici le caïman charmant,
Parfumé de musc et de vase,
Qui chaque soir béatement
Vient contempler la *Topaze*.

ADÉGON.

ABOMEY : PALAIS DE SIMBODJI, APRÈS L'INCENDIE.

CHAPITRE VI

Enlèvement du pont d'Adégon. — Camp de Poguessa. — Pas d'eau. — Marche sur Oumbouémédi. — Les Dahoméens en campagne. — Akpa. — Le Coto. — Camp de la Soif. — Dévouement des légionnaires. — Retraite sur Akpa. — Premiers parlementaires. (Du 6 octobre au 25 novembre 1892.)

UNE AMAZONE.

Les blancs sont comme un grand et méchant oiseau qui se défend par devant en donnant des coups de bec, de chaque côté avec ses ailes et par derrière avec ses pattes. — Après les combats de Dogba et de Poguessa, les Dahoméens définissaient ainsi la vieille formation en carré, très usitée dans les guerres d'outre-mer, quoique insuffisante quand on se trouve en présence de gens tenaces, qui, décidés à se défendre à outrance, s'enfouissent sous la terre et sous les herbes pour riposter avec calme aux salves de l'infanterie.

Le *6 octobre*, à 7 heures du matin, des éclaireurs qui protégeaient les travailleurs sur la droite du bivouac d'Adégon signalent des traces de roues de canons. L'ennemi s'est retiré par là. Le chef de bataillon Gonard, qui avait pris à midi le commandement du groupe Lasserre, part à 1 heure pour ouvrir la route et l'améliorer. Les flanqueurs sont reçus à coups de fusil. Tout le monde est bientôt en ligne. M. Gonard demande l'autorisation de pousser de l'avant; il reçoit une compagnie de légionnaires et une de tirailleurs. Avec un entrain, un sang-froid et une méthode absolument remarquables, comme s'il dictait des notes dans l'étroit et malsain bureau de Porto-Novo, notre chef d'état-major enlève le pont du Zouga, construit en brousses, à la mode du pays, paillotes et roseaux, long de 25 mètres, large de 2 m. 50, rampes d'accès inclinées à 45 degrés et taillées dans les berges. Jusqu'à l'arrivée de la tête d'avant-garde, l'ennemi reste silencieux. Dès que cette fraction s'est engagée sur le pont, un feu violent la repousse. On la renforce vivement. Les Dahoméens sont échelonnés sur un espace de 200 mètres et la fusillade est vive d'une rive à l'autre. Le lieutenant Doué de l'infanterie de marine et Farail de la légion tombent grièvement blessés; Doué expire sur-le-champ.

Le docteur Thomas court de tous côtés pour pansements, opérations et évacuations. Tout le groupe Gonard se déploie et la compagnie Drude (légion), arrivant au pas de course, prolonge la ligne d'attaque à droite. Malgré une série de feux rasants, les Dahoméens ne bougent pas. Ils sont retranchés et ont deux pièces de canon dont les obus viennent éclater au milieu du bivouac, n'écrasant que quelques Toffanis.

Le colonel Dodds donne l'ordre de passer coûte que coûte. Après un feu rapide sur toute la ligne, le commandant Gonard dit au capitaine Drude : « C'est votre minute ». On entend les sonneries de : « Cessez le feu! Baïonnette au canon! En avant! » La légion entraînée par Drude franchit le pont. Les Dahoméens étonnés se sauvent de tous côtés. Les compagnies Jouvelet et Gallenon, passant après le capitaine Drude, chargent vigoureusement à droite et à gauche du pont. Le lieutenant Jacquin met une pièce en batterie et exécute les feux de poursuite. On se forme en demi-cercle devant le pont, en halte gardée. Il est 6 heures du soir.

Nous avons 1 officier, 3 légionnaires et 2 volontaires tués; blessés, le commandant Gonard (légèrement), le capitaine Manet, 12 Européens, 18 Sénégalais. Cette affaire a son importance au point de vue tactique, parce que l'on inaugurait la charge à la baïonnette. Le corps à corps, si dangereux avec les indigènes, fut une trouvaille. Les noirs redoutaient le contact de l'arme blanche, ne voulant pas tomber en nos mains, de peur d'être mis à mort, comme le commandent les lois de la guerre africaine; ils ne savaient pas que nos idées ne nous permettent plus de passer par les armes les prisonniers de guerre.

Le combat, très dur à cause des hautes herbes et de la vase, avec un passage de pont, donnait au corps expéditionnaire une forte position stratégique, le pied sur le plateau d'Abomey qui s'étend du Zou au Coufo. La vallée du Zou, ignorée des voyageurs et des cartographes, était là ouverte désormais à la colonne. Le guide Adeshouma, longtemps captif au Dahomey, qui avait un peu perdu la mémoire, retrouve sa route et manifeste bruyamment sa joie. Des reconnaissances de cavalerie signalent des cases en pisé à 2 kilomètres. Partout des cadavres, des armes, des munitions abandonnées. Tout le monde vient camper à 500 mètres du village, bâti en barre rouge, peuplé de moutons, de canards et de poulets que les légionnaires pourchassent et dégustent le soir en devisant sur les incidents tristes ou gais de la journée.

Le capitaine Drude, avant de passer le pont, avait reçu obliquement un projectile qui lui contusionnait la cuisse gauche. Il se déculotte franchement et demande aux soldats qui étaient

ENLÈVEMENT DU PONT D'ADÉGON.

derrière lui : « Ça saigne-t-il? — Non! — Quelles mazettes! Ils ne peuvent même pas m'atteindre par derrière! »

On capture trois amazones blessées, dont une très jolie. Les troupes montent autour d'elle une garde jalouse en chantant l'air du *Petit Duc* : « Pas de femmes! Pas de femmes! c'est l'ordre du colonel ». Une autre, très maigre, est prise pour un guerrier déguisé; le commandant Gonard prescrit de la mettre du côté des hommes.

« Pardon, mon commandant, dit l'homme de planton, c'est une femme! — Ah! comment le sais-tu? » Le soldat fait le salut militaire et dit sérieusement : « J'ai passé l'inspection ».

On stationne le *9 octobre*. Repos, ravitaillement, enterrements, évacuations. La cavalerie reconnaît le camp de guerre dahoméen. Tout y indiquait que le roi lui-même s'y trouvait, avec sa garde particulière.

UN BAOBAB.

Lorsque Behanzin se déplaçait, on installait au moyen de bambous, de feuilles de palmier et de nattes un palais de fortune. L'endroit où dort même une nuit Sa Majesté s'appelle *palais*. Il y a dans les habitations royales des dispositions particulières. Le peuple ne doit pas voir le roi en dehors des cérémonies publiques; on le cache à la vue de ses sujets lorsqu'il mange, lorsqu'il boit, lorsqu'il se repose. Même en rase campagne, son *logement* doit avoir un mur d'enceinte, un atrium, une cour intérieure et trois pièces, une pour les repas, une pour le sommeil, une pour les audiences, une série de ruelles et de chemins tortueux formant un dédale inextricable autour des appartements. Les femmes qui accompagnaient Behanzin logeaient aussi dans des huttes particulières. Le goût du *home* est très développé chez le Dahoméen, prince, cabécère, traitant ou cultivateur. Dans la vie privée, chacun se cache aux voisins. C'est une observation que j'ai eu l'occasion de faire souvent sur toute la côte. Cette habitude de soustraire son intimité aux yeux des profanes est poussée à l'extrême et on la retrouvait toutes les fois que l'on rencontrait des campements abandonnés. Comme le temps et notre marche en avant ne permettaient pas aux serviteurs du roi de construire des cases confortables, ils se contentaient de figurer les séparations obligatoires, imposées par le protocole de la cour. Malheur à l'imprudent qui eût franchi ces lignes presque conventionnelles!

On reproduisait en paillotes et à la hâte les palais de Cana et d'Abomey, un peu par besoin dedécorum et de représentation et surtout pour entourer le monarque de mystère.

Le *10 octobre*, marche sur Sabovi de toute la colonne. On suit une direction nord-ouest et l'on passe avec beaucoup de peine une cuvette boueuse. En avant, de fortes tranchées nouvellement faites et récemment évacuées. On ne voit rien. Les bois d'alentour sont fouillés par des feux de salve. Le long du sentier on traverse des camps de guerre abandonnés : petites cases pouvant loger de deux à trois hommes, avec une entrée basse. Les Dahoméens, n'ayant ni train de combat, ni convoi administratif, chaque guerrier formait une unité de marche. Le combattant, comme nos chevaliers d'autrefois, était suivi de ses serviteurs. L'un portait le fusil de rechange, l'autre chargeait les armes, un troisième avait les vivres, un quatrième le petit panier en osier, tressé en forme de brancard, pour emporter un mort ou un blessé. De là une grande facilité de mobilisation chez l'ennemi. Au moment de l'appel des contingents, chacun vient avec sa petite maison militaire à l'endroit indiqué pour *faire la guerre*. Ces trois mots désignaient tout, pour le Dahoméen du sud comme pour le guerrier permanent. Quitter son domicile, marcher, se battre, reculer, vivre sans travailler, c'est faire la guerre : un art militaire rudimentaire. Pas d'évolutions de ligne, pas de formations de rassemblement. Lorsque la résistance était reconnue impossible, les guerriers se débandaient et se sauvaient isolément à travers la brousse, marchant jusqu'à un autre point en arrière, fixé à l'avance, où ils savaient pouvoir trouver de l'eau et des vivres et où ils recommençaient les mêmes tranchées, en attendant nos mouvements. Ils espéraient toujours que nous renoncerions à la lutte. Sur les chemins, des milliers de petits piquets peints en rouge étaient plantés en quinconce. Les fétiches avaient affirmé que l'Agbo (enceinte, nom historique du plateau d'Abomey) ne serait jamais violé par un ennemi. Les fétiches mentaient, car les Sofimatas s'éparpillaient par petits paquets et allaient se concentrer derrière des abris naturels dont nous ignorions l'existence. Ils reculaient toujours et nous avancions sans cesse, lentement, il est vrai, mais sûrement.

Le Dahomey est un pays de surprises et de mystères, dira le général Dodds à sa rentrée en France. La première et la plus désagréable des surprises fit son apparition à Kossoupa. Pas d'eau. Dans des régions essentiellement marécageuses, cet élément devait être un auxiliaire plutôt qu'un obstacle. Subitement, à l'arrivée à l'étape, l'eau vient à manquer à un contingent de 2 000 hommes de troupe, 3 000 porteurs et 300 animaux, marchant et combattant sous un soleil ardent. L'état-major, ne pouvant pas prévoir une pareille impossibilité, n'avait pas d'équipage d'eau, comme en Algérie. Il y avait là une lacune, dont personne n'était responsable, car on manquait de renseignements précis. En pleine saison des pluies, au milieu de marigots, à quelques mètres du Zou et de l'Ouémé, il n'y avait ni puits ni sources, il est vrai. Mais une colonne en expédition dans des pays exotiques doit toujours avoir sous la main un équipage d'eau ou bien des récipients suffisants pour en improviser un dès que le besoin s'en fait sentir. Pendant l'insurrection du Sud-Oranais, nos chefs ont attribué à cette organisation la moitié de leur succès.

La nuit vient. Pas d'eau. Après avoir débroussaillé pour établir des abris, les hommes s'endorment péniblement, fiévreusement, pendant que les bêtes attendent impatiemment l'heure de l'abreuvoir, le pied à la corde, arrachant les piquets....

Le *11*, départ de Kossoupa, par un temps épouvantable. De grand matin, une tornade vient améliorer la situation, parce que l'on peut boire et approvisionner les bidons. Mais la pluie rend la marche très pénible à travers les fondrières, dans un sol argileux, mélangé d'une espèce de tourbe noirâtre faisant glisser les porteurs pieds nus. Les voitures se renversent, les roues des canons s'embourbent.

On arrive à Oumbouémédi sans avoir vu l'ennemi. Les guides parlaient d'un ruisseau. Il est à sec. Pas d'eau, c'est le mot lugubre qui circule vite dans cette agglomération d'êtres humains que la fatigue de la marche et la chaleur du soleil commencent à irriter. Le bivouac est placé à 50 mètres du cours d'eau, de l'*Oued Secco*, disent les légionnaires, qui se rappellent leurs courses à travers le Sahara. Un mirador est construit au haut d'un baobab pour observer la plaine, les hautes herbes entravant complètement la surveillance des faces par les sentinelles les plus avancées. On signale à 1 kilomètre une ligne de fumée, et dans le nord-ouest des cases. Un guide moins ignorant ou plus prétentieux que ses camarades affirme que nous sommes en présence de l'armée royale et que le village entrevu est Cotopa ou Cotonou, au bord d'un cours d'eau, le Coto (*Co*, boue ; *To*, rivière).

La cavalerie se répand de tous côtés à la recherche de l'eau. Un tirailleur haoussa découvre une source d'un faible débit dans un coin très fourré près du camp. On peut enfin abreuver les animaux et faire le café. Le convoi, qui s'était enlizé, arrive péniblement à 10 heures du soir.

Du *12* au *19 octobre*, série de combats meurtriers, période de souffrances physiques, incidents de toute nature qu'il est impossible de détailler : il faudrait un volume, il faudrait le génie d'Alfred de Vigny, ou le talent de Paul de Molènes.

Départ de Oumbouémédi le *12*, à 6 heures du matin, en trois colonnes distinctes, formées d'un groupe avec son train particulier et un tiers du convoi administratif; les voitures et la cavalerie suivent la route. A 8 heures, le lieutenant de spahis de Tavernost se trouve subitement aux prises avec une bande de Dahoméens qui ont réussi à s'approcher en rampant et sont trahis par leurs hurlements et leurs cris de guerre. Les cavaliers ne peuvent charger, le peloton Varennes les dégage. Bientôt l'action est générale, le feu ennemi très nourri, très régulier. Les tireurs ne se voient plus; les hautes herbes cachent même la fumée des coups; la formation de combat du corps expéditionnaire est très serrée; les groupes se développent sur une ligne de 400 mètres, les fantassins exécutent des feux de salve sur deux rangs et l'artillerie tire à mitraille. Les Dahoméens tentent une attaque de flanc à gauche et en arrière. Ils sont reçus par les feux des spahis qui ont mis pied à terre sur l'ordre du commandant Villiers, pendant que la compagnie Rilba exécute une contre-attaque qui déroute l'ennemi. La colonne se porte en avant, le fanion de la légion au centre indiquant la direction, pendant que les clairons sonnent la marche. On s'avance par bonds, une série de feux, une poussée de 500 mètres. On aborde une ligne de tranchées que l'ennemi vient d'évacuer. A 11 heures, le feu cesse des deux côtés, pour reprendre à 1 heure. Une reconnaissance de cavalerie ayant été attaquée sur le chemin, on reprend la marche en avant par bonds de 200 mètres, et à 3 heures seulement le colonel donne l'ordre de bivouaquer derrière une clairière. Pas d'eau. On envoie au camp de la veille. Nous avons 4 Européens, 3 indigènes tués, 18 Européens, 11 tirailleurs blessés.

13. — Combats matin et soir. Arrivée à 3 heures à Akpa : 9 tués; 31 blessés. Mais on est devant le Coto, le Jourdain de ces hommes qui depuis le 9 n'ont presque point d'eau, pas même pour faire le café deux fois par jour.

14. — D'après les renseignements recueillis et confirmés par les officiers montés dans les arbres, la position du Coto présentait trois lignes successives de tranchées, creusées à cheval sur le chemin qui traverse à gué le cours d'eau. En attaquant directement, on eût éprouvé de grosses pertes. Le colonel Dodds décide que l'on tournera les défenses en se portant à 3 kilomètres vers le nord, pendant que l'artillerie engagera, du bivouac même, un combat à grande distance qui trompera l'ennemi sur nos intentions. Départ du bivouac d'Akpa en trois colonnes pour prendre le Coto en amont. L'ennemi s'aperçoit à 10 heures qu'il est tourné. Il se précipite vers le passage et commence le feu. L'artillerie laissée au bivouac est obligée de cesser le sien; le tir est impossible à régler; le terrain est tellement fourré, qu'on n'aperçoit même pas le point d'éclatement des projectiles. A 10 h. 30, nous sommes à 800 mètres du lieu que nous voulons atteindre. Quelques spahis avec Greppo, adjudant de cavalerie, partent en avant. Ils sont reçus par des coups de fusil que leur envoient des nègres dissimulés derrière des termitières hautes de 5 à 6 mètres. Les canons dahoméens tirent de Cotopa. Un obus éclate en plein camp et tue trois Toffanis. Les misérables porteurs se tenaient constamment couchés par terre; la peur paralysait tous leurs mouvements; la mort achevait leurs souffrances; ceux qui étaient chargés de transporter les munitions sur la ligne de feu regrettaient presque le sort de leurs camarades affectés au convoi, quoique ces derniers fussent particulièrement atteints par les projectiles. Le capitaine d'état-major Roget, Méridional joyeux, à la mine toujours épanouie au milieu des plus tristes circonstances, dit le mot juste sur les Toffanis : « Ces gens-là regrettent bien vivement d'avoir embrassé cette profession ».

La colonne est au bord du Coto. On s'arrête pour déjeuner. L'ennemi profite de cette pause pour abandonner complètement Cotopa, se rapprocher de nous et se poster sur la rive droite du Coto et sur nos deux flancs. De 11 h. 50 à 4 heures du soir, il ne cesse de tirer. La brousse devant nous est impénétrable; on doit renoncer à la franchir. Le colonel fait former le carré sur un plateau peu élevé situé à 1 000 mètres en arrière. Les Dahoméens se sont avancés au corps à corps et ont réussi à enlever un Haoussa et un conducteur sénégalais. Il y a 13 blessés, dont le capitaine Battréau de la légion. A midi, par 40 degrés de chaleur, on n'a pas une seule goutte d'eau. Vers 1 heure, le capitaine Montanet, qui était placé sur un arbre pour donner des indications au capitaine d'artillerie Delestre, aperçoit des Dahoméens nombreux qui arrivent en poussant des cris et cherchent à s'emparer d'une pièce de canon. Ils tourbillonnent sur une vive décharge de mitraille. Et on peut se rendre compte *de visu* de leur manière d'opérer : un chef à grand chapeau[1], au milieu d'un petit groupe de 4 ou 5 hommes pour un fusil. Le tireur ayant été tué, un deuxième prit son arme et les autres emportèrent le blessé.

LE CHEF D'ESCADRONS VILLIERS.

Journée du 15 octobre. — Pas d'eau. On envoie une corvée au Coto sous le commandement du capitaine Sauvage; elle est repoussée. Les brancardiers se couchent et refusent de marcher; les docteurs sont obligés de les menacer du revolver, les infirmiers à coups de bâton les obligent à se relever. En présence de la force d'inertie opposée par les auxiliaires indigènes, la trique va désormais devenir l'arme de commandement, l'argument qui forcera l'obéissance. Les Dahoméens à l'affût comprennent nos difficultés et deviennent plus audacieux. Un peloton de légion arrivé au bord du cours d'eau est obligé d'engager un véritable combat à la baïonnette. Le mouvement offensif de l'ennemi est arrêté. Au centre du bivouac, le capitaine Marmet, officier d'ordonnance du commandant supérieur, tombe mortellement frappé. Déjà, dans la matinée, ce brillant officier, que tous aimaient, avait paru triste et fatigué. A 10 heures, il s'était retiré dans sa tente et couché près de son lit. A 11 heures, une balle l'atteignit au ventre. « A moi! je suis perdu; que l'on vienne prendre mes dernières volontés pour ma femme. » On le porte à l'ambulance; ses dernières pensées furent pour sa fillette et sa femme. L'abbé Vathelet lui donna l'extrême-onction pendant qu'à son chevet pleurait son ordonnance européenne. De 2 à 5 heures, il resta immobile, les mains croisées sur la poitrine. On l'enterra sur les bords de ce Coto qu'on ne pouvait passer. Pour pouvoir le reconnaître plus tard, on laissa à son doigt son alliance en or. Cette mort impressionna particulièrement le corps expéditionnaire.

La journée du 15 coûte cher. Outre Marmet, le commandant Stéfani, le lieutenant d'Urbal sont blessés; il y a 8 tués. Le soir on change de bivouac, on se porte à 2 500 mètres en arrière du Coto, qui coule au milieu d'un taillis de verdure caché par des lianes, des dracænas, des orchidées, des euphorbes, au-dessus desquels s'entrelacent des palmiers sveltes et des fromagers ombreux, des tamariniers géants.

Manque absolu d'eau. Le nom de *Camp de la soif* est donné par les troupiers à cette étape

1. Le chapeau est au Dahomey réservé aux grands du royaume, c'est le signe distinctif du cabécérat. Le gibus est particulièrement estimé. Lorsque les directeurs de la Compagnie des Indes portaient à Abomey leurs cadeaux annuels, ils ne manquaient pas de glisser parmi les soieries et les cotonnades un chapeau à point d'Espagne et à plumet.

inoubliable. Les sondages ne produisent rien. La souffrance est intense : les officiers eux-mêmes ne sont plus soutenus que par leur esprit militaire, par leur amour-propre. Les Toffanis s'éparpillent dans les brousses, et meurent les uns après les autres, moins durs à la fatigue et à la soif que les soldats européens.

A 9 heures du soir, le capitaine de spahis de Fitz-James, qui vient de rentrer d'Adégon, où il était allé chercher un convoi de vivres, propose au colonel d'aller faire de l'eau à Oumboué-médi. Il part, emportant 1 100 petits bidons. Il rentre au camp à 4 heures du matin. Une heure après, une violente tornade éclate sur le bivouac. Le même cri de joie et de soulagement s'élève de tous côtés. Les tentes sont abattues et transformées en baquets, en rigoles; tous les récipients sont exposés à la pluie; on creuse des trous pour les bêtes. Les Toffanis, tout nus, la bouche grande ouverte, boivent à même l'eau du ciel.

Un vieil adjudant de la légion, le nez rougi par des libations copieuses, ne cherche pas à dissimuler son bonheur : « On ne croira jamais, dit-il, à Bel-Abbès où il y a tant d'absinthe, que l'eau fût si bonne au Dahomey ». La pluie tombe pendant une heure et la colonne peut s'approvisionner largement.

La situation cependant est critique. La résistance trouvée sur les rives du Coto indique que l'ennemi n'est pas à bout de force. Il défend la route directe vers Abomey, et le seul point d'eau de ce plateau ferrugineux, qui s'élève jusqu'à 80 mètres de hauteur à partir de Cotopa.

Le corps expéditionnaire était réduit par le feu et la maladie. Il ne compte plus, le 16 octobre, que 63 officiers, et 1 700 hommes de troupe, 2 000 porteurs, 160 chevaux et 47 mulets. Les ravitaillements devenaient de plus en plus difficiles, la ligne d'étape s'allongeait, les porteurs fondaient à vue d'œil. Il était nécessaire de reconstituer la colonne, fatiguée par les marches et les combats, et de l'alléger en dirigeant sur l'arrière les malades et les blessés, très nombreux.

Le colonel Dodds n'hésite pas. Le rapport du 16 est succinct : « Aujourd'hui à 8 heures, enterrement des morts. A midi la colonne se reportera sur Akpa, pour procéder à l'évacuation des blessés et malades, se réapprovisionner et se reposer. Elle reprendra le plus tôt possible la marche en avant. »

A 11 h. 30, le premier groupe s'ébranle. Il y a 164 blessés et malades; les porteurs éreintés, surchargés, les abandonnent. Les tirailleurs sénégalais reçoivent l'ordre de prendre les civières. Ils s'écroulent sous le poids de leurs camarades mourants, qui sont de nouveau jetés par terre. A ce moment difficile, les légionnaires, sans attendre d'ordres, se mettent quatre par brancard et chargent les blessés sous un soleil de feu d'abord, sous une tornade épouvantable ensuite. Dans ce mouvement les soldats européens transportaient non seulement les blancs, mais aussi les tirailleurs sénégalais et des paquets de Toffanis. Les chemins glissaient, les hommes tombaient dans des trous, les blessés criaient. Mais la légion étrangère, ce régiment d'élite, dernier vestige de nos vieilles armées, montrait une fois de

LE « CAMP DE LA SOIF ».

plus ses qualités : endurance, courage et confiance dans le chef. Ces hommes, des mercenaires venus de tous les points du monde, sans foyer et sans patrie, s'engageant soit pour un morceau de pain, soit par mépris de la vie, subissant fréquemment des souffrances peu connues, accomplissant sans arrière-pensée, sans espoir de récompense, des actes d'héroïsme, donnaient aux indigènes ignorants et veules, à une race inférieure d'esclaves, l'exemple de l'abnégation et de la servitude volontaire, supportées avec dignité.

On marche ainsi jusqu'à 6 heures du soir. Le commandant Gonard, l'homme froid par excellence, habituellement sobre de paroles, ne tarissant pas d'éloges pour la légion, prescrit de distribuer une double ration de tafia : « Nous n'avons pas besoin de tafia pour porter nos camarades », répondent les hommes. Le lieutenant Gélas, de l'infanterie de marine, qui mourut d'épuisement et d'inanition à Adégon quelques jours après, circule péniblement, pâle et gelé ; la fièvre achève de le miner. Un légionnaire blessé d'une balle à la poitrine passe sur une civière : « Tenez, mon lieutenant, dit-il, prenez, cela vous fera du bien ». Et se soulevant sur son coude, il tira de sa musette un citron qui calma pour une seconde la souffrance de l'officier.

Le colonel Dodds, rempli d'admiration pour les soldats qu'il avait l'honneur de commander, leur témoigne sa satisfaction par l'ordre du jour suivant :

Ordre général n° 65.

« Officiers, sous-officiers et soldats du corps expéditionnaire,

« Chacun de vous se souviendra avec orgueil de la semaine du 10 au 17 octobre 1892.

« Partis de Poguessa le 10, nous sommes venus camper à Kossoupa, après avoir trouvé évacué le camp de Sabovi, encore occupé quelques heures auparavant par le roi Behanzin.

« Le 12 au matin, nous avons repris le contact de l'ennemi et presque toute la journée n'a été qu'un combat, au cours duquel nous avons emporté trois lignes de retranchements.

« Le 13, vous avez brillamment enlevé le camp qui couvrait Akpa, où l'ennemi, dans sa fuite précipitée, a laissé de nombreux vivres et munitions.

« Venus le 14 à la lagune de Coto, pour nous ravitailler en eau, vous avez repoussé victorieusement trois attaques pendant les journées du 14 et du 15.

« Le 16, nous avons repris notre bivouac d'Akpa, afin de faciliter notre ravitaillement en vivres et munitions et prendre quelque repos à la suite des fatigues résultant de quatre jours de combats. C'est aussi dans cette journée que les légionnaires, s'offrant spontanément pendant la marche au transport des blessés indigènes aussi bien qu'européens, ont montré que chez le soldat d'élite l'esprit de sacrifice et de fraternité militaire est inséparable du vrai courage. Ce fait a encore augmenté l'admiration que leur conduite au feu a provoquée depuis la journée de Dogba.

« Bientôt nous partirons à l'attaque des dernières positions ennemies.

« Sûr qu'il peut tout demander à chacun des éléments du corps expéditionnaire, le colonel est convaincu que le succès définitif, qui n'est dû qu'aux tenaces, ne tardera pas à couronner tant de généreux efforts.

« Akpa, 18 octobre 1892.

« A. Dodds. »

Le bivouac occupé, du 16 au 19, ne permettait pas d'avoir des vues suffisantes sur la position ennemie de Cotopa, dite très fortifiée. On détache un officier, M. Vuillemot, pour chercher un autre emplacement. Il jalonne un carré sur un terrain plus sec et en arrière d'une crête qui doit empêcher l'ennemi de régler son tir. Le 19, des coups de feu sont tirés sur les faces. Au moment où l'on s'apprête au combat, un spahi sort du fourré. Envoyé en mission à Kossoupa par son capitaine, ce cavalier se trompait de chemin, et tombait chez l'ennemi, qui le poursuivait. Les Dahoméens n'étaient donc pas éloignés, quoiqu'ils parussent vouloir ne plus s'occuper de la colonne.

Le changement de bivouac commence le 20, à 10 heures du matin. Le mouvement s'effectue avec ordre. A 2 heures et demie, le lieutenant Vuillemot, qui se trouvait à l'autre camp avec quelques isolés retardataires et des Toffanis, accourt rendre compte au colonel que de nombreux guerriers se sont avancés en criant : *Dahomé! Dahomé!* et en tiraillant. Deux légionnaires en quête d'eau avaient disparu. En voyant des bonnets rouges qu'ils prirent pour des chéchias, ils se jetèrent dans les rangs ennemis. Blessés tous deux, ils moururent vite, l'un en route, l'autre plus tard à Abomey.

On cesse les travaux de débroussaillement et de fortification passagère auxquels tout le monde était employé depuis le matin. L'ennemi débouche d'abord par l'est, puis par l'ouest. L'attaque est bientôt générale. Le feu devient de plus en plus violent. Le tir de l'artillerie dahoméenne est bien réglé, mais heureusement beaucoup d'obus n'éclatent pas, ces canonniers improvisés ne sachant armer les fusées. Un tirailleur en reçoit un sur la clavicule droite : il subit un choc sérieux, sans blessure apparente; c'est un calibre 58 millimètres, modèle Krupp. Le lieutenant Michel tombe. Toulouse, de l'infanterie de marine, mon excellent ami, mon camarade de promotion, adossé à un arbre, est percé de part en part; il meurt victime de sa bravoure, car il ne tenait jamais en place et dédaignait toute précaution, toujours debout devant ses hommes.

L'interprète du quartier général Ignatio Chagas a la jambe traversée. Le colonel Dodds est particulièrement visé et a son cheval blessé. Le guide Adeshouma se met devant le commandant supérieur pour le garantir des balles, il a le bras droit perforé en deux endroits. Les tentes sont trouées par les projectiles qui labourent le terrain. La position devient intenable. Le capitaine Drude est parti en avant pour dégager un peloton de tirailleurs qui surveillait la route par laquelle on attendait un convoi de vivres et que l'on savait entouré. Le lieutenant Valabrègue arrive à 4 heures du soir rendre compte qu'il a arrêté les mulets et les porteurs à une heure d'Akpa et qu'on se défend bien.

Le combat ne cesse qu'à 6 heures du soir. L'attaque fut acharnée, l'ennemi nombreux. Nous avions 8 tués, 27 blessés. On apprend par un prisonnier que Behanzin est à Cotopa.

Le roi du Dahomey sent sa confiance diminuer. Les cohortes d'amazones et de soflimatas ont reculé. Les défaites successives les ont démoralisées. Pendant l'action, nos lignes sont entourées de cordons de plomb: on tue beaucoup de monde. Sur les conseils des ministres, gens rusés, craignant la chute définitive qui entraînera la perte de leur situation, Behanzin se décide à envoyer des parlementaires.

Le 23 au matin, on aperçoit des drapeaux blancs en avant des petits postes. Le capitaine Lombard et le lieutenant Vuillemot s'avancent pour questionner les indigènes, deux gaillards hauts de 2 mètres, avec des têtes aux cheveux crépus en broussailles épaisses à rendre jaloux les Mérovingiens ou Clovis Hugues, le sympathique Phocéen. « Le chef de guerre du camp voisin adresse le bonjour au colonel. » Et c'est tout. On les renvoie sans réponse. Une heure après, les mêmes messagers se représentent et annoncent qu'une recade du roi s'avance. La lettre arrive à 5 heures et demie et on introduit les Dahoméens les yeux bandés. Leur physionomie franche, leurs sourires font bonne impression. Behanzin demande la paix, *il n'en veut plus*, c'est l'objet de la conversation des soldats.

Le colonel Dodds craignait une ruse: sans décliner les propositions du roi, il demande l'évacuation immédiate de Cotopa comme gage de franchise. L'armée dahoméenne ne se retire pas. Nous saurons plus tard, par le journal de Candido Rodriguès, qu'à la même date un ordre du roi avait été lu à Ouidah et à Godomey et que les derniers contingents du sud étaient rappelés à la guerre dans le nord. Le roi comprenait que l'objectif de la colonne était Abomey et, en entamant des négociations, il ne cherchait qu'à gagner du temps.

Dans l'après-midi, un groupe de Nagots se présente au camp avec de petits drapeaux blancs et des feuilles de palmier au cou, en signe de soumission. Ils demandaient la protection des Français. On leur donna immédiatement la liberté. La désagrégation commençait; les derniers combats vont la rendre définitive.

A la colonne, le moral était bon. Il n'en était pas de même à Porto-Novo, où régnait une grande panique. L'arrivée des convois de blessés, les nouvelles rares, trop rares, les bruits que faisaient circuler les ennemis de l'influence française, irritaient la population. Au milieu des sujets de Toffa, pusillanimes comme leur maître, les Européens, fonctionnaires et commerçants, avaient peine à garder leur sang-froid, et des télégrammes bizarres étaient expédiés en Europe.

Le câble sous-marin, administré par une Compagnie anglaise, causera souvent des surprises au gouvernement. L'habitant des colonies, fatigué par l'uniformité de son existence, par la lumière blanche d'un soleil ardent, ne voit que les intérêts qui s'agitent autour de lui: il ne se doute guère, et même se soucie fort peu, que sa dépêche, alarmante pour nous, à peine exacte à ses yeux éblouis par le mirage intertropical, suscite des ennuis, des embarras, des complications. Un simple incident devient question, soulève des discussions byzantines et attend le moment favorable pour s'élever à la dignité de grande entréprise coloniale, pour passer à l'état de concept humanitaire capable d'entraîner la foule.

Qu'on ne s'y trompe pas, l'Européen ne trouvera pas chez le nègre d'Afrique les mêmes dispositions à se laisser détruire que chez les Indiens d'Amérique. Les Espagnols ont pu s'implanter de l'autre côté de l'Atlantique parce qu'ils ont eu affaire à des combattants animés de sentiments presque chevaleresques, parce que le climat n'était pas insalubre. En Guinée, l'indigène se voyant sur le point de périr, se pliera, se dérobera, laissera faire le mal par la nature qui le protège, et, prolifique, se reproduira, grandira, s'instruira, et tôt ou tard chassera lentement l'envahisseur.

Lorsqu'un de nous tombe malade ou meurt, le noir, esprit simple et philosophe, montre du doigt le soleil, souverain maître en ces régions, source de tous les maux et dit : *N'y a pas bon pour blanc,* résumant, en une phrase naïve, une loi déjà posée par la science : sous le ciel des tropiques l'acclimatement de l'Européen est une chimère.

Est-ce à dire que l'expédition du Dahomey ne servira de rien? Non. Comme la Tunisie, comme le Tonkin, comme Madagascar, comme le Soudan, cette campagne meurtrière continuera à entretenir dans les régiments, dans les carrés des navires de guerre, ce feu sacré de gloire et de vertu militaires qui pourrait s'éteindre s'il n'était alimenté constamment. Les officiers suivront avec une attention soutenue et même avec envie les faits d'armes de leurs camarades et, se souvenant du passé, se tiendront prêts à marcher à leur tour, quand sonnera l'heure que tous attendent, l'arme au pied, impatients. Et si, comme nous l'espérons, le Dieu des batailles nous est favorable, pourrons-nous regretter quelques sacs d'écus?

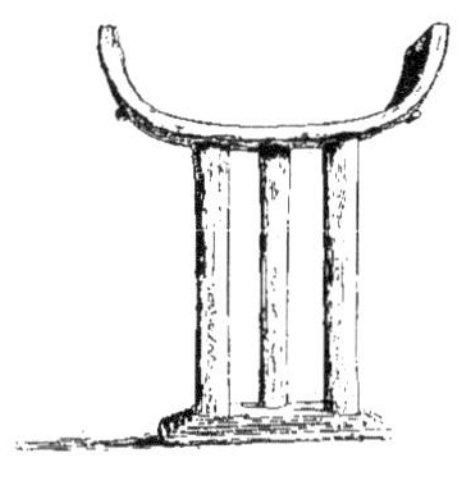

TABOURETS DES PARLEMENTAIRES.

CHARNIER D'ABOMEY.

CHAPITRE VII

Reconstitution de la colonne expéditionnaire. — Passage du Coto. — Cotopa. — Cana. — Négociations. — Incendie et occupation d'Abomey. (Du 25 octobre au 17 novembre 1892.)

...IER DAHOMÉEN. SCULPTURE SUR BOIS.

Le corps expéditionnaire, après s'être reposé quelques jours, se trouvait reconstitué à 69 officiers et 2 000 hommes, par suite de l'arrivée à Akpa du commandant Audéoud. Cet officier supérieur avait été envoyé au début de la colonne à Grand-Popo pour opérer dans la vallée du Mono et s'avancer vers Abomey par l'ouest. Mais les effectifs de cette petite colonne étaient trop restreints pour permettre une action sérieuse.

A la date du 24 octobre, la colonne compte quatre groupes, ayant la composition suivante :

1er *Groupe.* — Commandant Riou. 1re compagnie de légion, capitaine Demartinécourt; 1re compagnie de Haoussas, capitaine Sauvage; 12e compagnie de tirailleurs sénégalais, capitaine Bérard; 1re section d'artillerie, capitaine Delestre.

2e *Groupe.* — Capitaine Drude. 3e compagnie de légion, capitaine Drude; 5e compagnie de tirailleurs sénégalais, capitaine Gallenon; 11e compagnie de tirailleurs sénégalais, capitaine Combette; 2e section d'artillerie, lieutenant Valabrègue.

3e *Groupe.* — Capitaine Poivre. 1re compagnie de volontaires sénégalais, capitaine Robard; 4e compagnie de légion, capitaine Poivre; 9e compagnie de tirailleurs sénégalais, capitaine Dessort; 3e section d'artillerie, lieutenant Jacquin.

LE COMMANDANT AUDÉOUD.

4e *Groupe.* — Commandant Audéoud. 2e compagnie de légion, capitaine Jouvelet; 3e compagnie de tirailleurs sénégalais, capitaine Rilba; 10e compagnie de tirailleurs sénégalais, capitaine Collinet.

Le colonel Dodds donna l'ordre de mouvement :

« Demain la colonne expéditionnaire se portera en avant pour refouler les dernières bandes dahoméennes, déjà profondément ébranlées par les échecs nombreux et les pertes énormes que nous leur avons infligées précédemment et surtout dans les journées des 20 et 21 octobre. La ligne de la rivière de Coto, occupée par l'ennemi, constitue le dernier des remparts élevés sur notre route par Behanzin pour défendre sa capitale. Ce roi, sentant sa ruine prochaine, essaye vainement de retarder notre marche par des pourparlers qui prouvent seulement qu'il a acquis le sentiment de sa faiblesse et celui de notre force.

« Ces manœuvres astucieuses ne sauraient retarder notre marche victorieuse, pas plus que n'ont pu le faire les efforts de ses guerriers.

« Le colonel sait qu'il peut compter sur le courage et la ténacité de tous pour porter le dernier coup à la puissance dahoméenne et, par une vigoureuse marche en avant, terminer rapidement cette campagne du Dahomey si brillamment commencée. »

Le 26, à 6 h. 30, levée du bivouac. On laisse à Akpa le capitaine Crémieu-Foa, pour commander le réduit avec une section d'infanterie, les malingres, les bagages, la demi-batterie Delestre et le sous-commissaire Noguès. Un brouillard épais couvre le plateau d'Akpa. Il se dissipe vers 7 heures. A 300 mètres en avant des sentinelles, des drapeaux blancs. Les Dahoméens s'étaient habitués à ce jeu, croyant que nous considérions ces emblèmes de paix comme des fétiches inviolables. Le capitaine Lombard les invite à se retirer, car nous allons commencer le feu. On aperçoit distinctement derrière les tranchées de nombreux guerriers, le fusil sous le bras. Le lieutenant Jacquin tire un coup de canon à mitraille; une fusillade intense répond. On riposte et 5 minutes après on s'élance en avant à la baïonnette, le commandant Audéoud en tête avec la 12e sénégalaise. Deux lignes de tranchées sont enlevées tambour battant. Le capitaine du génie Roques est contusionné, le capitaine Combette a une balle dans le pied droit. Les Dahoméens tentent d'attaquer le réduit. Le groupe Riou, qui suit en deuxième ligne, fait demi-tour et repousse les assaillants. On reprend la marche sur Cotopa, où l'on déjeune à l'ombre de tamariniers et d'orangers en fleur,

L'ABBÉ VATHELET.

qui sont vite dépouillés de leurs fruits et même de leurs fleurs, dont chacun orne sa boutonnière. Menu frugal : endaubage ou bœuf de conserve, de fabrication américaine (*boiled beef*, Chicago), biscuit avarié, oranges.

A 3 heures, le colonel dirige sa colonne vers le sud-ouest pour éviter le passage de vive force du Coto, où l'ennemi a accumulé tous ses moyens de défense. On circule avec peine au milieu d'arbustes épineux. Le groupe Audéoud, toujours en avant, pousse sur la rive droite de la rivière et se forme sur un plateau situé à 1 800 mètres du Coto. Dîner, on n'y songe pas. A l'état-major on fait un brûlot pour se réchauffer, car il pleut à verse et tout le monde est trempé. Huit jours avant on manquait d'eau au bord de ce même Coto; cette fois on en avait trop. Le brave et digne abbé Vathelet est furieux. « On a mouillé le bon Dieu, dit-il, et on m'a volé mon vin de messe. » Plaisanterie de légionnaires, ou paresse des Toffanis, qui, ne se doutant pas qu'ils portaient des objets sacrés, avaient abandonné les bagages de l'aumônier dans un trou d'eau.

Le 27 au matin, toutes les troupes passent sur la rive droite du Coto, mais les guides déclarent qu'on s'est trompé, que l'on n'a pas passé le Coto, mais le Han, son affluent. Toutes les difficultés dans la conduite de cette expédition provenaient de la pénurie de renseignements. Les rares prisonniers ne parlaient pas : les guides ne savaient rien. A ce moment des parlementaires apparaissent et disent : « Le roi vous attend à Avlamé, où il a envoyé des ministres pour traiter. Vous pouvez franchir le Coto sans crainte, il ne sera pas défendu. » On reprend la marche en arrière, on repasse par Cotopa ; on admire les belles cultures de maïs, manioc et haricots. Un immense palais aux murailles hautes et épaisses. A 3 h. 50, on approche du Coto. La route est large, mais des deux côtés un bois très fourré. L'ennemi devait s'être retiré ; le colonel ordonne cependant de prendre des précautions. Une patrouille envoyée en avant est reçue à coups de fusil et bientôt de tous côtés on tire sur la colonne, mais trop haut. Les soldats pénètrent dans la rivière et ont de l'eau jusqu'à la ceinture. Le commandant Audéoud, le monocle à l'œil, conduit tout le monde à grande allure ; il refoule l'ennemi sur la route de Cana et brûle le village d'Avlamé.

Son groupe a 4 légionnaires touchés, 1 tué et 3 blessés, plus un tirailleur et un artilleur. Quand on marche vite, on a moins de blessés. On ne trouve qu'un cadavre dahoméen sur le terrain défendu par l'ennemi ; mais le chemin et les tranchées sont arrosés de sang ; pendant que la colonne passait l'eau, des guerriers ont emporté les hommes hors de combat. Les légionnaires étaient chargés comme des mulets, même pendant l'affaire : ils portaient sur le dos des tas d'ignames et des sacs de haricots. Beaucoup avaient des moutons en sautoir. Quand on s'arrêtait pour tirer, ils les déposaient et les reprenaient dès que l'on sonnait en avant. Toutes les bêtes, effrayées par le bruit des coups de fusil, poussaient des cris à fendre l'âme. Les tirailleurs noirs, plus imprévoyants, avaient lâché leurs moutons, qui furent ramassés par les compagnies qui étaient en arrière. Un Sénégalais arrive à se mesurer face à face avec un Dahoméen et le larde de sa baïonnette. Un Haoussa aperçoit un ennemi qui se faufile dans la brousse ; il saute dessus, lui coupe la tête et brandit son trophée.

A un moment le commandant Audéoud est entouré de balles qui crépitent de tous côtés. Le capitaine Lebigot, qui commandait l'artillerie du groupe, dit tout d'un coup à son chef : « Mais, mon commandant, abritez-vous donc ; avec votre dolman blanc vous êtes le point de mire des tirailleurs ennemis et vous vous attirez tous les projectiles : cela m'empêche de viser convenablement. — Eh bien, et vous, répond Audéoud, avec votre grand corps (le capitaine Lebigot mesurait 1 m. 85), croyez-vous qu'on ne vous voit pas ! — Moi je suis obligé d'être là pour diriger le tir de mes pièces, et puis mes vêtements ne sont pas aussi propres que les vôtres. » Et l'on devise ainsi au milieu de la fusillade, avec l'insouciance de la mort que procure l'habitude de la guerre. Le salut aux balles ! Tableau digne d'inspirer un grand peintre militaire. Même des braves éprouvés comme les légionnaires s'inclinent respectueusement quand passe le projectile qui va peut-être atteindre un camarade de la quatrième face ou du convoi. Heureusement les balles de fusil à tir rapide sillonnent généralement très haut et les obus n'éclatent pas tous. Il en tombe néanmoins trop, de nos braves camarades. Les porteurs, aplatis derrière leurs caisses ou un abri quelconque, sont criblés. A chaque instant on entend un « floc », puis un cri : c'est un Toffani ou un Nagot qui a reçu une balle. Nos blessés se comportent mieux ; jamais ils ne poussent le moindre cri, la moindre plainte. Tous ces braves gens sont étonnants de courage et de résignation.

Les ministres de Behanzin n'étaient pas à Avlamé et Sa Majesté avait tendu une embuscade. Mais l'on tenait enfin le fameux Coto qui avait arrêté le corps expéditionnaire les 14 et 15. L'armée française était au cœur du Dahomey, malgré tous les efforts du roi. Jusqu'à présent nous n'avions pas attaqué : l'ennemi fonçait sur nous et on repoussait ses assauts. Désormais c'est nous qui allons être les assaillants.

28 octobre. — Un peu de repos. Bain dans la rivière, c'est la seule ressource. Il n'y a plus de vivres que pour le matin. Aucun convoi n'est signalé. L'ennemi occupe toujours le camp situé en avant de notre bivouac. A 1 heure, le colonel veut le bombarder, mais il n'y a plus personne.

29 octobre. — A 6 heures du matin, on fusille quatre ou cinq porteurs, qui partis de Cotopa ont jeté leurs caisses en route et sont arrivés à vide. Les convois sont la pierre d'achoppement de la colonne. Les moyens de l'arrière étant insuffisants, on se sert des Toffanis affectés aux groupes pour le ravitaillement, ce qui rend la marche lente et diminue le nombre de porteurs: presque à chaque voyage il en disparaît 200 à 300.

Le soir, arrive enfin un convoi de vivres. Akpa est abandonné comme poste et transporté à Cotopa, où le capitaine Lebigot est chargé de construire un fort.

A l'état-major on est très intrigué par un signal fait la nuit par l'ennemi, une fusée. Les rapports des groupes n'avaient rien signalé. Après des recherches minutieuses, on reconnaît que l'on a pris une étoile filante pour une fusée.

Le colonel Dodds, quoique souffrant, est enchanté de la situation. Il compte encore sur quatre combats et l'armée dahoméenne sera détruite. Un blessé trouvé dans le bois raconte au commandant Gonard que les guerriers sont découragés, qu'on leur a tué beaucoup de monde, que les amazones sont tout à fait réduites. Les régiments sont fondus les uns dans les autres; il n'y aurait plus que 2 000 hommes valides.

30 et *31 octobre.* — Repos. On se prépare des deux côtés à l'assaut définitif. Il ne pleut plus, mais en revanche il fait une chaleur intense.

Le *1er novembre*, une reconnaissance de cavalerie soutenue par un peloton de spahis à pied va reconnaître le terrain que nous devons parcourir le lendemain. Elle tombe sur des tranchées d'où partent quelques coups de feu. Le peloton à pied y répond. La compagnie Roulland et le peloton Varennes enlèvent les tranchées sur une longueur de 300 mètres et chassent l'ennemi.

2 novembre. — Marche sur Cana en carré. De 6 à 9 heures des coups de feu sur la gauche. A 10 heures, halte; à 3 heures, reprise du mouvement. Au moment où la colonne arrive devant Ouakon que l'on cherche à tourner par le nord, la fusillade recommence. On y répond en continuant le mouvement latéral, puis on bombarde le palais de Ouakon jusqu'à 6 heures du soir. L'ennemi, bien abrité, nous fait éprouver des pertes sérieuses. Après un tir à mitraille très nourri de notre artillerie, il évacue sa position en emmenant une mitrailleuse sous le feu de nos quatre pièces. Il se retire, puis s'arrête à 2 kilomètres, met une pièce en batterie et envoie un boulet en plein bivouac. Tués, le lieutenant Mercier, 1 soldat européen, 2 indigènes; 25 blessés.

Les Dahoméens recommencent l'attaque le *3*, à 5 heures du matin, sur toutes les faces avec une violence inouïe. Tous les réguliers donnent; ils poussent devant eux les prisonniers que Behanzin a libérés, après les avoir enivrés de gin. Les féticheurs les dirigent et les entraînent; c'est en désespérés que ces malheureux, presque des squelettes, viennent mourir devant nos salves; leurs cadavres roulent pêle-mêle dans les tranchées, au milieu des herbes foulées. Le commandant Audéoud enlève de vive force le tata de Ouakon. Nous perdons le docteur Rouch; le lieutenant Cany est blessé. Mon ancien camarade de la légion Jacquot a une balle dans l'épaule. Le capitaine Roget tombe atteint d'un projectile dans l'omoplate gauche. Comme il avait rempli les fonctions de vice-résident à Porto-Novo, au début de notre occupation, en 1886, ses camarades plaisantent sa blessure : « Eh bien, cher ami, braves gens les

Dahoméens. — Très forts, mon cher, très forts, ils valent les gens du Midi. » La souffrance aiguë n'entame pas sa belle gaieté et c'est le sourire aux lèvres qu'il s'en va vers Adégon, étendu sur une civière, exposé à la chaleur du soleil, porté par quatre Toffanis qui ont soin de leur ancien yévoghan et l'éventent à chaque halte. Les noirs ont l'esprit simple et la mémoire tenace. Roget s'était toujours montré bienveillant envers ses administrés; il reçut ce jour-là la récompense de ses bontés envers les misérables.

Le pauvre lieutenant Mercier, tué à l'affaire du 2, avait été déposé auprès de l'ambulance, en attendant son enterrement. Ce brillant officier, déjà blessé à Akpa, était destiné aux balles. Pendant l'affaire du 3 son corps reçut encore trois nouveaux projectiles.

Le 4, on s'avance vers Diokoué, le marché de Cana. On manque de porteurs. Les Toffanis redoutent l'entrée sur les terrains fétiches et s'égrènent de tous côtés. La colonne se porte à 10 heures sur un plateau peu boisé. A droite, un palais. En avant, une plaine. Çà et là, des cultures. Des lignes de tirailleurs ennemis se prolongent vers le palais. Les deux partis se voyaient distinctement. On se croyait aux grandes manœuvres; le champ de bataille offrait un coup d'œil très pittoresque. Le lieutenant Gay reçoit une balle qui lui traverse le poumon droit. A 3 heures, l'ennemi, qui attend dans un pli de terrain, bondit sur nous. La compagnie de volontaires sénégalais Robard part en chantant; les hommes se débandent comme à la guerre du Cayor ou du Djoloff; ils font de la fantasia et tiennent leurs armes au-dessus de leurs têtes. Le carré se trouve un moment ouvert. A coups de canne, le capitaine Robard ramène son monde et rétablit l'ordre. L'ennemi se retire lentement. On pousse vers Diokoué; les brousses recommencent. Le groupe Drude est en tête; il s'élance avec deux compagnies dans le village incendié. La colonne suit et passe entre des maisons enflammées. La chaleur devient intolérable; on débouche enfin sur la magnifique place du marché. Mais les Dahoméens tirent toujours, car nous sommes tout à fait découverts et exposés à leurs coups. La section Delestre a cinq hommes par terre et deux officiers blessés, MM. Maron et Menou; elle ne peut plus continuer le feu. Le capitaine Drude dépasse le village, et, à la baïonnette, enlève les lignes ennemies; il n'y a pas un homme touché. Seul Mérienne-Lucas, mon compagnon de traversée, a une balle dans l'humérus gauche. Crémieu-Foa perd son casque et a une contusion à la tête. On est obligé de l'évacuer sur Porto-Novo, car il divague. Une forte insolation, mal soignée, détermine la typho-malarienne, dont il meurt en arrivant à Cotonou.

C'est la dernière affaire. Le Dahomey est vaincu. Avec ce qui restait de guerriers réguliers, Behanzin a fait donner ses chasseurs d'éléphants et ses gardes du corps, au nombre de 500, les plus beaux hommes du royaume, qui n'avaient jamais quitté la personne du roi. On les a reconnus à leurs bonnets rouges, ornés de colimaçons dorés. Ils portaient des pantalons courts, dont les jambes droites étaient vertes, et les jambes gauches noires. Des casaques jaunes, sans manches, recouvraient leur buste et se terminaient par une queue tressée en coton, teinte en bleu ou en rouge. Le lendemain, 5 novembre, Behanzin envoie des parlementaires et offre l'entrée dans Cana, que les débris de l'armée dahoméenne ont évacuée. La colonne entre le 6 dans cette ville réputée sainte, dont le nom juif éveillait une foule de souvenirs dans l'esprit de nos soldats harassés, qui depuis trois jours marchaient comme dans un rêve et se battaient presque automatiquement, par habitude plutôt que par devoir, comme s'ils faisaient un exercice régulier. Il n'y avait plus d'anecdotes, plus de gaieté, c'était la lutte âpre pour atteindre le but final; chacun savait que l'occupation de Cana et d'Abomey entraînerait le retour à la côte, solution après laquelle tous aspiraient. Il y avait dans l'air comme un nuage d'affaissement moral, très excusable après une odyssée aussi mouvementée, que la disparition de braves camarades avait souvent rendue tragique.

Nos pertes pendant les affaires qui précèdent s'élevaient à 10 officiers tués, 25 blessés, 67 hommes tués, 436 blessés, soit 538 hommes hors de combat. Décédés par suite de maladies, 173 Européens, 32 indigènes. Je ne compte pas les obscurs et les humbles, les Toffanis, qui disparurent par milliers. La dépopulation des villages riverains de l'Ouémé, le manque de bras signalé dans le royaume de Porto-Novo n'ont d'autre cause que la mort de ceux qui étaient partis comme porteurs avec la colonne.

Les Dahoméens, d'après les renseignements fournis plus tard par Candido Rodriguès, avaient perdu près de 2 000 hommes. Le chiffre des blessés dépassait 3 000 [1].

Cana, ancienne capitale du Dahomey à l'époque où les rois payaient tribut aux Nagots, n'est plus qu'une agglomération de cases en pisé au milieu de jardins, de cultures et d'arbres fruitiers. Les rois y avaient une résidence entourée de hautes murailles, et les ministres leurs maisons de campagne, inoccupées pendant une grande partie de l'année,

1. D'août à décembre 1892 le mouvement des malades dans les ambulances a été de 1 092 entrées pour 1 425 Européens, et 527 pour 2 158 indigènes ayant pris part à la colonne ou stationné au Bénin pendant les opérations. M. le Dr Rangé, chef du service de santé de la colonie, a reconnu dans un rapport officiel la supériorité incontestable, au point de vue de la résistance, des hommes de troupes d'Afrique (légion étrangère), comparée à celle des troupes d'infanterie de marine (presque du double). Les fièvres à types variés, l'anémie palustre représentent plus de la moitié des admissions à l'hôpital; la diarrhée et la dysenterie, un cinquième. Les décès survenus à la suite des affections endémiques sont cinq fois plus nombreux que ceux dus aux blessures de guerre. Le nombre des rapatriés pendant la même période s'est élevé à 752 Européens et 88 indigènes.

On a comparé souvent l'expédition du Dahomey à celle contre les Achantis. Les pertes des Anglais se résumaient en :

	Officiers.	Soldats.
Tués	4	10
Morts	4	47
Blessés	40	354
Rapatriés	93	915
Malades	169	2 866

Nos pertes furent supérieures à celles éprouvées par l'armée anglaise. Mais si l'on porte l'examen sur les régiments européens anglais et sur notre bataillon de légion, l'avantage est à ce dernier. En effet, le pourcentage d'invalidations par suite des maladies endémiques est, chez les légionnaires, de 35 pour 100 ; chez les Anglais, le 23e régiment donne 37 pour 100, le 42e 48 pour 100, le rifle-brigade 71 pour 100, le naval-brigade 88 pour 100. Ainsi, malgré des préparatifs qui avaient duré plus d'une année et un confortable encore inconnu dans l'armée française, les soldats anglais ont eu plus de pertes du fait des endémicités locales que les troupes françaises (nous mettons naturellement en dehors les troupes d'infanterie de marine).

parce que la cour n'y séjournait qu'au retour de quelque guerre, pour célébrer les funérailles des aïeux.

Cet endroit avait ses jours de marché, que les féticheurs plaçaient sous la protection de *Bossi*, idole reproduite en terre rouge dans le quartier appelé *Adogouin*. Cette foire, la plus importante du Dahomey, alternait avec celle de *Mihahi*, avec celle de *Zobodo* ou *Bédaba* qui se tenait à Djébé, et celle d'*Adjahi*, qui avait lieu à Goho. Ces marchés, qui existent dans le sud, à Tori, à Savi, à Nasoumé, à Ouidah, se recommandaient tous aux voyageurs et aux marchands des demi-dieux qui les patronnaient et les défendaient contre les *Legbas*.

Les habitants permanents de Cana étaient des Nagots, chargés des plantations qui s'étendaient jusqu'à Zobodomé. On remarque, comme monuments curieux à visiter, la case des Crânes, où le Migan rassemblait les têtes des esclaves sacrifiés en l'honneur des ancêtres, un véritable charnier. On y déposait aussi les têtes des gens qui avaient été tués par la foudre. Dans les grands jours de fête, le roi avait l'habitude de danser sur ce parquet de crânes; les fidèles chantaient ses louanges. La complainte se résumait en ceci : « Tu es grand et tellement grand, que tu danses sur leurs têtes, après les avoir combattus, après les avoir vaincus ». De grands fromagers remplis de chauves-souris dominent Cana, qui possède un point d'eau important situé à 2 kilomètres au sud du bivouac. Nous campons sur la route d'Abomey. Les spahis, toujours grands seigneurs, se sont installés dans une grande cour du palais, sur le chemin de Cotopa, et observent le plateau. Le paysage est uniforme et triste. Sous le sol formé de petits conglomérats ferrugineux, on trouve des cailloux et du gravier.

Les parlementaires de Behanzin se présentèrent au camp dès le 6 au soir. Le lendemain, on voit apparaître Guédou, le koussougan de Ouidah, percepteur des douanes. Il avait été rappelé à la cour le 28 octobre avec Candido Rodriguès, le signataire du traité d'octobre 1890. Ces deux hommes étaient partisans résolus de la paix. Guédou, œil intelligent, barbe grise, sourire fin, n'était qu'un esclave affranchi. Mais

CASE DES CRANES.

il avait su gagner la confiance de Behanzin, par son habileté plutôt commerciale que politique. Il voyait très bien que la situation était perdue. Il essaya par d'interminables palabres d'enrayer la chute définitive d'une organisation administrative qui le faisait vivre. Il parlait peu, laissait causer, n'offrait rien. Le parfait type du traitant djedji, gros, gras, calme en affaires, rusé, un Normand en ce coin d'Afrique.

LE GÉNÉRAL DODDS.

Les palabres eurent lieu jusqu'au 14 novembre, dans une grande case située en dehors du camp. Un peloton d'infanterie rendait les honneurs au général Dodds à son arrivée [1]. Les ministres conseillers du roi, Ihomé, Imavo, qui accompagnaient Guédou, se tenaient assis sur des tabourets de cabécères, abrités par de vastes parasols, semblables à ceux des marchands d'oranges et de berlingots dans nos fêtes foraines. Évitant toujours le véritable sujet de la conversation, ils ne cessaient de s'informer de la santé du général, affectant la plus grande politesse, la plus humble obséquiosité, pour gagner du temps et lasser la patience de l'Européen. La caractéristique de ces indigènes était une grande souplesse et une confiance absolue en eux-mêmes. Mais leur mauvaise foi, ou plutôt celle de Behanzin, était trop apparente. A une demande de remise de mille fusils et huit canons le roi répondit par l'envoi d'une centaine de carabines et deux pièces Krupp. Le général les refuse. Le 9 novembre, M. Ballot, lieutenant-gouverneur, arrive à Cana pour régler la question politique. Le chef de la colonie avait fait halte à Cossupa. Pendant la nuit un bolide avait décrit dans le ciel une courbe de toute beauté. Les Dahoméens superstitieux y virent un présage de leur chute prochaine. Le 10 novembre, un traité de paix est envoyé à Abomey pour être signé dans les vingt-quatre heures. On exigeait le protectorat sur le Dahomey, une cession de territoire, une indemnité de guerre et l'entrée des troupes dans la capitale. Sans donner de réponse précise, le roi du Dahomey semble vouloir accepter les propositions françaises, mais refuse l'entrée de la ville. Les pourparlers sont rompus.

1. Le colonel Dodds a été promu général de brigade le 9 novembre.

Le *16* au matin, la colonne reprenait la marche en avant. On se dirige vers Abomey, mais on ne suit pas la route ordinaire, pour éviter les embuscades. On couche à Djébé, premier palais. Une patrouille de cavalerie pousse jusqu'à Goho et à l'entrée d'Abomey. Behanzin s'est enfui sur Vindouté avec sa famille et *ses trésors*. Le soir une immense lueur éclaire l'horizon. Avant d'abandonner la demeure de ses pères, le roi a mis le feu à ses palais pour ne livrer à l'ennemi que des murailles calcinées. On peut compter très distinctement trois immenses foyers. Sur une longue étendue de 3 kilomètres on ne voit que des flammes. Les faubourgs eux-mêmes ont été incendiés.

Le *17*, la colonne se porte sur Bécon, deuxième palais, et vers 3 heures entre dans Abomey même; le général Dodds malade est porté en hamac. Bivouac sur la place de Simbodji, en face du palais de Glé-Glé. A l'angle est de cet immense caravansérail rempli de toitures fumantes, peuplé d'animaux domestiques qui courent effarés de tous côtés, on remarque une maison à étage : c'est la terrasse où l'on précipitait pendant la fête des COUTUMES, ou sacrifices humains, les victimes égorgées en l'honneur des aïeux.

Le *18*, une proclamation est lancée aux peuplades indigènes.

PROCLAMATION.

« Le général Dodds, commandant en chef le corps expéditionnaire du Dahomey, aux cabécères, aux chefs et habitants du Dahomey.

« Après de nombreux combats, l'expédition française s'est emparée de votre capitale, en a chassé le roi Behanzin, détruit son armée et brisé à tout jamais sa puissance.

« Les intérêts du peuple dahoméen sont désormais entre les mains de la France, et il m'appartient de donner une nouvelle constitution au pays abandonné par son roi.

« Ceux de vous qui, confiants en la clémence du gouvernement français et en ma parole, viendront franchement à moi seront protégés dans leurs familles et dans leurs biens. Ils pourront en toute sécurité se livrer au commerce ou aux travaux de culture et vivre en paix sans aucune inquiétude, sous la protection de la France.

« Rien ne sera changé dans les coutumes et les institutions du pays, dont les mœurs seront respectées.

« Les chefs qui se soumettront immédiatement et de bonne foi à notre protectorat resteront en fonctions; ils conserveront leurs dignités et les honneurs qui en sont la conséquence. En revanche, ceux qui ne répondront pas à mon appel et qui essayeraient de fomenter des troubles dans un pays qui doit désormais être heureux et pacifié, seront impitoyablement châtiés.

« Au palais d'Abomey, le 18 novembre 1892.

« A. DODDS. »

BIVOUAC DE LA COLONNE DODDS SUR LA PLACE D'ABOMEY (NOVEMBRE 1892).

Abomey (*Agbo-me*, dans l'enceinte), terrain fétiche où la famille royale d'Alada avait établi sa puissance, était entre nos mains. C'est une grande ville, entourée de fossés, pouvant contenir 20 000 habitants.

Chaque roi bâtissait un ou plusieurs palais, selon la durée de son règne, et utilisait à cet effet les prisonniers de guerre, en attendant leur évacuation sur la côte ou vers les enfers.

Ago Tacodonou a bâti Patinsa, près d'Abomey.

Acabo ou Ouibéga a élevé le *Dahwé* ou *Dahouma* ou Dahomey, l'enceinte d'Abomey. Sur de très anciennes cartes on retrouve le mot *Dahouma* s'appliquant à tout le pays, par extension.

Dossou Agagia, dit Goudja Troudo, construisit Zanza et Goho.

Togbouessou ou Bossa Ahadi construisit Cana (Adanpoji, Hêiegbo).

Kpingoula a élevé Agouna.

Angongoulo dit Aninozo-Sédozo a bâti Academinha et Bécon-Houegbo.

Adandozan habitait Ahicon-Jerrébi.

Guéso a construit Banamé, Bécon-hunli et Tendji.

Glé-Glé a bâti Djebé, Djimé, Simbodji, Ouacon, Cotopa, Alahé et Zagnanado.

Behanzin a été détrôné avant d'avoir pu commencer sa maison.

Bécon avait été construit du vivant de Guéso, que les indigènes nommaient *Dada*, le grand. En face de l'entrée on voit encore un arbre, bombax gigantesque sous lequel le roi donnait ses audiences solennelles, et où furent reçus en 1855 l'amiral Vallon et le Dr Répin. A peu de distance à l'est se trouve une espèce de tribune couverte en chaume, entourée de tous les fétiches royaux, statues en bois de grandeur naturelle, grossièrement sculptées. Ce sont : *Ayussu*, *Adjahouto*, *Naquisse*, *Gedè*, *Nessuhui*, *Doméloqué*, dieux lares qui devaient protéger la maison.

Simbodji était le palais préféré de Glé-Glé, surnommé Kini-Kini-Kini, lion des lions. Dans sa précipitation, Behanzin n'a pu emporter le corps de son père, comme l'exige la coutume. Au Dahomey il n'y a pas de cimetière : on enterre dans les maisons. Les légionnaires, qui fouillent de tous côtés, découvrent un cercueil en bois dans lequel achève de se putréfier un squelette. C'est la dépouille de Glé-Glé.

Les divers voyageurs qui ont étudié le Dahomey ont donné des listes de rois. Il est difficile de les suivre, car les noms ne concordent pas avec les renseignements que nous fournissent les indigènes, comme on verra plus loin [1].

Tacodonou se réfugia au nord de la Lama et obtint un terrain pour bâtir une ville nouvelle, de 1610 à 1625. La population augmentant tous les jours, Tacodonou demanda au roi Dan de lui donner d'autres terrains pour loger ses partisans. « Vous bâtissez partout des maisons, quand donc vous arrêterez-vous ? Vous ne voulez pas, je pense, bâtir sur mon

1. Voir p. 131.

ventre. » Tacodonou fit préparer beaucoup de barre, rassembla ses guerriers, attaqua son bienfaiteur, le battit et le fit prisonnier. Il traça l'enceinte d'un grand palais et dans les fondements fit enfouir tout vivant le roi Dan. La contrée s'appela depuis *Danhomé* (ventre de Dan).

Les successeurs de Tacodonou sont :

1650. Adanzou Ier, qui établit les sacrifices humains;

1680. Vibagée;

1708. Goudjà-Troudo. Ce fut un grand conquérant : il porta les armes dahoméennes jusqu'à la mer et commença les guerres contre les Nagots;

1729. Bossa-Ahadi, dit Tegbouéssou. Ce roi avait l'habitude de faire couper les nez;

1775. Adanzou II;

1789. Winouhiou. Il eut pour successeur Ebomi; puis vinrent les trois derniers rois, sur lesquels nous avons des renseignements plus précis, Adandozan, Guéso et Glé-Glé.

Adandozan fut le premier roi qui assista aux batailles, ses ancêtres se contentant d'y envoyer leurs sujets. Il gouverna très mal le pays, vu qu'il était toujours *saoul*, m'a dit un jour un vieux cabécère de Ouidah, de qui je tiens quelques documents historiques. Le roi tuait beaucoup d'innocents sans raison. Le peuple mécontent résolut de le déposer, et une ère d'intrigues et de conspirations commença pour le Dahomey. Guéso, frère du roi, aidé par un métis brésilien, Don Francisco Félix da Souza [1], se prépara à renverser son frère. Au bout de sept ans il réussit à prendre le trône par un coup de main. Adandozan fut jeté en prison et *on n'en entendit plus parler*. De 1818 à 1858 régna Guéso. Ce fut une période prospère pour le Dahomey. Ouidah devint un grand centre commercial. Il y avait beaucoup de traitants et les chemins étaient ouverts à tous ceux qui voulaient venir s'installer dans la pays.

Glé-Glé s'attacha particulièrement à débarrasser le Dahomey de ses liens de vassalité envers les Nagots; il fit la guerre aux Egbas, ne leur paya plus tribut, mais ne réussit pas à enlever Abéokouta.

Il partit et emmena en captivité les habitants de Kétou, Savé, Hollis. Il régna trente et un ans. Il détruisit quelques tribus mahis, mais il fut la cause première des événements qui se produisirent. Il refusa de reconnaître le traité de 1878, préparant ainsi la ruine de son pays. Il voulut avant de mourir laisser le trône à Sassé, son premier fils; ce prince fut empoisonné et Condo se fit reconnaître prince héritier. La rumeur publique accusa ce dernier d'avoir assassiné son frère et tous les vieux déclarent aujourd'hui que Glé-Glé a été achevé par son fils, qui lui succéda sous le nom de Bhanzin-Ahidjéri, Hossubowélé (*le monde a fait un œuf et la terre l'a fait voir, roi requin*). Pendant l'occupation d'Abomey, on procéda à des fouilles pour découvrir les trésors, les armes et les objets d'art de ce pays. Hélas! tout n'était qu'une

1. Guéso créa pour lui la dignité de Cha-Cha (*Xa-Xa*), gouverneur de Ouidah. Voir p. 136.

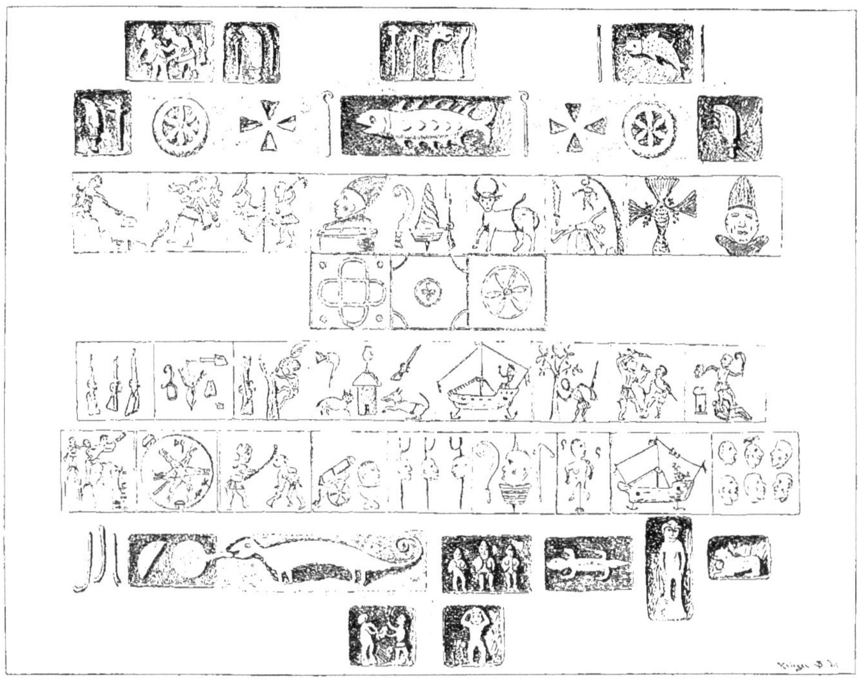

BAS-RELIEFS ET FRESQUES HISTORIQUES.

légende, colportée par les gens intéressés à faire croire à la richesse du Dahomey ou par des voyageurs honteux de n'avoir rien vu, et n'osant pas avouer la vérité à leurs contemporains. Çà et là quelques armes, des tromblons, des fusils à pierre marqués sur la crosse d'un soleil doré comme au temps de Louis XIV, mais de fabrication anglaise, quelques bijoux. Les jours de fête, les cabécères se présentaient au palais du roi en tenue spéciale : un grand pagne, des bracelets, des colliers de corail et de verroteries de pacotille. On trouvait partout de petits ballots où chacun avait déposé son bien, faute de moyens de transport. Les caves du roi contenaient des milliers de bouteilles d'alcools divers. Le genièvre de Hambourg dominait. Les négociants ayant payé longtemps leurs droits et coutumes en tissus, on recueillit de grandes quantités d'étoffes, soieries, calicots, lyménéas, corydons. Le général fit faire des distributions aux hommes, qui se taillèrent des pantalons bigarrés. On voyait circuler dans le camp des tirailleurs vêtus de cotonnades multicolores, un parasol à la main, des légionnaires engloutis dans de vastes jupes à carreaux bleus, blancs et rouges. Au bout de quelques jours, devant la tente du général, on a un véritable bazar. On trouva sous terre deux canons Krupp. En quittant Abomey, Behanzin n'avait pu amener avec lui qu'une faible partie de son matériel de guerre; tout le reste avait été précipitamment enfoui dans les champs de maïs. En dehors de l'artillerie achetée aux maisons allemandes de Ouidah et qui était traînée à la bricole, les Dahoméens possédaient encore un grand nombre de canons ou mortiers en bronze ou en fonte, mais en si mauvais état, qu'il eût été difficile de les utiliser pour un tir quelconque. On s'en servit pour orner l'entrée du poste de Goho que devait occuper la garnison française, laissée dans le nord sous les ordres du lieutenant-colonel Grégoire [1].

Car il fallait songer à s'en aller. La saison sèche arrivait. L'harmattan, vent sec et froid, commençait à souffler et desséchait les mares. A Abomey il n'y avait plus d'eau. Les eaux de l'Ouémé baissaient, les canonnières ne dépassaient plus Dogba et les pirogues mettaient quarante-huit heures pour remonter à Adégon. Les Toffanis n'existaient plus. Ils se sauvaient en désespérés de tous côtés, à travers un pays abandonné, où ils savaient ne plus rencontrer de Dahoméens. Il eût fallu des colonnes pour les poursuivre, et les colonnes exigeaient des porteurs. Les ravitaillements par terre devenaient impossibles.

Les opérations militaires sont terminées. Le 2 décembre, une petite colonne est envoyée à Ouidah et réoccupe sans difficulté notre ancien fort. Les autorités dahoméennes s'étant retirées depuis longtemps, on ne rencontre aucune résistance. La population, composée de métis brésiliens et de 5 000 femmes abandonnées par leurs maris, vient au-devant des troupes, qui s'installent dans les factoreries. La confiance renaît bientôt. La population mâle, très clairsemée d'ailleurs, qui s'était retirée dans les bois, reprend vite les travaux de culture. On est agréablement surpris de ne rencontrer partout que des gens inoffensifs. On acquiert la certitude que les belligérants, qui avaient opposé une si vive résistance au corps expéditionnaire, formaient une caste à part, une aristocratie de guerriers, qui terrorisaient les autochtones pour se créer des revenus et vivre à leurs dépens.

En résumé, du 12 septembre au 17 novembre, la colonne Dodds a parcouru la route d'Abomey en livrant dix-sept combats. Au début les troupes marchaient isolément, se dispersant pour évoluer et vivre, se concentrant pour combattre. A Dogba, surprise de l'ennemi; on était divisé en deux tronçons. De Poguessa à Abomey, on ne forme qu'une unité; les fractions laissées quelquefois en arrière gardaient des réduits ou des dépôts de bagages, mais n'opéraient pas; elles attendaient le succès du gros pour rejoindre.

Dans cette marche en avant, lente, serpentine, on a pu voir à nu le cœur humain, du premier chef au dernier soldat. Toutes les qualités et tous les défauts de notre race ont pu se faire jour : l'officier jeune, inconstant, héroïque, fier de se battre, désespérant quelquefois du succès, demandant la retraite à Akpa, la paix à Cana, mais reprenant son élan dès que l'on

1. Situation de la colonne du Dahomey au 25 novembre 1892 :

Abomey.	— Européens	580	Cana.	— Indigènes	90
—	Indigènes	550	Cotopa.	— Européens	25
—	Porteurs nagots	900	—	Indigènes	90
—	Animaux	50	Cossoupa.	— Européens	10
Cana	— Européens	10	—	Indigènes	100

entendait les cris : *Koia! koia! Dahomé;* la troupe admirable de patience et d'énergie, buvant de la boue et même ne buvant pas.

L'armée française a fait son entrée dans ce pays particulier, autrefois fermé à la civilisation, comme une colonne de fourmis en migration. Celle de tête hésite par instants, tâtonne, fait un détour, puis, toujours à la même allure, reprend sa marche. Derrière elle, à chaque arrêt, c'est un petit désordre ; on se resserre, on s'écarte, le sillon subit une interruption.

Mais le chef marche toujours, ayant pour lui la ténacité, poursuivant un but, préférant quatre journées sans pertes à un combat heureux avec tués et blessés, ne désespérant jamais du succès final.

La médaille commémorative du Dahomey, instituée le 24 novembre 1892 par le gouvernement de la République, a créé à cette expédition exotique une place toute spéciale dans l'histoire de notre expansion coloniale, à côté des autres campagnes d'outre-mer, Tonkin, Soudan, Madagascar.

MÉDAILLE COMMÉMORATIVE DU DAHOMEY.

DEUXIÈME PARTIE

(1893-1894)

LA LAGUNE AGÉMÉ DEVANT DOPA.

CHAPITRE VIII

De Cotonou à Ouidah à travers la forêt. — En hamac. — *Bembeleké! Bembeleke!* — *Nobimé, chief of Godomey.* — Le palmier à huile. — Ouidah (Tête de Éoués.) — Habitat de la famille Éoué. — Origines du Dahomey contemporain. — Le fort Saint-Louis.

EN HAMAC.

Le *1er janvier 1893*, M. le général Dodds, commandant supérieur du Dahomey, ayant annexé aux possessions de la France les territoires de Ouidah, Savi, Aveketé, Godomey et Abomey-Calavi, et ayant divisé notre nouvelle conquête en cercles, je reçus l'ordre de me rendre à Ouidah pour y prendre la direction des services civils. 34 kilomètres séparent Cotonou de Ouidah. Le seul moyen de locomotion confortable étant le hamac, dans ce pays sans bêtes de somme, j'avais fait venir à l'avance une équipe de douze noirs, commandée par le sieur Gon, chef de la corporation des hamacaires. C'est une profession aristocratique et que des porteurs improvisés ne peuvent exercer. Elle demande un long apprentissage et une pratique constante. Les gens de Ouidah sont particulièrement aptes à ce mode de transport. Le hamac permettant de donner le maximum de vitesse est à deux porteurs; il se compose d'un gros bambou (longueur 2 m. 50, diamètre 0 m. 25) et d'un tissu de coton tressé à la mode indigène, en petites bandes de 10 centimètres de largeur. Les deux bouts de l'étoffe sont terminés par des araignées dans lesquelles s'engagent des cordes résistantes, qui fixent le tout aux extrémités du bambou au moyen de deux chevilles en bois enfoncées perpendiculairement dans ce dernier. Les noirs placent sur leur tête le bout des hampes resté libre, en l'appuyant sur des paillassons ou sur des pagnes roulés en forme de gâteau. On part de bon matin pour profiter de quelques moments de fraîcheur, car à 8 heures le soleil commence déjà à faire sentir ses rayons pernicieux. Les hamacaires vont presque au trot. L'homme de tête, précédé d'un éclaireur, fraye la route; celui de derrière gouverne le hamac quand on se trouve arrêté par un taillis fourré. A droite et à gauche du voyageur, deux hommes, haut le pied, courent et de temps en temps le soulèvent, pour soulager leurs camarades et surtout pour gagner du temps. On doit faire 6 kilomètres à l'heure avec une équipe solide. Toutes les heures on relève les hamacaires, ruisselants de sueur. Je ne connais pas de voyage plus agréable. On est étendu de son long, la tête appuyée sur un coussin. On fume, on lit, on rêve ou l'on dort. La variété des aspects charme le regard. On est mal à son aise quand on traverse les trous d'eau ou des lagunes profondes. L'allure est ralentie. Les hamacaires enfoncent dans la vase jusqu'aux reins. Ils lèvent le bambou à bras tendus, pendant que les flanqueurs vous empoignent par les pieds et par le dos et vous collent au bois; on doit s'y cramponner et faire même des prodiges d'équilibre pour ne pas chavirer. Il arrive quelquefois des accidents; mais quand on passe pour un homme de qualité, c'est rare. J'étais sûr de mes hommes. Je leur avais promis du tafia et ils savaient que j'allais à Ouidah pour leur servir de *yèvoghan* ou préfet. Ils commençaient déjà à me harceler de questions et de requêtes. Le métier de solliciteur est pratiqué là-bas comme chez nous.

Au sortir de la grande plaine où est bâtie la ville nouvelle de Cotonou, la route, un sentier large de 50 centimètres, se dirige au nord-ouest vers Godomey par la plaine sablonneuse qui sépare de la mer les lagunes de l'intérieur. Le terrain est une succession de clairières marécageuses et de bosquets sous futaie. On avance péniblement, à cause du sable dans lequel on enfonce. A 6 kilomètres on entre en forêt. Les roniers abondent. C'est un bois plein d'une solidité remarquable. Les noirs l'appellent *agotin* et en tirent des *coquères* qui servent pour la construction des cases (*Borassus flabelliformis*). Une heure avant d'arriver à Godomey nous nous arrêtons au lieu dit « Fétiche d'Avrékété ». Autour d'un ficus, un tas de tessons de bouteilles et de cactus. A proximité, une source où les hamacaires vont se désaltérer. Quand on vient de Ouidah, les noirs boivent là une dernière goutte de tafia pour se donner des forces et saluent Avrékété, le Neptune dahoméen, dont on entend les gémissements. On perçoit très distinctement le bruit de la barre et l'on aperçoit au loin les mâts des navires sur rade de Cotonou. Pour se rendre Avrékété propice, on verse quelques gouttes d'alcool sur la terre, près de l'arbre sacré, et on casse la bouteille avec frénésie.

Bembeleké! Bembeleké! Les hamacaires crient ce vocable à pleins poumons. Nous sommes à l'entrée de Godomey. Les noirs manifestent toujours leur joie par des cris de bête fauve. On retrouve ce terme *Bembeleké* au nord du Dahomey, vers le 10e degré. Il est possible qu'un voyageur ait cru que cette appellation s'appliquait à la ville où il venait d'entrer. Sur certaines cartes, même récentes, on voit aussi *Edidi* (c'est plus loin), *Kongé* (village), *Gléta* (ferme). En Nigritie comme en Europe, on prend quelquefois le Pirée pour un homme.

Godomey ou Jacquin, agglomération de cases disparaissant sous la végétation. Les maisons Régis et Fabre y ont des factoreries. Les moustiques abondent et vous dévorent avec volupté. Nous nous arrêtons pour déjeuner et j'envoie saluer Nobimé, le vieux cabécère, qui nous avait été fidèle et qui n'avait pas bougé pendant les derniers événements. Ce chef, tout en obéissant aux ordres d'Abomey, avait conservé une certaine indépendance; il descendait des anciens princes éoués et jouissait d'une certaine considération, à laquelle d'ailleurs son grand âge lui donnait tous les droits. Pour me rendre ma politesse, il m'envoie sa canne comme d'usage, un bâton en bois noir (*dorotchou*); sur le pommeau recouvert d'une plaquette en argent, on lit : *Nobimé, Chief of Godomey*. Cette inscription britannique ne m'étonne pas : les noirs attachent peu d'importance à nos nationalités européennes; nous sommes des blancs avant tout. Nobimé paraît en personne quelques instants après. Comme au temps des splendeurs dahoméennes, il est accompagné de sa suite, composée de domestiques et de nombreux musiciens, joueurs de tambours et de guitares. Il a même un grand parasol, insigne des ministres et des commandants de territoire. Il est plus vieux que jamais. Je ne l'avais pas vu depuis 1889. Les cas de longévité ne sont pas rares. Il y a au Dahomey beaucoup de vieillards presque centenaires. Je citerai particulièrement Géoneda, gardien du parasol de Glé-Glé, Lahasaoupamazé, chef de guerre, et Heglébi Aladaponougan, oncle de Behanzin et frère de Guéso. Ce dernier m'a raconté des faits historiques qu'il m'a été facile de classer d'une façon précise d'après les dates connues. Il m'a parlé avec force détails d'Adandozan, qui a régné de 1803 à 1818. Il m'a fixé l'âge qu'il avait à cette époque en me montrant un de ses arrière-petits-fils, grand garçon de quinze ans environ.

FORÊT DE GODOMEY.

CAS DE LONGÉVITÉ.
HEGLÉBI ALADAPONOUGAN, FRÈRE DE GUÉSO.

Je quitte Godomey à midi. Le soleil est dans toute sa beauté. Au-dessus du hamac on étend une tente-abri et l'on file à travers la forêt, qui devient plus dense. Les palmiers abondent et les champs cultivés sont remplis de travailleurs qui arrachent les herbes poussées pendant la guerre, et bêchent la terre avec une activité fébrile, pour ensemencer avant les pluies, qui commencent en mars. La vie interrompue depuis un an reprend partout.

Le pays que nous traversons est dans la région basse du Dahomey. Peu ou point de différence de niveau. Un grand lac, qui ne mesure pas moins de 2 kilomètres de longueur sur 1 kilomètre de largeur, se trouve au nord de la route de Godomey entre Hacrozon et Adjara. C'est le Toho aux eaux limpides et sans odeur, aux rives recouvertes d'une épaisse forêt. Les lagunes qui passent près de Tory et de Savi s'y déversent. Le Toho s'écoule par une grande lagune qui passe près de Paou, Ouomé, Godomey. Cette lagune s'épanouit dans les marais qui bordent le lac Nokoué ou Denham.

Nous passons à Amaou une lagune large de 80 mètres, mais peu profonde. Les miasmes qui s'en dégagent vont certainement me donner un accès de fièvre. Si le paludisme ne régnait pas en souverain maître dans le Bas-Dahomey, ce serait un pays merveilleux pour la colonisation. Malheureusement les pluies torrentielles qui tombent du 15 mars au 15 juillet et du 15 septembre à fin décembre, créent des conditions favorables au microbe palustre, qui entrave tout effort musculaire, tout travail actif. La température invariable ne dépasse pas 30° centigrades, mais ne descend jamais au-dessous de 18°. L'atmosphère est lourde, l'humidité constante. Les pluies font naître des herbes dans les fourrés où l'air chaud, à peine renouvelé, demeure au contact des débris végétaux en putréfaction de l'année précédente. Aux hautes eaux, le marais est partout sous les broussailles. La baisse des eaux laisse à découvert des terrains détrempés où la chaleur cause les décompositions et l'élaboration perpétuelle des germes. Le colon européen ne pourra s'établir dans l'intérieur des terres que lorsque le service des travaux publics aura tracé des routes, des villes et aura procédé à l'assainissement des localités, soit en plantant des eucalyptus, soit en débroussaillant la forêt. Ce n'est pas une œuvre irréalisable, mais elle demande un certain temps, pendant lequel il faut, sans quitter le littoral, continuer les errements du passé, laisser venir le noir à la factorerie apporter les produits et traiter directement ses affaires. L'installation de postes d'administrateurs dans les diverses circonscriptions a été une excellente chose, parce qu'il eût été dangereux de laisser les indigènes à eux-mêmes sans surveillance directe après avoir été longtemps maintenus par des règles sévères. Mais l'ingérence très fréquente de l'Européen dans la vie quotidienne du noir superstitieux ne peut qu'occasionner des conflits, qui sont produits le plus souvent par l'ignorance de la langue et des usages locaux et surtout par l'irritabilité nerveuse dont souffrent tous les blancs sous le ciel brûlant des tropiques. Dans les questions d'intérêt, l'indigène est âpre au gain, il se défend; pour le dominer, il est indispensable de l'attirer à la ville, où il sera fasciné par les étalages de marchandises et de boissons de toute sorte, et poussé au travail, quand il regagnera ses pénates, par le désir de posséder aussi quelques-unes des merveilles qu'il a entrevues.

Hacrozon (12 kilomètres de Ouidah). Le village est au milieu de la route. Les hamacaires se rangent en cercle, accroupis par terre, et commencent à manger. Ils tirent de leurs besaces quelques boules d'akassa, et complètent leur menu en achetant des acras, croquettes de maïs frites dans l'huile de palme, très pimentées. Le restaurant est en plein air, tenu par des femmes assises le long du chemin, entre leurs pots et leurs calebasses. Halte très fréquentée par les voyageurs.

Après Hacrozon, encore trois petites lagunes sous bois. *Cpelé! Cpelé!* (Doucement! doucement!) L'homme de pointe signale les passages difficiles. La vase est épaisse et l'on glisse. Nous nous en tirons cependant avec honneur. Nous laissons sur la gauche le chemin qui conduit à Avrékété, où la factorerie Régis a un comptoir.

Depuis Godomey nous avons marché au sud-ouest. L'îlot sur lequel est bâti Ouidah est de formation analogue aux plateaux d'Alada et de Porto-Novo, altitude 12 à 15 mètres. Le sol est recouvert d'argile colorée en rouge brun par l'oxyde de fer. Entre Tori et Hacrozon on trouve des puits dont la profondeur ne dépasse pas 15 mètres, et où l'eau repose sur un banc rocheux. La couche d'alluvions déposée par les eaux est partout très épaisse. La végétation de Ouidah et des environs est luxuriante. On rencontre des arbres de toutes familles et de toutes grandeurs, bombax gigantesques, rhats, tamariniers, fromagers, acacias, cailcédrats, gonakies; à l'ombre des forêts croissent des euphorbes et des orchidées, des dracænas, des lianes à caoutchouc, des papayers, des cotonniers, des bananiers, des ricins. Comme arbres fruitiers, les manguiers, les citronniers, les orangers, les goyaviers. Les métis brésiliens ont planté le café, qui sera la richesse du pays dans l'avenir. On a fait quelques essais de vigne, mais le raisin est trop gros et ne peut donner de vin potable. Çà et là des parasites de tout genre courent, s'enroulent autour des grands arbres ou tombent en stalactites sous les dômes des grottes formées par la forêt.

Partout une brousse impénétrable, composée de fourrés coupés de lianes tortueuses et sillonnés de sentiers conduisant aux villages. De temps en temps on voit des clairières et des champs cultivés; le maïs, le manioc, les ignames, les haricots sont les céréales les plus usitées. L'indigène défriche lentement et au hasard quelques carrés, ne tenant aucun compte de la valeur du temps et n'ayant qu'un but, se nourrir. La besogne est menée péniblement, à cause de la densité de la végétation. On fait trois ou quatre récoltes; toute l'année, même persistance dans la verdure, même abondance de feuilles. Il n'y a jamais d'hiver, jamais de repos pour la nature. Les travaux agricoles sont effectués par les esclaves de case, qui font partie de la famille presque au même titre que les enfants, toujours en grand nombre. La récolte est mise en réserve dans les granges et consommée par tous au même degré, selon les besoins.

La vraie richesse du pays est le palmier à huile, le *deti* des noirs, l'*Élaïs guineensis* de Jacquin. Il forme avec la case la propriété particulière de l'indigène, la terre étant à la communauté et inaliénable. Les palmiers sont soigneusement entretenus et la récolte se fait régulièrement. Sans aucune marque apparente un noir reconnaît son palmier, son capital[1], et je n'ai pas entendu parler de quelque erreur; même dans les brousses ou *mattes*, chacun sait distinguer son bien de celui du voisin et respecte la propriété d'autrui. Les rois du Dahomey eux-mêmes ont institué et maintenu cette coutume, pour favoriser le développement de cette industrie, qui donne à ceux qui s'y livrent le luxe, les tissus et le tafia. Des traitants noirs parcourent les foires qui se tiennent périodiquement dans les grands centres, à Tori, à Savi, à Décamé, à Alada, à Ouagbo, et achètent l'huile, qui est dirigée sur les ports. Ces traitants sont les clients des grandes maisons, qui leur ouvrent des crédits pour pouvoir rassembler de gros stocks de produits. C'est un va-et-vient constant sur les routes de porteuses et de marchands, sur les lagunes de piroguiers chargés de futailles, un courant commercial curieux à observer. Il y a dans les foires des variations de prix; comme en Europe, les transactions sont soumises à la loi de l'offre et de la demande. Il est rare que l'huile et les amandes vendues en factoreries soient apportées par les premiers producteurs; des intermédiaires tiennent la traite et mènent le mouvement. Les *acheteurs du roi* sont les plus célèbres et les plus cossus[2]. L'habitant de l'intérieur, le paysan, se laisse guider par ces courtiers et ne donnera jamais son produit à un marchand occasionnel; il sait qu'à Ouidah il y a des maisons de blancs où l'on trouve tout ce qui est bon, parapluies, chapeaux, genièvre et ne se laissera pas entraîner par des promesses quelque brillantes qu'elles soient. Il est d'ailleurs lui-même engagé, endetté. Les traitants ont des comptes courants, connaissent le carnet de chèques. L'autorité morale et le crédit dont jouissent les maisons françaises provient de ce que, quelles que soient sa date et sa signature, un bon de *Régis* ou de *Fabre* est toujours payé à présentation par un gérant de factorerie. Le noir sait que ce papier représente de l'argent; il a foi dans la parole du blanc. Il viendra même vous rappeler que tel jour, en tel endroit, vous lui avez promis un cadeau; il réclame ce cadeau, qui est chose due. Il est bon, pour maintenir ce sentiment de respect et cette notion de la lettre de change, de ne pas l'induire en erreur et de tenir tous ses engagements. Un changement quelconque dans ces habitudes commerciales entraînerait une perturbation dans les affaires, et c'est toujours l'Européen qui en pâtirait, le nègre n'ayant rien à perdre.

1. Un palmier contient de 10 à 12 régimes. Un régime pèse environ 15 kilogrammes. De 56 kilogrammes de noix que l'on fait bouillir et presser, on extrait 8 kilogrammes d'huile. Un palmier peut donc produire 32 kilogrammes d'huile. Sur place le prix moyen d'un kilogramme est de 0 fr. 30 : cela donne 9 fr. 60. Reste l'amande. Un palmier produit encore 10 à 12 kilogrammes d'amandes décortiquées, soit, à 10 centimes le kilogramme, 1 fr. 20, soit 10 fr. 80 le revenu brut d'un palmier dans le pays. La tonne d'huile se vend en Europe 500 francs; celle d'amandes, 250 à 275 francs.

2. Ces indigènes achetaient et vendaient pour le compte de la famille royale, qui avait des propriétés particulières dans le royaume d'Alada et sur le territoire de Ouidah.

FABRICATION DE L'HUILE DE PALME.

On peut voyager 10 à 15 heures soit en hamac, soit en pirogue, l'œil ne cesse de voir des palmiers se balançant tantôt sur des tiges sveltes et flexibles ou sur de larges troncs très peu élevés, tantôt sur de longs tuyaux de 10 à 15 centimètres de diamètre qui s'élancent hardiment vers les nues. La végétation du palmier à huile est lente : il forme pendant longtemps une sorte de grosse touffe. Peu à peu le tronc s'élève, mais reste couvert de la souche des vieilles feuilles; à la longue il devient presque lisse. Les feuilles sont pennées, à rachis jaunâtre, épineuses sur les côtes, portant des folioles d'un beau vert, longues quelquefois de 0 m. 70, disposées sur deux rangs. Les fleurs, qui paraissent plusieurs fois par an, sont monoïques, portées sur des régimes différents. Le fruit, de la grosseur d'une noix, est une drupe surmontée du stigmate persistant, trifide et révoluté que supportent trois styles réunis. Sa chair est fibreuse et imprégnée de matières grasses. Les indigènes en extraient l'huile par dépression du *de*, fruit renfermant l'amande et sa pulpe. Les régimes sont cueillis dès que les noix sont rouges; jetés d'abord à terre en tas sur lesquels viennent picorer les volailles, on les laisse fermenter pendant quelques jours, puis on les égrène. On les empile dans des marmites en terre rouge; on remplit d'eau les récipients et on laisse bouillir sur un feu lent pendant 6 à 7 heures. Les noix sont ensuite séchées; dès que l'eau s'est évaporée, on les pile dans des mortiers creusés dans des troncs d'arbres ou dans de vieilles pirogues; les femmes toutes nues se servent de leurs pieds comme pilons. Ce travail dure trois ou quatre jours. Elles pilent, elles pilent et chantent en cadence des complaintes vagues et sans suite dans lesquelles on retrouve toujours le mot *Dahomé*, *Dahomé*. Celles qui sont fatiguées se reposent et accompagnent les mélodies sur des instruments primitifs, des bouteilles cassées ou des clochettes fêlées.

Lorsqu'on juge que les noix ont été suffisamment pressurées, on jette de l'eau dans les récipients, on agite cette eau avec les mains : une sorte de mousse de couleur orange, saveur douce parfumée, odeur rappelant celle de l'iris et de la violette, commence à surnager. C'est l'huile la première, la plus pure, fraîche et comestible. On la recueille dans des vases au moyen de calebasses. L'eau est vidée, il reste au fond de la vieille pirogue les amandes, qui sont décortiquées et portées à la factorerie. La proportion d'huile est de 65 pour 100; de l'amande on tire encore 45 pour 100 de matière grasse. L'huile est employée pour la savonnerie et la parfumerie. Le bourgeon terminal fournit le chou palmiste, excellente salade. Des cellules intérieures du tronc on tire par incision une boisson fermentée, le vin de palme. Le palmier donne ses fruits plusieurs fois par an, sa récolte est sûre et ne craint pas les intempéries. Les feuilles, larges, longues, dures, sont utilisées pour la toiture des maisons, le bois pour la construction. Avec les fibres très flexibles on fabrique des cordages, des paniers et même des tissus. Les résidus des noix et les coques des amandes sont donnés aux porcs, qui pullulent dans les villages. L'huile de palme a des propriétés médicinales : on l'emploie pour guérir les maux de ventre et d'oreilles. On en frotte les nouveau-nés pour leur donner de la vigueur.

Ago! Ago! (Gare! gare!) Enfin, après 10 heures de hamac à travers la forêt ombreuse, nous arrivons à Ouidah, dont on aperçoit les grands arbres quand on a contourné le cimetière européen placé à l'entrée du quartier de Tové, défilé de ruines en pisé. Rues mal tracées se croisant en tous sens, traversées de fondrières et de fosses béantes dont on a tiré la terre des constructions et qui sont des dépotoirs. La voirie n'existe pas; les noirs font de ces trous le réceptacle de toutes les immondices, quand ils ne les laissent pas au milieu du chemin.

Les hamacaires filent à une allure vertigineuse, fendant la foule qui sort des cases pour voir qui arrive, écrasent les enfants, effrayent les volailles. Nous laissons à gauche le fort portugais, à droite les factoreries Fabre et Gödelt (autrefois le fort anglais William) et nous nous dirigeons vers le *saramé* Ahouangigo, ou quartier français. En attendant que « mon hôtel » soit prêt, je loge au fort Saint-Louis, avec M. le colonel Gonard, commandant de la région, et M. Eschallier, chef de bataillon.

La ville de Ouidah se divise en dix quartiers : Aouangigo, Sobaji, Docomé, Maro-Saramé, Somaï, Blézin, Bojasaramé, Fonsaromé, Kaosaramé, Tové. Pour faciliter la surveillance, on n'a rien changé aux anciens usages; les chefs nommés par Abomey ont été maintenus en fonctions. Dans une ville pouvant contenir 20 000 âmes, il eût été impossible à quelques Européens de se reconnaître au milieu d'un dédale inextricable de sentiers et d'impasses sans le concours des noirs, qui ne nous ont ménagé ni leurs renseignements ni leurs avis.

En causant avec tous ces noirs, j'arrivai à me convaincre que les Dahoméens, qui avaient fait tant de bruit, ne constituaient pas une grande famille. Quelques individus d'origine Éoué avaient fondé la dynastie qui s'empara du pays.

Les Éoués occupent sur la côte occidentale d'Afrique le segment du littoral connu sous le nom de Côte des Esclaves, du cap Saint-Paul au Lagos, entre les Achantis à l'ouest et les Nagots à l'est. Ces trois groupes, parlant des idiomes distincts, sont très probablement les premières et les seules tribus noires qui se réfugièrent dans le couloir demi-circulaire formé par les monts Kongs, l'océan Atlantique et le Niger, poussés par les Foulbés, ou hommes rouges, qui, venus des bords du Nil, en dirigeant leur marche sur celle du soleil, ont conquis une grande partie du Soudan[1].

HOTEL DE L'ADMINISTATEUR A OUIDAH.

L'habitat des Éoués (Éfés ou Éwés) est actuellement délimité par la Volta à l'ouest, par l'Addo à l'est, au sud par le golfe de Bénin, au nord par une ligne irrégulière suivant les terrasses rocheuses du 8e degré de latitude, jusqu'à la rivière Ouémé. Cette grande famille nègre se compose de plusieurs branches parlant chacune un dialecte diffé-

1. Le Foulbé est connu au Dahomey sous le nom de *Filani*.

rent, mais se rapprochant les unes des autres par les caractères anatomiques, les mœurs et les superstitions. Elle constitue un noyau homogène au point de vue ethnographique.

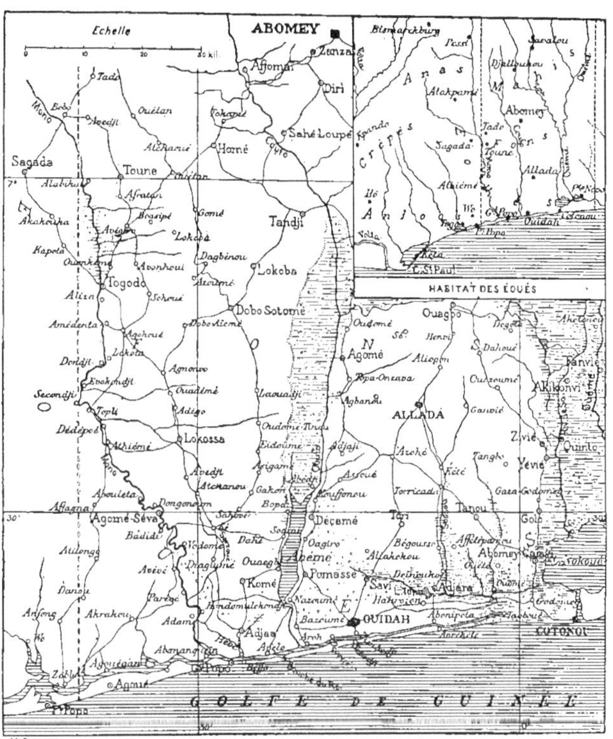

CARTE DU PAYS DES ÉOUÉS (DAHOMEY OCCIDENTAL).

Ouidah, la ville des serpents et des fétiches, assemblage irrégulier de masures argileuses, est le berceau des Éoués, comme l'indique son nom indigène de *Glé-éoué* (*glé*, terre). On lui donne aussi le titre de Éféta (*ta*, tête, *éfé*, Éoué). Les étrangers l'ont inscrite sur leurs cartes sous l'appellation Whydah ; les Portugais et leurs descendants métis la désignent par Ajuda (aide, assistance), en souvenir de saint Jean-Baptiste d'Ajuda, patron du réduit sur lequel flottent encore les couleurs de la maison de Bragance. Les géographes en chambre du XVIIe siècle ont brodé une histoire fantaisiste sur un prétendu royaume de Juda et sur l'origine sémitique des Dahoméens, qu'on voulait présenter comme les derniers représentants de deux tribus d'Israël égarées au delà des Colonnes d'Hercule.

Les six principales familles Éoués sont :

1° Les Anloos, entre la Volta et la lagune de Togo ; villes principales : Kéta ou Quittah, Anlo, Ouaya dans les établissements anglais de la Côte de l'Or, Porto-Segouro, et Togo dans la colonie allemande de ce nom.

2° Les Crépes, qui occupent la région montagneuse située au nord des Anloos (l'Akposo) ; villes principales : Ho, Péki, Kpando et Agomé-Tongwé.

3° Les Anas, qui rayonnent autour d'Atakpamé sur la rive droite du Mono, de Sagada à Pessi.

4° Les Éoués proprement dits, ou *Henhoués*, qui sont les plus nombreux. Ils sont dispersés dans le pays compris entre la lagune de Togo et l'Addo ; villes principales : Petit-Popo, Agoué, Akrakou, Wo, Athiémé, Agomé-Séva, Dobo, Toune, Tado, Sahoué, Sé, Adjara, Abananquein, Ewé ou Pla (Grand-Popo), Ouidah, Alada, Godomey et Porto-Novo (*Hogbonou*, *Adjaché* ou *Adjasen*). Les Nagots du royaume de Porto-Novo sont des immigrants venus du nord et de l'est.

Les Éoués forment la plus grande agglomération de population de notre colonie du Dahomey. Ils sont clairsemés au centre et à l'est, mais très resserrés à l'ouest. On les désigne à tort sous le nom de *Ouatchis*, qui signifie « homme de la brousse », ou sous l'épithète d'*Adjaas*, qui s'applique à une légende populaire et ayant presque la valeur d'une chronique authentique et sur laquelle repose l'histoire des origines du Dahomey contemporain. On confond aussi les Éoués avec les *Minas* du littoral. Ces derniers sont venus d'Accra et d'Elmina vers le XVIe siècle. Chassés par les Fanti et les Akouapim, tribus achanties, ils se sont établis à Petit-Popo dans le quartier *Aného*, à côté des Éoués qui occupent le village de Plaviho (petit Pla) et peu à peu se sont répandus le long de la côte jusqu'à Cotonou. Le terme *Popo* est inconnu des indigènes. Il a été donné par des navigateurs à tous les noirs habitant *Sous le Vent*[1], c'est-à-dire à l'ouest de Ouidah ; les Éoués appellent les Minas des *Akla* (Akra), parce qu'ils parlent l'*aklagbé*, idiome particulier se rapprochant de l'achanti.

5° Les Fons, plus connus sous le nom de *Dahoméens*, quoique le mot indigène *Dahomé* s'applique au pays situé au nord de la Lama, entre le Coufo, l'Oumé et les montagnes, et non à une peuplade. Le terme *Djedji* est employé aussi quelquefois pour désigner le dialecte des Fons.

6° Les Mahis, qui sont dispersés sur les hauts plateaux entre 7° 30′ et le 8e degré de latitude nord et dont j'aurai l'occasion de parler plus loin.

La région située à l'ouest du Mono appartient à l'Allemagne depuis la convention du 25 décembre 1885. Je ne m'occuperai dans cette relation que des Éoués relevant de notre autorité et que j'ai eu l'occasion de visiter et d'administrer. J'ai recueilli de la bouche des vieux cabécères et des féticheurs quelques souvenirs historiques qui me permettent de déterminer assez nettement les origines de ce Dahomey dont nous avons détruit la prépondérance pendant la dernière expédition. On a des données à peu près certaines sur la période comprise entre les XVIIe et XIXe siècles, mais on est peu fixé sur les événements antérieurs. C'est dans l'histoire des Éoués, qui s'arrête avec la fondation d'Abomey et la marche victorieuse des Fons vers le littoral, qu'il conviendrait de chercher un peu de vérité et de précision, afin de dissiper une confusion presque générale ; mais il n'existe pas de documents historiques dignes de ce nom.

Les Dieppois, les Génois et les Portugais naviguèrent dans ces parages dès le XIVe siècle. Les anciennes cartes mentionnent :

1° Un royaume de Juda, qui s'appelait aussi République des Quédas, dont on a fait les

1. Les pays à l'est de Ouidah se désignent aussi quelquefois par « *Au Vent* ».

fameux Judaïques : ce petit État s'étendait de l'embouchure du Mono à Avrékété avec Savi ou Xavié, et Tori. Un certain Hufon a été le dernier chef des Quédas. Le roi de Ouidah demeurait à Sobagi, quartier qui existe encore ;

FORT SAINT-LOUIS, DE OUIDAH.

2° Un grand État, l'Ardra, capitale Assem ou Ardres. Ce pays comprenait les royaumes de Porto-Novo et d'Alada actuels et les territoires de Godomey et de Cotonou. Assem, Axim ou Ardres se confondent avec Porto-Novo. On doit chercher l'étymologie d'Ardres dans les termes portugais *Praya-Arida* (plage de sable). Des voyageurs désignent avec raison Porto-Novo par Grand-Ardra et Allada par Petit-Ardra. Allada ou mieux Alada vient de « Aledanou », qui fut le nom primitif de l'endroit où se trouve actuellement la ville, qui n'a jamais eu grande importance.

« Le dernier roi d'Ardres, qui mourut en 1610, s'appelait Koppon. Ses fils, Tacodonou ou Ago et Atéagbalin ou Dako, se disputèrent et se réfugièrent l'un au nord chez les Fons, l'autre à Porto-Novo. La chronique dans laquelle je puise ces renseignements[1] a conservé le nom des prédécesseurs de Koppon : ce sont Adamto, Avajo, Abrolouto et Adjahouto, dont le nom signifie « assassin d'Adja », et qui était originaire d'Adjara, près de Grand-Popo. Ayant tué un de ses parents, il était venu se réfugier, au nord de Tori, chez un chef qui gouvernait le pays au nom du roi d'Assem et résidait à Ahoutégoudo[2]. Adjahouto avait obtenu la permission de faire sa case sur un terrain qui lui fut cédé. Il bâtit une maison sur l'emplacement où se trouve encore le palais d'Alada, et dans lequel nous avons fait le poste. Il s'étendit à droite et à gauche, suscita des difficultés à son bienfaiteur et finit par se faire nommer chef à sa place. Le lieu qu'on avait eu le malheur de lui donner fut surnommé *Alédanou*, « homme maudit et assassin des siens ». La famille qui gouverne encore aujourd'hui à Abomey a toujours considéré cet endroit comme le berceau de la maison royale, et y nommait un représentant pour garder le terrain fétiche. C'est à Ahoutégoudo que nous avons dû prendre le vieux féticheur

1. Chronique qui me fut dictée par les chefs de Ouidah, en présence de tous les féticheurs. Le métis Candido Rodriguès tenait la plume.

2. Ahoutégoudo existe encore, à 4 kilomètres du palais.

Gigla pour en faire un roi d'Alada, le 4 février 1894. Ce lieu est encore respecté de tous. Jamais dans les sacrifices humains les Dahoméens n'ont tué d'Éoués, ni même laissé tomber de sang éoué sur leur territoire, parce qu'ils sont de même famille[1]. »

Adjahouto fut canonisé dans le panthéon dahoméen et devint, sous le nom d'*Adja*, une sorte de dieu Terme, gardien de certaines localités réputées sacrées. Dans le palais de Porto-Novo il y a un enclos qui s'appelle Adjahouto en l'honneur du véritable fondateur de la dynastie à laquelle appartiennent Behanzin, Agoliagbo et Toffa. On trouve un peu partout des villages dits « Adjara ». La rivière de ce nom à l'ouest de Porto-Novo indique bien que les Éoués sont venus jusque-là et pourrait servir de ligne de démarcation entre l'habitat des Nagots et celui de nos indigènes. Tacodonou, fils de Koppon, qui bâtit son palais sur le ventre de Dan, roi des Fons (*Dan home*), mourut en 1650. Ses descendants étendirent leur domination jusqu'à la mer.

Du XVIe au XIXe siècle les colonies européennes d'Amérique, ayant besoin de main-d'œuvre, envoyaient leurs voiliers acheter des esclaves sur cette partie de l'Afrique. Pour satisfaire aux demandes de bois d'ébène, les chefs nègres se firent la guerre entre eux et vendirent leurs captifs aux étrangers. Les épidémies, la famine, l'agglomération sans cesse croissante d'êtres humains très prolifiques resserrés sur leurs territoires, la crainte du plus fort, les guerres incessantes que les nègres, quand ils ont une organisation politique quelconque, se font entre eux pour se prendre leurs esclaves et leurs animaux domestiques, sont les causes des nombreuses émigrations et révolutions qui ont troublé cette contrée. Le groupe Fon, composé d'hommes audacieux, gouvernés par des chefs intelligents, fut le plus fort. Il écrasa petit à petit ses voisins. Ses succès furent facilités par l'état social rudimentaire des Éoués, apathiques et mous, comme ils sont encore aujourd'hui. Les générations successives ont laissé cette famille au même point de vie patriarcale où nous la retrouvons partout où nous la rencontrons, ignorants et heureux, se contentant de vivre sur les bords des lagunes saumâtres ou sur le sable jaune et poreux du cordon littoral, sans rêve ni ambition, se nourrissant de poisson frit, de manioc pilé, de maïs cuit. Les esclaves cultivaient la terre, qui suffisait à tous les besoins. Pas d'inégalité, pas de pauvreté, liberté individuelle absolue. Les chefs, des notables plutôt que des maîtres, n'avaient aucune autorité et ne pouvaient pas sanctionner leurs décisions; les vieillards et les féticheurs étaient seuls écoutés. Ces aborigènes furent facilement dominés par les Fons, qui entrèrent en relations suivies avec les Européens établis depuis le XIVe siècle à Savi. Français, Anglais et Portugais, pressés d'avoir de la cargaison pour leurs bateaux, donnèrent des conseils, excitèrent la concurrence, enseignèrent la politique et l'art militaire. Les Dahoméens soumirent successivement Alada, Savi, Godomey, Ouidah, et placèrent des délégués dans les Popos. Kouakou, le chef actuel de Grand-Popo, mon principal administré, s'est toujours considéré comme un employé du Dahomey et ne manquait pas de rendre compte de tout ce qui se passait sur la côte.

1. On ne sacrifiait que des Nagots.

Les rois d'Abomey avaient essayé de centraliser tous ces éléments hétérogènes; ils n'avaient réussi qu'à inspirer une grande terreur.

Les autochtones, cultivateurs paisibles et chasseurs inoffensifs, se dispersèrent peu à peu et s'établirent dans les villages lacustres, sur le bord de la mer, protégés par les lagunes côtières, ou sur les plateaux boisés entre Mono et Coufo, qui leur permettaient de se cacher et de voir venir l'ennemi. La cohésion politique même fut illusoire, puisque le lendemain de la prise d'Abomey on a constaté partout le réveil des petites nationalités assoupies depuis trois cents ans, qui, sans résister ouvertement, opposaient la force d'inertie aux menaces et aux mesures de rigueur des *bonougans*, ou délégués du pouvoir central[1]. Ces derniers, chargés des approvisionnements, avaient maintenu les anciennes zones de culture et les bornes des pêcheries pour ne pas froisser des intérêts particuliers et souvent contradictoires, et pour ne pas arrêter la production par des vexations injustes. Les Éoués ont retrouvé dans ces zones de culture des divisions territoriales définies, et la chute des Fons n'a fait que régulariser un état de choses qui n'avait jamais cessé d'exister. Ils sont venus à nous et nous ont demandé la paix, déclarant qu'ils n'avaient rien de commun avec Behanzin et les guerriers. Tous ont accepté notre autorité, et l'on peut tout espérer d'une race prolifique qui a alimenté pendant trois siècles les plantations des deux Amériques et qui a su conserver sa physionomie particulière malgré les persécutions et les razzias.

En fouillant dans les rares archives de la vieille masure qui fut le fort français et qui n'a plus ni bastions ni fossés, je trouve une relation manuscrite et inédite d'un voyageur qui a habité le Dahomey de 1847 à 1849, M. Blancheley aîné, agent de la maison Régis, de Marseille. J'en extrais le passage suivant, qui m'a paru curieux à retenir :

« Je suis arrivé à Ouidah le 13 février 1847. A cette époque il n'existait aucun transcrit sur l'origine de notre possession française en ce point du royaume. Voici quelques renseignements que j'ai recueillis sur les lieux mêmes. Le fort de Ouidah est appelé par les anciens fort Saint-Louis. Anciennement Ouidah ne dépendait pas du Dahomey. C'était la capitale de la République de *Quonida*, qui fut en tout temps saccagée par un des rois de Dahomey dont la capitale était alors Canamina ou Calmina (Cana). Ce roi se nommait Dossou-Agagia, le 5e avant le souverain actuel. Pengra-Majeanvo, grand-père du roi Guéso, finit plus tard par détruire les principaux chefs : le reste de la population qui échappa au massacre fut s'établir dans le nord de Grand-Popo, au nord-ouest de Ouidah, à deux ou trois journées de marche », sur les bords du Coufo, dénommé aussi lagune de Péda ou Wéda, ou Ahémé.

Dossou-Agagia est le même que Agbaja, dit Goudja Troudo (1708-1729), l'Alexandre noir qui étendit son autorité jusqu'à la mer. Il avait succédé à Vibagée (1680-1708), ou Ouibéga, ou Akaba, qui lui-même avait été précédé par Adahounzo ou Adanzou Ier (1650-1680), fils de Ago ou Tacodonou, dont il a été question plus haut. A Goudja Troudo succéda Tegbouessou,

1. Sorte de *missi dominici*, qui parcouraient le pays, surveillaient les agissements des cabécères placés à poste fixe, et contrôlaient les perceptions en deniers ou en nature.

dit Bossa Ahadi, que Blancheley appelle Pengra Majcanvo (1729-1775). Ce dernier acheva la conquête du littoral, vainquit les Éoués, les Mahis et même les Egbas. Mais ce ne fut pas sans difficulté. Les Éoués (ou Judaïques) résistèrent longtemps, et Ouidah fut le théâtre de luttes sanglantes. Les Européens avaient même pris parti pour les Éoués; mais Bossa Ahadi s'empara du fort portugais le 1er novembre 1741 et enleva le commandant Jean Basile. Depuis lors, les Éoués furent abandonnés et les directeurs des comptoirs s'intéressèrent beaucoup plus à leurs affaires qu'aux luttes intestines des indigènes.

« L'occupation et la nationalité du fort français datent de longtemps, continue Blancheley. En principe, les Français s'établirent à Savi. Le village de Savi fut pris à la même époque que Ouidah, et c'est à ce moment que les Français, pour être à proximité de la mer, occupèrent et bâtirent un fort à Ouidah.

« C'est donc la France la première nation civilisée qui arbora son pavillon sur cette partie du sol africain. Les Anglais, les Portugais ne s'établirent que longtemps après. C'est de là qu'il s'en est suivi, que dans toute l'étendue du royaume de Dahomey, la France, comme la nation la plus civilisée et la plus ancienne, a toujours le pas sur toutes les autres nations, et le drapeau blanc, alors drapeau de la France, est toujours le premier à flotter dans toutes les cérémonies du souverain. » Nous avons remarqué fréquemment dans les moindres villages, au-dessus de la case du chef, ou au milieu de la place du Marché, un bâton au bout duquel flottait un carré de toile blanche. Nous prenions cet emblème pour un symbole fétichiste. Blancheley nous donne l'explication la plus logique. C'est notre drapeau.

« J'avancerai à ce sujet, dit encore Blancheley, les paroles qui m'ont été transmises par le roi de Dahomey lui-même et qui viennent à l'appui de ce que j'avance. Mon père m'a dit que lorsque Ouidah et Savi ont été pris, les Français y étaient établis. Je n'ai été guère que le gardien du fort français. Dès que le souverain français me dira de lui remettre le fort et tout ce qui en dépend, je le lui remettrai, comme je l'ai déjà fait envers le facteur français, *attendu que c'est sa propriété.*

« Le fort Saint-Louis fut établi, à ce que je crois, sous Louis XIV. Je ne dirai point la composition de son personnel, qui fut de quelques chefs et d'un détachement de soldats. On voit encore debout les quatre bastions qui portent un certain nombre de canons aux armes de France, montés sur leurs affuts. Dans l'intérieur de ce fort existe encore un clocher surmonté de deux cloches : l'une d'elles porte une couronne avec trois fleurs de lys et l'autre l'inscription « Compagnie des Indes ». Longtemps avant la révolution de 1789, l'établissement français de Ouidah était délaissé, soit à cause des finances, comme à cause des maladies de son personnel qui était réduit. Le Commandant demeura longtemps sans nouvelles de la France, il contracta même quelques dettes qui ne furent jamais payées. Ce ne fut qu'en 1793 que le brick de guerre français, le *Vengeur*, je crois, mouilla sur la rade de Ouidah et le Gouverneur y prit passage et remit avant son départ le soin du fort à un nommé Pierre Bonnaud, mulâtre, père de celui qui existe encore aujourd'hui, attendu que Nicolas Ollivier était absent. Depuis, le fort de Ouidah tomba en ruines, étant abandonné par le sieur Bonnaud qui était mort ; son fils, Pierre, indolent, sans ressources, sans instruction, laissa tout à l'abandon. »

Malgré l'évacuation du fort en 1797, les couleurs de la France y avaient été maintenues. Depuis 1841, la jouissance et la garde en étaient remises à des négociants français, et il était établi d'une manière authentique que cette concession n'était que temporaire et sujette à reprise, sans indemnité, en cas de besoin imprévu pour le service de l'État. Notre prise de possession effective n'a été qu'un retour vers les choses du passé. Les tirailleurs sénégalais montent désormais la garde devant le fort Saint-Louis, et moi je m'assieds dans les palabres sur le tabouret de cabécère ayant appartenu au coussougan[1] *Guédou*, dont on me fait cadeau. Tous les jours à 10 heures un coup de canon est tiré, suivi de la retraite pour la *sieste*. L'artilleur est un soldat d'infanterie de marine, remplissant l'emploi de peintre dans les ateliers du génie. Dans les campagnes d'outre-mer, on n'a pas toujours des spécialistes sous la main, et chacun fait un peu de tout.

1. Percepteur du roi.

FORGERON.

FORT PORTUGAIS.

CHAPITRE IX

Le fort portugais. — La famille du chacha. — Coup d'œil sur les institutions et les fétiches. — Ophiolâtrie, magie, spiritisme. — Les gunguns. — Fêtes publiques. — La musique et la danse.

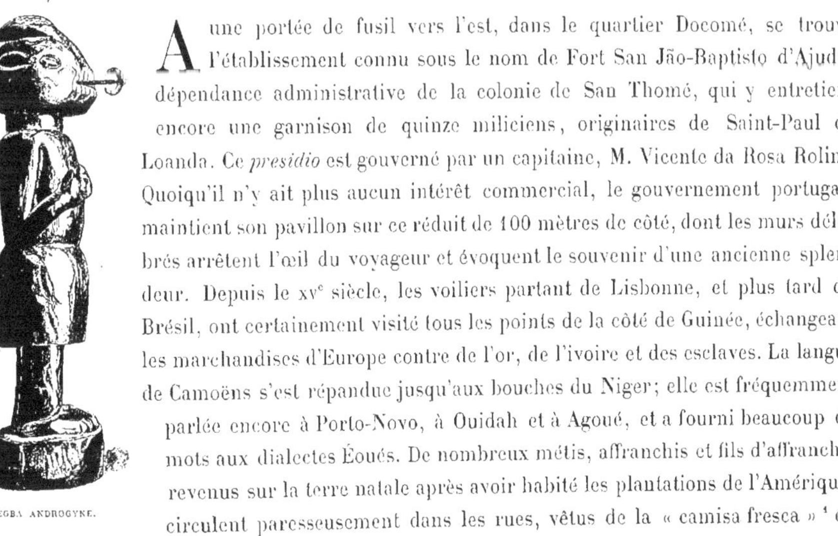

LEGBA ANDROGYNE.

A une portée de fusil vers l'est, dans le quartier Docomé, se trouve l'établissement connu sous le nom de Fort San Jão-Baptisto d'Ajuda, dépendance administrative de la colonie de San Thomé, qui y entretient encore une garnison de quinze miliciens, originaires de Saint-Paul de Loanda. Ce *presidio* est gouverné par un capitaine, M. Vicente da Rosa Rolim. Quoiqu'il n'y ait plus aucun intérêt commercial, le gouvernement portugais maintient son pavillon sur ce réduit de 100 mètres de côté, dont les murs délabrés arrêtent l'œil du voyageur et évoquent le souvenir d'une ancienne splendeur. Depuis le xve siècle, les voiliers partant de Lisbonne, et plus tard du Brésil, ont certainement visité tous les points de la côte de Guinée, échangeant les marchandises d'Europe contre de l'or, de l'ivoire et des esclaves. La langue de Camoëns s'est répandue jusqu'aux bouches du Niger; elle est fréquemment parlée encore à Porto-Novo, à Ouidah et à Agoué, et a fourni beaucoup de mots aux dialectes Éoués. De nombreux métis, affranchis et fils d'affranchis revenus sur la terre natale après avoir habité les plantations de l'Amérique, circulent paresseusement dans les rues, vêtus de la « camisa fresca » [1] en semaine, ou de la redingote noire le dimanche. Chrétiens ou à peu près, ils se consi-

1. Longue lévite en indienne.

dèrent comme des blancs et constituent l'élément intelligent de la population. Depuis notre arrivée, ils semblent oublier leurs aspirations vers le Portugal et s'efforcent d'accaparer les fournitures et les transactions. En 1886, le cabinet de Lisbonne établit et notifia son protectorat sur le Dahomey et chercha à racheter les esclaves condamnés à mort, pour peupler l'île de San Thomé. Une mission officielle dirigée par le major Curado monta à Abomey. Mais, tout en comblant de prévenances les officiers portugais, Glé-Glé ne voulut pas s'engager pour l'avenir, et le gouvernement royal notifia aux Puissances, le 26 décembre 1887, son intention de renoncer à ses droits anciens de protéger un souverain nègre qui déclarait n'avoir besoin de personne et qui, pour bien montrer son indépendance, venait de faire disparaître le chacha (*xaxa*) Juliao da Souza, son délégué à Ouidah et le chef incontesté de tous les mulâtres d'origine lusitanienne.

L'histoire de cette famille da Souza, dont les représentants sont encore très nombreux, est intimement liée à celle des derniers rois dahoméens. Don Francisco Félix da Souza, natif du Brésil, vint à la côte d'Afrique en l'an 1769 et débarqua d'abord à Badagry, où il fonda une foire du nom de *Ajido*. Il passa ensuite à Ouidah et reçut l'hospitalité au fort portugais, commandé à cette époque par le gouverneur Gonzalvès, sous le règne d'Adanzou II, dit Kpingula (1775-1789). Angongoulo, dit Ouinouyou Sédozo (1789-1803), successeur d'Adanzou II, laissa le trône à son fils Egbomi, qui ne régna que peu de temps et est souvent omis de la liste des rois. Peut-être même ne fut-il jamais investi de la couronne. Son frère Adandozan prit les rênes du gouvernement, mais son caractère cruel le fit détester de tous. Il s'aliéna par ses vexations Don Félix Francisco. Guéso, frère du roi, promit de s'emparer du trône dès qu'il aurait des forces à sa disposition. Don Francisco et Tomatin, frère de Guéso, s'allièrent et dirigèrent la conspiration. Après son avènement, Guéso, pour récompenser don Francisco, créa la dignité de *chacha*, héréditaire dans la famille de Souza, et ordonna aux cabécères et au peuple de Ouidah de lui bâtir une maison qui existe encore et dont nous avons fait l'hôpital. Le yévoghan du temps se nommait Céplou. La ville était administrée avec équité et de nombreux marchands de toute nationalité circulaient dans le pays. Le quartier Blézin (altération de Brésil) est encore occupé par les enfants de ces traitants, attirés par Francisco da Souza, qui était respecté de tous et *persona grata* auprès de la cour. Il était d'ailleurs très riche. Il pouvait armer 1 400 soldats, il avait 4 000 esclaves, hommes et femmes. On retrouve un peu partout encore des *crios* ou fils d'esclaves du chacha Francisco, qui mourut le 4 mai 1849, dans le temps du yévoghan Ouadagba. Tout en laissant une grande autorité aux métis, la cour d'Abomey les doublait de fonctionnaires spéciaux, yévoghans, cabécères, agoligans, décimères et coussougans, chargés de surveiller les perceptions et aussi d'espionner les individus. Don Francisco laissa vingt-cinq fils et vingt-cinq filles; son héritier fut Isidore da Souza. Guéso fit à son ami de grandes funérailles et toutes les choses marchèrent bien comme précédemment, dit la relation d'où j'extrais ce qui précède, communiquée par dame Antonia, la doyenne des *chachates* de Ouidah, réduites aujourd'hui au triste rôle de blanchisseuses ou de demi-mondaines.

Isidore da Souza mourut le 3 juillet 1858, et au même moment un récadaire vint annoncer aussi le décès du roi Guéso. Glé-Glé Bahadou, fils de Guéso, monta sur le trône de son père trois jours après et invita tout le monde à Abomey pour assister aux funérailles. Les événements prennent mauvaise tournure. Le troisième chacha est Francisco da Souza, fils d'Isidore, mais il n'est pas aimé du souverain. Beaucoup de traitants émigrent *Au Vent* et *Sous le Vent*, à Agoué ou à Porto-Novo. On ne respectait plus les *vestidos* (noirs habillés à l'européenne), comme au temps de Guéso. Le 18 février 1864, un incendie, allumé par la malveillance à Ouidah, détruisit toutes les maisons occupées par la famille du chacha. Glé-Glé se faisait battre devant Abéokouta et devenait exigeant : il réclamait des subsides, des esclaves, et ne payait plus ses créanciers ni ses fournisseurs. Il fit venir Francisco à Abomey avec Ignace de Magalian, commerçant portugais, et les enferma pendant quarante-huit heures. Le chacha mourut le 23 juillet 1880, écœuré de tant d'ingratitude. Le jour de ses obsèques, le prince Kondo (Behanzin) vint piller le *saramé* ou quartier, et saisit 1 700 esclaves. Deux ans après, les membres de la famille da Souza furent appelés à nommer un autre chacha. Leur choix se porta sur Juliao F. da Souza, qui chercha à garder pour lui les impôts qu'il était chargé de percevoir et noua des intrigues pour donner le pays au Portugal. Ses ennemis commerciaux le dénoncèrent et, le 3 mai 1887, Glé-Glé le destitua, le mit en prison la chaîne au cou, tout nu. Ses biens furent confisqués et sa famille persécutée. Nous n'avons plus retrouvé que son uniforme de lieutenant-colonel portugais, qui lui avait été offert par la colonie de San-Thomé. L'influence portugaise subit par la disparition de Juliao da Souza un choc sérieux, dont elle ne s'est jamais relevée.

A côté du chacha, il y avait autrefois à Ouidah un *yévogan*, ou chef des blancs, sorte de préfet qui présidait le conseil de l'*agoli* ou tribunal. Je reçois et cause encore quelquefois avec les derniers membres du corps judiciaire dahoméen. Trop vieux pour faire la guerre, ils n'ont pu rejoindre Behanzin et acceptent aujourd'hui la situation, non sans correspondre clandestinement avec leur ancien maître. Ce sont Tossa *Hunquésé* (je vois le jour mieux que la nuit), *Hechilli* (je ne mangerai pas de piment), *Nudofen* (il est là), etc.... Les noms propres au Dahomey sont difficiles à traduire : tous sont des surnoms motivés par une phrase échappée au souverain au moment de la réception ou de la nomination de l'individu. Pour les rois, c'est souvent une devise ou le commencement d'un hymne composé en leur honneur.

Ouidah est le centre religieux des Éoués. Le polythéisme de ces noirs appartient à un fond de théogonie commun à toutes les peuplades primitives. Nous retrouvons là trace des superstitions antiques, communes aux Phéniciens, aux Gaulois, aux Indiens, aux Égyptiens, aux Grecs et aux Romains. Dans leur ignorance des causes, ils croient que les phénomènes naturels sont produits par des esprits nuisibles (*vodou*). Ils matérialisent ces esprits, ces génies, sous des formes diverses, et tâchent d'apaiser leur colère ou de combattre leur influence néfaste par des dons ou des sacrifices d'animaux. Jamais un Éoué ne boit sans verser quelques gouttes par terre, pour le fétiche, dit-il. Quand il offre un liquide quelconque au génie, il doit laisser la bouteille pleine, et le fétiche en profite. L'extension donnée au mot portugais *fetisso* (idole, fée, chose ensorcelée) a fait prendre l'habitude de désigner par le mot fétichisme un amalgame de croyances et de pratiques, et, derrière le culte rendu à certains objets matériels, on n'a vu aucune idée spiritualiste. Il n'y a certainement pas là qu'une stupide adoration de la matière.

Quand un noir veut expliquer un acte de sa vie, quand il veut faire un serment pour se défendre contre une calomnie, il invoque *Maou*, dans lequel on a vu l'idée de Dieu, principe de tout bien, qui a une mère, *Maouno*, et qui réside dans le *Kutome* (maison des morts). Tous reconnaissent à Maou la bonté, la générosité, la délicatesse. Mais ils ne lui attribuent pas la création de ce qui existe. Leur théodicée est simple : Maou est l'ordonnateur, le maître de l'univers. L'idée de l'origine, des causes premières, ne les inquiète pas. Ils acceptent ce qui est, se contentent de constater le réel, et de vivre de leur mieux. Ils ne sont ni athées ni sceptiques, mais seulement ignorants. Ils ont l'idée d'un Être suprême, mais ils le déplacent. Ils ne rendent à Maou aucun culte ; ce mythe n'est figuré sur terre ni par des statues, ni par des symboles. C'est le *bon Dieu*, dans le sens que lui donnent les habitants de nos campagnes.

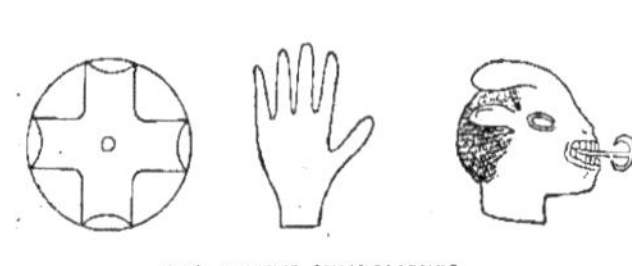
BAS-RELIEFS SYMBOLIQUES.

Legba (diable) est la principale divinité après Maou. Elle est adorée partout et partout on la retrouve. Tantôt c'est un priape mâle, affublé d'un long phallus, ou bien une statue en terre cuite représentant une femme nue, accroupie sur les genoux dans une position indécente. J'ai vu aussi Legba avec un vêtement, des cornes sur une tête semblable à celle du taureau, des cauris dans les yeux et à la place des dents. C'est le Legba androgyne. Il est le symbole de la fécondité et le génie du mal. Je le rapprocherai du Moloch des Carthaginois, parce que la statue que j'ai trouvée tient dans la bouche un petit morceau de fer auquel est fixé un anneau, peut-être celui de Saturne. J'ai revu cette tête sur des bas-reliefs entre une croix de Malte et une main ouverte ; ce dernier symbole se rattache au dieu *Fa* (le Destin). Je n'ai pu savoir ce que venait faire là la croix de Malte. Le Legba androgyne préside aux mariages, à la gestation. Il surveille l'enfant dans le sein maternel. Le mâle et la femelle lui adressent des vœux pour pouvoir engendrer. Les *Vocoucou* (impuissants) ont déplu à Legba. Mais d'une façon générale on peut dire que Legba a des attributions variées, et il y a là des points vagues et difficiles à concilier. C'est aussi le Démon. Un épileptique, un fou, passent pour être possédés du Legba. On construit à ce génie des cases coniques à toiture de feuilles de palmier, non pas tant pour l'abriter que pour empêcher les pluies de démolir les tumuli en terre glaise.

Fa ou *Afa*, ou *Ifé*, est le fétiche de la sagesse et de la divination. Les *Azento* qui servent ce génie sont de véritables sorciers et pratiquent la magie. Ils ont des tablettes en bois sur lesquelles ils jettent seize amandes de palme stériles, c'est-à-dire sans matière graisseuse, dites *azen*. D'après les figures géométriques que forment les amandes en tombant, ils racontent une foule d'histoires et prédisent l'avenir, à la manière des nécromanciennes, sans préciser, sans

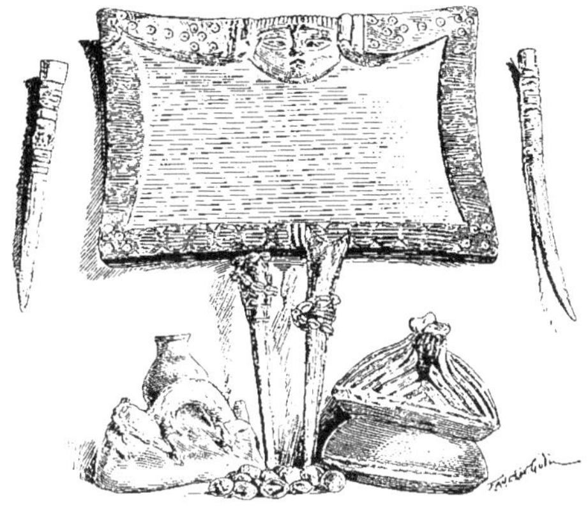

FÉTICHISME. — OBJETS DU CULTE.

se compromettre. Ce sont des marchands d'orviétan. Afa préside à la récolte des palmiers. Les Azento sont aussi des rapsodes, des écrivains; ils inventent et traduisent les proverbes et les devises symboliques. Ils ont à Ouidah, à Décamé, à Topli, des écoles où ils instruisent des jeunes gens. Leur vêtement sacerdotal est un pagne blanc; ils ont la tête généralement rasée. Ils sont aussi médecins, *bocono*, c'est-à-dire rebouteurs. Kapo, Kinifo, le second du chef de quartier Apotossou, est à Ouidah le *leader* des Azento. Il a bien voulu m'initier un peu aux mystères. J'ai remarqué que toutes les fois qu'un féticheur ou même un noir quelconque répondait à une question sur les fétiches, ou bien il se tordait de rire ou bien il baissait la voix. Dans ce dernier cas, on peut affirmer qu'il a envie de dire quelque vérité; en général l'Éoué n'aime pas à parler du vodou.

Derrière ces trois principes, le souverain de toutes choses, le démon et la sagesse, gravitent une foule de demi-dieux, qui nous font entrer dans une sorte d'Olympe gréco-romain. Ils envoient sur terre des délégués, animaux ou plantes.

Aïdo-Houédo ou *Aydowedo*, l'arc-en-ciel, se fait adorer sous la forme du serpent python (*Dangbé*). Mais ce culte est particulier à Ouidah, à Porto-Novo et à Grand-Popo[1]. On ne le rencontre pas dans le haut pays. C'est peut-être une tradition de la famille royale, ce qui expliquerait une autre étymologie donnée au mot *Dahomé* (*Dan*, serpent; *homé*, ventre). Il est possible que les Éoués dans leur mépris pour leurs vainqueurs, qu'ils considéraient avec raison comme des bandits et des assassins, les aient assimilés au serpent. Dangbé a son temple à Ouidah, le *Dangbéhoué*, petite paillote circulaire avec un toit conique, située dans le quartier des forgerons, à quelques mètres du Fort français et de l'*Agoli* dont nous avons fait la caserne des tirailleurs sénégalais. Les *Dangbenou* ou prêtres de Dangbé entretiennent là quelques couleuvres inoffensives. Dès qu'un serpent s'échappe, le féticheur court dans les rues affolé et le ramène au sanctuaire avec toute sorte de simagrées. Sous le régime dahoméen, en tuant un de ces reptiles on s'exposait à des difficultés de toute nature, à un *palabre* que l'on ne pouvait terminer que par une amende ou des cadeaux. Il y a aussi des femmes attachées au Dangbé, les *Dangbési*, mot à mot « épouses de Dangbé ». Les termites et les fourmis sont ses auxiliaires sur la terre.

1. A Ewé et à Abananquein, les chefs respectent le boa, le *hou*, mais pour se donner des airs de Dahoméens purs, sans conviction.

La lune est adorée; son esprit s'appelle *Mawun*. Il comprend les trois idées de nuit, lune et maternité. Dès que la planète éclaire la terre et jusqu'à ce qu'elle ait disparu dans les nuages, on entend des hurlements. Des théories de féticheurs et de féticheuses se forment et la bacchanale commence. On assiste à de véritables séances d'hypnotisme. Les mystères de Mawun, que les noirs dissimulent sous le nom de *tam-tams*, se terminent par des rapprochements sexuels, qui occasionnent quelquefois des discussions dans les ménages. Le lendemain de la fête on ne voit autour des statues que tessons de bouteilles et pots cassés; vos domestiques sont éreintés et beaucoup de femmes viennent au marché couvertes d'ecchymoses sur le corps, résultat des coups de chicotte qu'elles ont reçus de leurs époux, qui n'aiment pas beaucoup ce genre de fétiche.

Les *gungnns* sont des féticheurs masqués, voués à Mawun. Recouverts d'oripeaux des pieds à la tête, ils sont censés incarner l'esprit des ténèbres et mettent les âmes des morts en communication avec les vivants. Ces médiums sont de vulgaires charlatans. Comme leurs confrères les *zambetos* de Porto-Novo, ils tendent à disparaître. Ces derniers se rendaient utiles quelquefois : ils faisaient office de gardiens de nuit et signalaient les incendies, avant la création de nos agents de police.

CASE DES SERPENTS, A OUIDAH.

Locko est l'*ativodou* ou arbre fétiche. Dans chaque localité l'espèce change. On l'entoure d'un morceau de toile tachée d'huile de palme et de sang de poulet. Avec *Honely*, son égal, c'est le dieu lare, le génie de la maison. On suppose qu'ils habitent de préférence les cotonniers et les ficus. Le hibou est son messager.

Bocchio est le fétiche du fer. *Gun*, celui des forgerons, qui fabriquent tous les ustensiles et même le *kafo*, sorte de lance surmontée d'une plaque ronde, que l'on fiche dans le sol en l'honneur des morts enterrés dans la propriété.

Gbo, génie de la guerre, Mars.

Gbociyo, Mercure, génie du

commerce, fétiche en bois que les vendeuses de poissons et d'akassas ont sur leur devanture. Il protège les *agioto* (marchands), mais ce mot signifie aussi voleur.

Gweji, le génie de la chasse, la Diane éoué. *Sakpata*, le génie de la variole. *Zo*, le dieu du feu. *Lisa*, le soleil, représenté par un caïman. *Akwaji*, le dieu de la maternité, qui préside à l'enfantement. *Hohovi*, le fétiche des jumeaux : il est réputé le père du dernier-né.

LES GUNGUNS.

Togbodonou, figuré par un caméléon, protège la patrie. *Josasu*, le génie du bonheur. *Kpo*, le génie protecteur des rois, se montre sous l'aspect d'un chat-tigre. *Kpote* est une sorte de saint : c'est le nom du premier homme qui a appelé les blancs à terre, lorsqu'ils passaient au large sur les bateaux. *Ajilalasi* rappelle à tous le passé. *Ajaluma* veille sur les blancs qui habitent le pays.

Les Neptunes sont nombreux ; *Hun*, génie de la mer ; *Aïsan*, esprit de la barre ; *Abbéluy* et *Avrekété*, dieux de l'Océan, de la haute mer. Ce sont des esprits malfaisants. Ils font chavirer les pirogues ; on doit leur faire des cadeaux fréquents. Les *Arlékelesi*, féticheurs attachés à ces génies, ont souvent soif. Autrefois les rois du Dahomey envoyaient tous les ans à *Avrekété* des hommes vivants. Les victimes étaient attachées sur des chaises surmontées de parasols ; une pirogue passait la barre et on les précipitait à la mer.

Hévioso, le Jupiter Olympien, dieu de la foudre, tombe sur les humains et les tue. Les foudroyés sont privés de sépulture. Dès que la mort a été constatée, les cadavres sont exposés dans un endroit spécial du village. Leur chair est coupée en morceaux par les féticheurs, qui la mangent ou font semblant de la manger. On détruit les haies, maisons et arbres autour de l'endroit maudit, pour chasser l'infernal Hévioso.

L'harmattan, vent chaud qui souffle de décembre à mars, protège les sauterelles, qui sont réputées saintes. Chaque fétiche a son histoire, sa légende ; il y aurait tout un livre à faire si l'on voulait développer ces poèmes.

Le fétichisme des Éoués est inoffensif et dénué de fanatisme. Si les idoles sont grossières, c'est que l'art est primitif ; si elles sont immondes, c'est que les gens ne sont pas délicats. En Espagne, on montre le Christ avec ses plaies béantes et le sang qui coule. Dans ses fétiches, comme dans ses expressions, le noir, qui n'est pas encore un raffiné ni un intellectuel, brave souvent l'honnêteté. Les Éoués ne se gênent pas pour battre et même casser leurs fétiches lorsque, malgré les cadeaux faits, les esprits n'ont pas donné ce que l'on attendait d'eux. « Il a un mauvais fétiche » est une phrase commune. L'indigène impute aux vodous ce que les enfants attribuent à Croquemitaine. Le fétiche préside à tous les actes de la vie domestique, on l'emporte lorsqu'on se déplace, mais son influence sur les actions importantes et les intérêts sérieux est presque nulle.

On a imputé à tort au fétichisme l'abominable institution des sacrifices humains. Malgré leur analogie avec les Baals et les Molochs, les Legbas et les Vodous des Éoués ne réclament pas de victimes. Le noir offre un poulet à son fétiche; le desservant du génie prend la volaille, lui tord le cou, répand le sang sur l'idole, mais garde le corps du cadeau pour lui. L'officiant prend une attitude hiératique, marmotte des prières et profite de la générosité des fidèles. Lorsque les rois de Dahomey, pour maintenir leur puissance, inspirèrent la terreur aux peuplades soumises et transformèrent leur territoire en un vaste champ de combat, en un grand terrain de chasse et de pillage, les féticheurs d'Abomey, gardiens du rite et des traditions, firent du polythéisme enfantin des Éoués une religion d'État, avec un dogme et des doctrines. « Tout ce que le roi dit est fétiche, tout ce que l'on donne au roi doit être introduit la nuit au palais. » Les *Gbasaje*, féticheuses qui représentaient les mânes des rois défunts, déclarent que les morts veulent savoir ce qui se passe sur terre, d'où nécessité d'entretenir des relations avec les ancêtres, auxquels des messagers décapités vont porter des alcools, des tissus, des cauris. Les *coutumes* des sacrifices propitiatoires furent instituées par Adanzou Ier ou Adahonzo, qui régna de 1650 à 1680. Toutes les fois qu'un de ses successeurs essayait de réagir contre cet usage barbare, les féticheurs déclaraient que les vieux rois ne seraient pas contents et abandonneraient le Dahomey. Guéso a été empoisonné pour avoir voulu supprimer les coutumes, ou *Ahosutanu*, mot à mot « chose de la tête du roi ».

Malgré les défaites de Dogba, Poguessa, Akpa, Ouakon, malgré l'occupation d'Abomey, les féticheurs ne s'avouaient pas vaincus. Le *Bocono Nugbozoumè* (féticheur qui est sur le chemin de la vérité), gardien des idoles, sorte de chapelain de la maison royale, et *Sossou Dococétou*, dit *Papa* (surveillant du rite, rang de ministre), avaient transporté sur le plateau de Zounvei-Hono les dieux lares et les principaux fétiches des quartiers d'Abomey. Par des sacrifices où l'on immola quelques vieillards inutiles et des enfants originaires des pays nagots, ces ministres du culte avaient consulté LEGBA et AFA. Les invisibles s'étaient déclarés satisfaits et avaient prédit le départ prochain du blanc et la rentrée à Abomey du roi de Dahomey. De là, chez Behanzin et dans l'esprit de ses conseillers intimes, Imavo, Ihomé, Chettigan, une forte dose d'espérance, qui explique la résistance, plutôt morale que matérielle, qui nous fut opposée en 1893.

Des fidèles traversaient clandestinement nos lignes, que la multiplicité des sentiers ne permettait pas de surveiller efficacement, et déposaient pendant la nuit dans l'intérieur des villages, sur les places publiques, des calebasses contenant des objets de toute nature, farine de manioc, akassa, cauris. Au fond de ces récipients se trouvaient des emblèmes symboliques constituant des messages ou *récades*. N'ayant pas d'écriture leur permettant de traduire toutes leurs pensées, les féticheurs gravaient sur des écorces des traits et des points à peu près semblables à ceux employés dans la télégraphie Morse. Ces missives étaient lues par leurs correspondants du littoral, qui faisaient connaître aux habitants la volonté du roi. Pour mieux cacher leur jeu, ils avaient recours à un certain nombre de proverbes connus d'avance. Chacun de ces proverbes portait le nom de celui qui l'avait inventé et était représenté par un signe spécial. Ce procédé d'écriture était imparfait. Comme les paraboles du Christ, les récades devaient être accompagnées de commentaires oraux, que seuls les féticheurs instruits ou ceux qui avaient été mêlés aux affaires de l'État pouvaient interpréter convenablement, et la traduction, exacte ou inventée, se rapportait toujours à un incident d'ordre politique. Malgré leur caractère enfantin, ces manœuvres secrètes gênèrent beaucoup la pacification, la conquête morale. On ne rencontrait pas de résistance effective, mais on sentait une certaine force d'inertie toutes les fois que l'on s'adressait aux habitants pour obtenir par la douceur des résultats matériels, et particulièrement des transports de vivres à nos camarades d'avant-garde, qui manquaient souvent du nécessaire, l'ennemi ayant fait le vide autour des postes et inspirant encore une certaine crainte.

Dans les premiers jours de janvier 1893, j'eus l'occasion de trouver un message de Behanzin sur un tumulus du grand marché de Ouidah. Le fidèle Apotossou, chef du principal quartier de la ville, et Kinifo, le féticheur, qui s'étaient franchement ralliés à nous, me traduisirent la récade, dissimulée sous un pot en terre, contenant un ragoût de poulet à l'huile de palme, au-dessus duquel surnageaient des herbes qui ne poussaient qu'en pays mahi et qui avaient la réputation d'empoisonner ceux qui les absorbaient. L'ensemble signifiait : « Kondo fait savoir qu'il est toujours avec son peuple: pour le moment les gens de Ouidah n'ont qu'un moyen de prouver leur respect pour le roi. Ils doivent allumer de temps en temps des incendies la nuit. Comme les blancs ont l'habitude de se porter au secours des habitants pour éteindre le feu, les Fons (Dahoméens) doivent profiter de la circonstance pour tuer les soldats à coups de bâton. »

Décon, chef féticheur de Décamé[1] et ancien acheteur du roi, que le général Dodds fut obligé de déporter au Gabon, était le principal intermédiaire de Behanzin, à qui il faisait tenir des vivres. Une perquisition opérée dans sa maison amena la découverte de cinq fragments de calebasse sur lesquels étaient gravés un certain nombre de traits verticaux; ces récades avaient fait plusieurs fois le voyage de Ouidah au camp du roi. En voici la traduction intrinsèque, à laquelle les initiés apportaient les variantes qu'il leur convenait, selon les courants d'idées qu'ils voulaient créer :

1. Grand marché d'huile de palme au nord-nord-ouest de Ouidah, sur les bords de la lagune Ahémé.

MUSICIENS.

1° *Samedji-toufé-toufé.* — Celui qui a mis le piège doit le retirer.

2° *Toulaka.* — Une calebasse déjà usée par la teinture ne peut être usée par une autre teinture.

3° *Katroupen.* — Le loup ne se perd jamais dans un bois.

4° *Gondaftigbé.* — Le voleur encouragé n'a pas peur.

5° *Edaoun, Konokon.* — La femme morte chez son mari ressuscite chez son amant. — La femme qui a trompé son mari doit être reprise par son amant, si son mari l'abandonne.

6° *Oni Vococou.* — Il n'y a pas d'homme impuissant, il n'y a que des femmes maladroites.

Le dialecte *fon* est monosyllabique et agglutinant, ce qui permet de condenser en quelques racines tout un développement de pensée.

7° *So dajoun ed salaco.* — Le cheval dort dans la rosée et n'est jamais malade.

8° *Booulé eso da adan apontaba.* — Le requin s'est fâché et la mer s'est troublée.

Ces deux derniers apophtegmes avaient une signification d'ordre politique : *Salaco* et *Booulé* sont les surnoms de Behanzin.

Le service des affaires indigènes prenait des mesures pour entraver l'influence occulte des féticheurs, dont les menées pouvaient devenir redoutables dans un pays où les cérémonies du culte sont intimement liées aux usages domestiques. La découverte de ces pratiques mystérieuses permit de gouverner un peuple superstitieux habitué à l'obéissance passive et sur lequel il fallait agir par la persuasion autant que par la force.

Le 23 février, le général Dodds fit son entrée solennelle dans Ouidah. Aux portes de la ville attendaient les autorités civiles et militaires, et les députations des villages. Après les souhaits de bienvenue, le commandant supérieur est monté dans un coupé capitonné bleu ayant appartenu à Behanzin, et que la police de Ouidah avait trouvé dans une cachette auprès de la ville.

Sur la place du fort on entame un vaste tam-tam. La famille du chacha forme un groupe à part; la jeune Vicentia s'avance et commence une chanson que tout le monde répète. La fête dure quatre jours. Voici ces compositions :

« *Sole yovo ledédo Dahomé yovo ouanoulé.*

— Nous remercions les fusils des blancs qui ont bien tiré dans le Dahomey. »

On pousse au bambou; les Éoués ne rament jamais. Nous laissons à gauche Ouidah-plage et Jebaji, et nous filons à l'ouest. Les lagunes séparent la terre ferme des dunes de sable, hautes de 8 à 10 mètres, qui se sont formées le long de la baie de Bénin. Elles coulent de l'est à l'ouest entre des roseaux et des palétuviers visqueux. La lagune de Ouidah commence à quelques centaines de mètres de Godomey-plage. Elle se déversait autrefois dans le lac Denham, ce qui permettait aux pirogues de se rendre directement de Porto-Novo à Grand-Popo. Aujourd'hui elle se dirige vers la *Bouche du Roi*, altération de *Bocca de Rio*, embouchure de la rivière Mono. Elle reçoit toutes les eaux de l'intérieur, et aux pluies forme de véritables lacs à droite et à gauche de son lit. On rencontre de nombreuses îles sur lesquelles sont bâtis des villages de pêcheurs. Le courant est faible, le fond est rempli de vase formée de détritus végétaux. L'eau y est généralement salée; on y pêche beaucoup de poisson d'un goût excellent, des crevettes et de grosses huîtres fixées aux branches des palétuviers. Tous les deux kilomètres un barrage en roniers et bambous est placé en travers de l'eau : ce sont des bornes communales pour les pêcheries. Chaque village a sa zone nettement délimitée. A certains endroits dans le lit des lagunes on trouve une espèce de gravier noirâtre, composé de peroxyde de fer et de fragments de roches feldspathiques, soudés ensemble par du carbonate de chaux. La terre argileuse que les noirs utilisent pour construire leurs cases, concurremment avec la bouse de vache, est appelée *barre*, quoiqu'elle ne soit pas rouge comme celle de Ouidah et de Porto-Novo. On met huit heures en pirogue de Godomey à Ouidah, huit heures de ce point à Grand-Popo. Les indigènes comptent par journée de marche ou de navigation, et n'oublient pas le temps consacré au repos et à la nourriture; ils disent : « Il faut un jour pour aller à Grand-Popo, cinq journées pour se rendre à Abomey ». Ils n'ont aucune mesure de longueur, surface ou volume. Au bout de deux heures de voyage en pirogue on est très énervé; la navigation est monotone; l'œil ne voit que des fouillis de verdure, toujours les mêmes. La seule distraction est de regarder les gens qui passent; il y a un va-et-vient constant de pirogues qui charrient des ponchons d'huile et des amandes en vrac. La pirogue est le mode le plus pratique, sinon le plus confortable, pour circuler rapidement et sans fatigue dans cette région basse du Dahomey, constamment sous l'eau. La lagune est une voie de communication naturelle et très prisée du noir. Un Éoué peut pousser le bambou douze heures sans se lasser, pourvu qu'il chante et boive de temps en temps; il transportera ainsi deux ou trois tonnes de produits; sur la tête il portera à peine 25 kilogrammes et sera fatigué après trois heures de marche.

Nous passons Degoué, Ouefé, Lazokoué, Tegbé, Meké, Abloukoutou, Dokokoué; mais nous ne regardons même pas les villages; une violente tornade nous entoure. Nous sommes au commencement de la grande saison des pluies. De gros nuages venant du nord-est se sont tassés au-dessus de nous et, après avoir décrit un cercle dans l'air, se sont fondus en une averse torrentielle. Il pleut pendant deux heures; le vent souffle avec violence; des éclairs et des coups de tonnerre augmentent le vacarme.

GRAND TAM-TAM DES CABÉCÈRES.

MÉLODIE.

Les prêtresses de Dangbé entonnèrent un hymne spécial :

« *Alo Cotopa oulé alo Djimé booulé, Adanguia Ouélo Djenclal danguia oué aguia hohoho nousano amoua alo Cotopa oulé alo Djimé booulé.*

— Nous remercions le général d'avoir brûlé Cotopa et Djimé, etc. »

La complainte finit par des injures à Behanzin *booulé*, requin, qui s'est sauvé en criant :« Qu'est-ce que c'est? Je suis perdu. »

Les indigènes expliquent nos succès d'une manière simple : « Le fétiche des Français a été meilleur que celui des Dahoméens ». Ils croient que les blancs sont en relations plus suivies avec *Maou*, parce que nous n'avons pas de génies malfaisants, qui interceptent la correspondance avec l'Être suprême.

Tout est prétexte à fête, les décès, les mariages, les naissances. Les nègres chantent et dansent à tout propos. Ils font *tam-tam*. Ce terme ne désigne pas, comme on pourrait le croire, la bruyante mélodie, les mouvements chorégraphiques, ou l'instrument. Le tam-tam est l'ensemble de la représentation à laquelle il faut quatre éléments : des danseurs, des musiciens, des choristes et un public. Il y a des professionnels, les *ahanjito*, sorte de griots, poètes et virtuoses; mais ils sont rares, car les noirs apprennent dès l'enfance à frapper comme des sourds sur des peaux de bouc et l'art de faire des contorsions et des grimaces.

Le soir, au clair de lune, on balaye la cour, on aligne des bancs, ou des chaises pour les invités, sur une table on amasse des bouteilles pleines. Si la qualité fait défaut, en revanche rien à dire sur la quantité. A côté des genièvres, des liqueurs douces, des anisados et des limonades, un baril de tafia. On sert aussi des volailles rôties et même brûlées, des cochons, des pigeons. L'amphitryon est désolé si vous refusez de vous gaver. On a des verres, des fourchettes et des couteaux pour les blancs chez le plus humble petit traitant. Ils mettent

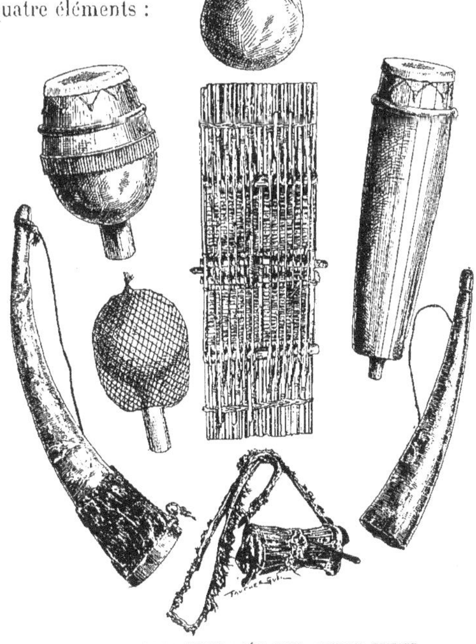

INSTRUMENTS DE MUSIQUE : PÉSI, HONG, ASASSAN, GUITARE.

beaucoup d'amour-propre à nous faire honneur, se livrent à des dépenses énormes.

La danse commence par un mouvement d'ensemble lent et pondéré, les mains se tournent et se retournent à droite, à gauche. Femmes et hommes s'avancent en se dandinant. Les instrumentistes accompagnent avec les *pési* (tambour rond), les *hong* (tambour allongé), les *assan* (calebasse pleine, recouverte d'un filet piqué de cauris aux points de jonction des mailles), des *alounh* (corne en ivoire); une voix s'élève, c'est le solo, l'air principal, la poésie; dès que la chanteuse se tait, le chœur reprend au refrain avec des battements de mains. Acteurs et spectateurs s'animent, les groupes s'échauffent. Pendant que les uns piquent des cavaliers seuls, on voit se dessiner des pas fantastiques, des danses de ventres et de reins, des attitudes lascives. A un moment, c'est de la frénésie, tout le monde hurle et saute; les vieux aphones tressaillent sur leurs tabourets, les petits enfants s'agitent dans les coins. La séance se termine par de vastes libations, et chacun rentre chez soi et s'endort complètement ivre. Ces soirées d'allégresse se répètent fréquemment durant les nuits silencieuses, pendant que dans la nature se continue le sourd travail des forces et que le malheureux Européen, énervé de tant de bruit, ne peut s'endormir qu'au milieu de rêves incohérents.

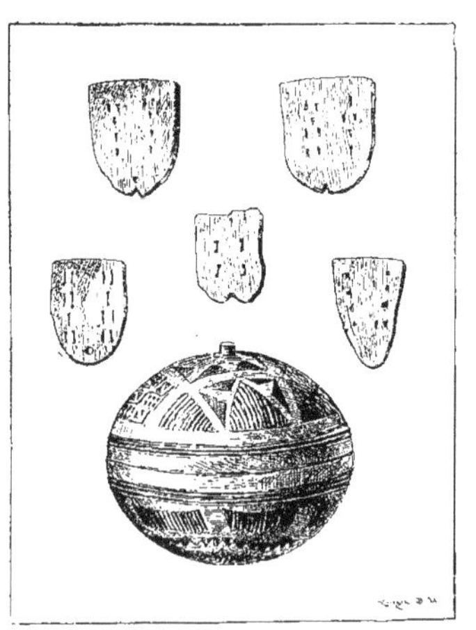

MESSAGE DES FÉTICHEURS.

GRAND-POPO.

CHAPITRE X

En route pour Grand-Popo. — Le chemin de Ouidah-plage. — *Kakadacou.* — Les lagunes. — Pluies et saisons. — La *Bocca de Rio.* — Grand-Popo. — Le marché. — La vie domestique chez les Éoués. — Agoué. — La mission catholique. — Métempsycose et immortalité de l'âme. — La rivière Mono, le Tado. — Les guerriers ouatchis en 1892.

JEUNE FILLE DE GRAND-POPO.

Pour se rendre de Ouidah à Grand-Popo, il faut d'abord, soit en hamac, soit à pied, rejoindre la grande lagune située à 3 kilomètres au sud. Lorsque l'on a quitté la terre argileuse et rouge, on descend rapidement par un chemin sablonneux vers la plaine marécageuse qui entoure Simbodji, village de cinquante cases enfouies sous les cocotiers et les palmiers, et formant un îlot isolé de terre végétale au milieu des herbes hautes et des roseaux stériles. Là habite encore un vieillard décrépit, le *Kakadacou*, ex-fonctionnaire dahoméen qui avait un rôle sérieux dans la hiérarchie du royaume. Il commandait aux soldats préposés à la garde de la plage et des décimères ou postes de douane. Il se contente aujourd'hui du modeste emploi de fournisseur de pirogues et de canotiers pour le commissariat. Les maisons de commerce ont sur le bord de la mer des entrepôts pour l'embarquement de leurs produits et le débarquement des marchandises. Sous le régime dahoméen, les agents des factoreries devaient, par ordre supérieur, rentrer en ville au coucher du soleil. Le roi se chargeait de faire garder par ses employés les magasins de ses amis les blancs. Chose digne de remarque, les vols étaient rares; le respect de la personne et des biens de l'Européen, absolu. Il n'en est plus de même aujourd'hui. L'esprit de lucre et de convoitise gagne le noir; le désir de posséder quelques-unes des merveilles qu'il entrevoit l'obsède, et quand il ne peut acheter, il prend. Nos lois ne peuvent être aussi sévères que celles des rois d'Abomey; aussi craint-il moins l'autorité française que celle des cabécères. Les indigènes de Simbodji et de Jebaji, hameau situé sur la rive opposée de la lagune, ne se gênent plus pour piller la nuit les baraques, depuis qu'ils n'ont plus de comptes à rendre aux agoligans de Ouidah. Les féticheurs, que l'on rencontre en toutes circonstances, voulaient aussi laisser croire au peuple qu'il se passait la nuit sur le bord de la mer des choses mystérieuses qu'il ne fallait pas montrer aux étrangers. Au fond, en obligeant les Européens à regagner leurs logements de la ville dès 6 heures du soir, les autorités mettaient leur responsabilité à couvert, en évitant toute tentative d'évasion. On pouvait entrer au Dahomey, il n'était pas facile d'en sortir.

La famille du kakadacou occupe encore les maisons de Simbodji. Quelques *legbas* en terre cuite égayent le sentier. Lorsque les directeurs de la Compagnie des Indes arrivaient pour la première fois au Dahomey, le kakadacou les arrêtait à Simbodji et leur présentait de l'eau fraîche dans une calebasse. On lui donnait en échange de l'eau-de-vie. Cette politesse cachait une ruse. Il gagnait du temps pour faire prévenir le yévoghan. Le kakadacou accompagnait le directeur jusqu'à un grand arbre sous lequel se reposent encore aujourd'hui les porteurs et les rouleurs de ponchons, l'arbre des Capitaines. Le yévoghan arrivait avec une suite nombreuse et bruyante; il faisait trois fois le tour de l'escorte du directeur, comme à Abomey pour le roi, et présentait au blanc qui allait commander le fort français un verre d'eau, un verre de vin et un verre d'eau-de-vie. Quand le directeur ne voulait pas boire l'eau-de-vie, il y trempait ses lèvres et pouvait donner le reste au kakadacou. Le yévoghan devait ensuite demander des nouvelles du roi de France, de la reine et de la famille royale. Après ce cérémonial, le cortège se mettait en marche et entrait en ville au son des tambours et des gongons, et l'on vidait encore quelques bordelaises de tafia.

En quittant Simbodji, on entre dans un chenal de 3 à 4 mètres de largeur et d'une profondeur variant entre 30 et 40 centimètres. Ce chenal sert de chemin pendant 1 000 à 1 200 mètres. On passe sur un fond vaseux; la surface de l'eau est d'un rouge brun, mélange de boue et d'huile de palme provenant de quelques tonneaux mal fermés.

La lagune, qui vient de Godomey et se continue jusqu'à Porto-Segouro, est devant nous, large de 150 à 200 mètres. Une baleinière sur laquelle on a posé un rouf est là qui nous attend, envoyée par le vice-résident de Grand-Popo, prévenu par le télégraphe. Car nous avons depuis le 1er mars 1893 une ligne aérienne de Porto-Novo à Grand-Popo et un téléphone de Ouidah-ville à Ouidah-plage, au grand ébahissement des nègres, qui disent que nous sommes des sorciers, puisque nous parlons à distance en frappant sur des petits morceaux de bois. Pour entrer dans le *boat*, nom que l'on donne aux embarcations officielles, il faut se mettre sur le dos d'un canotier humide; il n'y a jamais assez d'eau sur les bords de la lagune pour accoster sans s'échouer. Nous nous installons sur des nattes et des chaises, et en avant!

EN LAGUNE DEVANT AROH.

Quatre saisons alternantes se partagent l'année; on les désigne sous le nom de grande et petite saison des pluies; grande et petite saison sèche. Après les premiers orages de mars, il pleut tous les jours durant cinq à six heures, et l'eau tombe sans être annoncée ni par des éclairs, ni par le vent.

Mais dès que le ciel s'éclaircit, le soleil se montre, chaud et réparateur; on se sèche rapidement. Après la saison des pluies on voit apparaître, dès l'aube, des brouillards épais qui couvrent la terre; l'œil est fatigué par une lumière blanche semblable à celle de la pleine lune; le soleil se cache pour mieux atteindre les imprudents qui sortent sans le casque en liège ou sans un grand chapeau en grosse paille ou en feutre gris. La brise de mer chasse les brouillards vers 10 heures du matin. L'atmosphère est lourde, la chaleur accablante. C'est le plus mauvais moment de l'année sur cette côte inhospitalière, qui a la réputation méritée d'être une des régions les plus malsaines du globe; la constitution hydrotellurique du sol rendra toujours difficile, sinon impossible, l'acclimatement de l'Européen.

Nous avons quitté Ouidah à 7 heures du matin. Il est 11 heures. Nous sommes devant le décimère d'Aroh, à l'embouchure du Coufo, qui vient des monts de Mahis et qui, avant de se joindre à la lagune de Ouidah, a formé un vaste lac, l'Ahémé. Ce point était avant la guerre le poste frontière que nul ne pouvait franchir sans décliner ses titres et qualités, sans payer les droits d'entrée ou de sortie. Toutes les embarcations s'arrêtaient, et les agents du fisc les visitaient. Quand on quittait le Dahomey, on était tenu de montrer son passeport, une amande de palme enveloppée dans une feuille de bananier; en accomplissant cette formalité on prouvait qu'on avait acquitté à Ouidah les redevances obligatoires, 60 centimes et une bouteille de tafia par personne. On avait les *chemins*, c'est-à-dire le droit de circuler. La nuit le barrage était fermé à clef et il fallait un cadeau sérieux à l'employé pour obtenir l'entrée dans le Dahomey. Tous ces fonctionnaires pressuraient les employés qui se risquaient dans ce pays pour vendre leurs produits, volailles ou céréales. Lorsqu'un événement grave d'ordre politique se produisait, ou même lorsqu'on cherchait un criminel, les autorités *fermaient les chemins*. Personne ne pouvait sortir du Dahomey.

En aval d'Aroh le courant devient très rapide et même violent. La lagune s'élargit. On voit très bien la mer. Il n'y a plus un seul arbre sur le rivage; c'est une étroite bande de sable poreux. On a creusé à 15 mètres; le sous-sol de la côte est formé par des bancs de coraux apportés du milieu de l'Atlantique par les courants.

Devant Avélo, où se déversent plusieurs petites rivières venant de l'Ahémé, entre autres la Tinou, passée et reconnue en 1892 par la colonne Audéoud, on est obligé de côtoyer avec précaution la rive nord pour ne pas être entraîné vers la barre. Les eaux du Mono venant se

LES COCOTIERS
DE LA RÉSIDENCE DE GRAND-POPO.

mélanger à celles du Coufo. doublées déjà par celles de la lagune. ont créé un passage très dangereux. Les ensablements rendent l'accès de la Bouche du Roi difficile aux grandes embarcations venant du large.

Nous sommes chez les Éoués indépendants. Le long de la mer se sont élevés des villages où habitent les fugitifs qui avaient pu s'échapper. Ils forment une population nombreuse de canotiers et de pêcheurs. Leurs cases sont indiquées de loin par les cocotiers que l'on plante partout. C'est un arbre qui tend à devenir. comme le palmier. une source de richesse. On vend la chair des noix. et les traitants l'expédient en Europe. où elle est transformée en huile (*coprah*). Presque tous les cocotiers s'inclinent dans la direction du nord-est. sous l'action de la brise de mer qui souffle constamment du sud-ouest. Quoique nous soyons sous la même latitude qu'à Ouidah. on se croirait dans une autre région : on y respire un air frais. Le thermomètre ne marque jamais plus de 25 degrés à l'ombre. J'ai rarement constaté un écart de 2 degrés en vingt-quatre heures.

Pendant la saison des pluies et surtout vers le mois d'août, tout ce pays est submergé par les eaux venues de l'intérieur qui occasionnent fréquemment des inondations. La mer pénètre aussi par infiltration et même quelquefois les lames passent par-dessus le rivage et détruisent toutes les habitations. En 1888. à Grand-Popo. j'ai vu le pays entièrement inondé. sans qu'il fût tombé une seule goutte de pluie.

Vers 2 heures de l'après-midi. nous arrivons à Grand-Popo. Depuis une heure on voyait se profiler au loin les factoreries et la Résidence dans un fouillis de cocotiers et de tuiles vertes. M. Rey. administrateur. nous reçoit et nous offre une hospitalité tout écossaise. Le manque absolu de distractions crée là-bas des relations cordiales entre individus de même rang. Comme on n'a ni théâtres. ni concerts. on est très heureux de se retrouver plusieurs à table ; on combat l'inappétence. qui est générale après six mois de séjour. en causant de choses et d'autres. Grand-Popo étant une ville de ressources. on y fait des repas succulents. L'administration possède un potager : on nous sert des légumes frais d'Europe. choux. radis et même un melon. qui fait une entrée solennelle. Le boy reçoit des applaudissements qui le font rougir sous son masque d'ébène et auxquels il ne comprend rien. Tout vient sur le sol du Dahomey ; mais un potager sérieux demande des soins. à cause des nombreux animalcules qui dévorent les germes et des herbes parasites qui poussent rapidement.

Chacun vaque librement à ses affaires dans les rues toujours animées. Ici tout le monde travaille, et tout le monde gagne de l'argent. L'Éoué sait qu'il peut être riche, les autorités ne

20

UNE MARCHANDE DE TISSUS.

viendront pas le pressurer et lui enlever ses économies pour les donner au roi. Tous les noirs ont le sourire aux lèvres, la mine joyeuse et franche. On sent que l'on est dans un pays libre qui n'a jamais eu à craindre sérieusement les incursions des Dahoméens et les vexations des fonctionnaires royaux. On ne retrouve pas chez l'indigène cette retenue particulière aux gens de Ouidah, mélange de timidité et de crainte qui se lit sur tous les visages en pays fon. Soit superstition, soit crainte de ne pas être les plus forts, les guerriers n'ont jamais passé la lagune. En 1891, ils se sont arrêtés à Komé, au nord d'Adjara, à 15 kilomètres environ de Grand-Popo. Leur *raid* avait été facilité par la trahison des pêcheurs de l'Ahémé qui avaient indiqué les gués, par haine contre les habitants de Komé, leurs rivaux commerciaux.

Grand-Popo est une ville de création récente. Les factoreries bâties sur la plage les unes à la suite des autres datent de 1850 à peine. Le protectorat y est établi depuis 1885. Autrefois les comptoirs de Ouidah n'avaient là que des correspondants pour la traite. Les esclaves étaient parqués dans des *baracons* jusqu'au moment de leur embarquement. Éwé, Pla, Beffa. Beffato, Abananquein sont une série de villages gouvernés par des chefs plus ou moins sérieux, qui jouissent d'une certaine considération plutôt que d'une grande autorité. Avant le

MARCHÉ DE GRAND-POPO.

protectorat, Kouakou, John-Do, Yamelet, harcelaient les Européens de leurs demandes d'argent et de temps en temps pillaient les factoreries. L'installation d'un résident et le payement de rentes fixes aux indigènes ont donné la sécurité et le repos nécessaires au commerce.

Le sol appartient à tous; c'est la *res nullius*, et en principe personne ne peut l'aliéner. Avant que la France eût occupé ces régions, les terrains sur lesquels on avait construit les factoreries étaient considérés comme prêtés. Lorsqu'un blanc quittait le pays, sa maison revenait aux chefs, qui en disposaient. Aujourd'hui tout marche comme en Europe.

Les vapeurs et les voiliers se succèdent sur rade, emportant à Marseille et à Liverpool des puncheons d'huile de palme que la civilisation transformera en savons et en bougies, déposant des spécimens de l'industrie européenne, tafias, absinthes, liqueurs fines à 6 sous le litre, cotonnades de luxe à 25 centimes le mètre, armes perfectionnées à 120 francs la caisse de vingt objets.

Par son importance commerciale et sa position à l'embouchure du Mono, le fleuve qui draine tous les produits de l'intérieur, Grand-Popo rivalise avec Petit-Popo et porte préjudice à Ouidah. Les *tabaros*, courtiers qui opèrent en pirogue, viennent tous les jours des divers points de l'intérieur, et tiennent à Rémondo, le port des pirogues, la bourse des huiles de palme. Ils font les prix, discutent leurs conditions et passent des marchés pour toute l'année.

La foire de Grand-Popo est la plus fréquentée de toute la région des Éoués. Elle se tient tous les jours, très bruyante, toujours remplie de vendeurs et d'acheteurs. Les femmes en sont le plus bel ornement. Elles installent par terre des plateaux en osier ou des calebasses remplies de maïs, farine de manioc, ignames. D'autres font la cuisine pour les gens qui passent, et débitent des acras, des akassas, de l'huile comestible. Il y a des bouchers, des tisserands, des détaillants de tous articles de pacotille. On voit des pileuses de maïs préparer la matière première avec une activité dévorante sur la place même du marché.

Les musulmans venus de Salaga vendent des flèches, des carquois, des tissus, des amulettes, de petits Corans et quelquefois des petits enfants, mais ce dernier commerce se fait clandestinement. Tous ces adeptes du Coran sont nomades; ils vont et viennent. Marchands ambulants, ils sèment la bonne parole et ramassent l'argent des noirs. Ils achètent particulièrement le sel, denrée qui manque absolument dans le haut pays et que les Éoués fabriquent sur place en filtrant l'eau de mer.

Les indigènes sont d'une honnêteté surprenante en matière commerciale. Il m'est arrivé de voir des jeunes gens, des étrangers, s'arrêter devant un étalage dont la marchande était absente, prendre ce qui leur était nécessaire et laisser la valeur dans la calebasse qui constituait la caisse. Pour le noir, il y a des tarifs fixes en matière de nourriture, une loi de maximum. Une boule d'acassa coûte 20 cauris; avec dix acassas, un homme a 1 500 grammes de maïs cuit à l'eau dans l'estomac. Il suffit donc d'un sou (200 cauris) pour faire un repas. On comprend que dans ces conditions le noir ait peu de besoins. Le poisson est à Grand-Popo l'objet d'un grand commerce: on le vend salé, fumé et même complètement avarié. C'est un régal.

Les transactions dans les factoreries ont lieu contre espèces monnayées, shillings anglais, thalers de Marie-Thérèse, demi-dollars ou piastres mexicaines. La monnaie française passe facilement et commence à faire prime depuis les nombreuses distributions de pièces de cinq francs faites aux noirs pour le service des transports et les passages de barre que les gens de Grand-Popo se réservent, au lieu de les laisser aux Minas d'Accra. Par suite de cette circulation de la monnaie et de la difficulté de se procurer des pièces divisionnaires, les denrées que l'on vend aux Européens ont augmenté de prix. Le noir pense que tous les Européens sont riches. Un poulet qui en 1888 se vendait 50 centimes, est facilement offert à 2 francs. Un mouton varie entre 10 et 15 francs. L'huile est portée aux grandes maisons de commerce, où les traitants noirs ont leurs comptes courants. Les mesures de capacité en usage sont l'*aklouba* (environ 70 litres), le *zen* (moitié de la précédente), l'*aladako*, ou quart d'aklouba, le *gan adedé* ou demi-gallon. Pour les petites affaires ou la consommation courante, les marchandes se servent de cauris, coquilles univalves importées de Zanzibar et de Mozambique. Cette monnaie, quoique encombrante, est seule en usage dans l'intérieur, et double de valeur au fur et à mesure qu'on s'élève vers l'hinterland. Un cauris équivaut à la quarantième partie d'un centime; 400 cauris font une touque, soit un centime; 200 cauris valent une galline ou un sou; 40 cauris, deux gallines ou un penny; 2 000 cauris font une piastre cauris qui vaut de 50 à 60 centimes; 20 000 cauris font une *piastre forte*, monnaie de compte qui représente un dollar ou 5 francs à Grand-Popo.

Les traitants ont des compteuses de cauris attitrées qui se servent de leurs doigts avec une agilité surprenante et poussent des coquillages par cinq à la fois, de droite à gauche. Pour la vente des tissus au détail, on ne connaît que la pièce qui a sa valeur. On se sert peu du yard et du mètre, les noirs n'ayant pas de mesure de longueur. On vend quelquefois une longueur de bras.

COMPTEUSE DE CAURIS.

Quoique la chasse soit dangereuse pour les blancs, à cause des miasmes que l'on est obligé d'absorber dans les lagunes, nous acceptons, le lendemain de notre arrivée, la proposition de M. Rey, grand amateur de sport cynégetique, et nous filons en pirogue vers la lagune d'Adjara, située au nord d'Éwé. Nous tuons des bécassines, des poules d'eau. Deux noirs auxquels nous avions prêté des fusils et de la poudre nous rapportent une biche. C'est tout ce que l'on peut trouver dans le *Bas* Dahomey, où la faune est pauvre. Comme quadrumanes, des cynocéphales et des macaques. Les carnivores sont représentés par le chat-tigre, le lynx, l'hyène, les civettes et l'once ou genette de Guinée (*Genetta pardina*). On aperçoit taupes, belettes, musaraignes, loirs et rats. On mange en salmis un rat musqué d'un goût délicieux. On tire des tourterelles sur le plateau qui domine Grand-Popo à l'ouest et où l'on a construit la caserne des gardes civils et des douaniers.

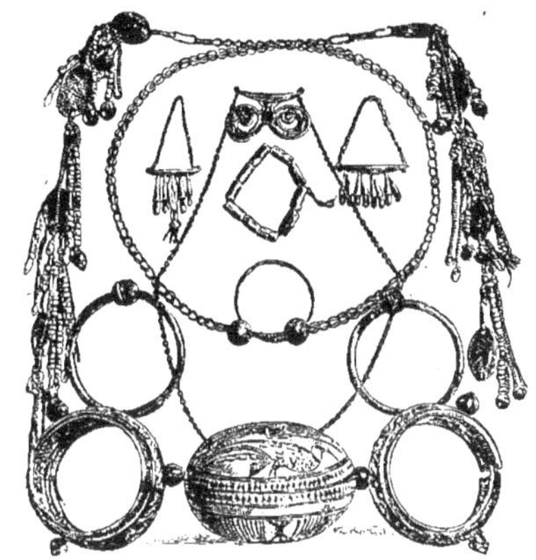

BIJOUX DES INDIGÈNES.

La région des Popos est très fréquentée par les célibataires en quête de femmes jeunes. Ces dames éoués sont coquettes, et s'habillent de pagnes multicolores. Elles portent des bijoux variés : colliers, bracelets en cuivre ou en argent. Elles sont généralement vêtues d'un léger pantalon et d'une pièce de toile qu'elles enroulent et déroulent au-dessous de la poitrine. Les perles fausses et le corail sont employés à profusion, surtout pour les ceintures nouées autour des hanches. Les peignes sont en bois et verticaux, ils servent à dénouer les cheveux crépus, plutôt qu'à les rendre lisses et réguliers. La coiffure d'une femme est chose longue et compliquée et demande une journée et le concours d'une servante ou d'une amie.

Si j'avais à décerner le prix dans un concours de beautés noires, je le donnerais à la femme mina. Elle règne en souveraine maîtresse sur le littoral guinéen. Son visage gracieux, son allure espiègle, sa petite taille, son nez presque aquilin, ses narines elliptiques et frémissantes, ses lèvres presque point relevées, sa peau luisante comme du satin, ses mains et ses pieds minuscules en font la Vénus noire. Elle se parfume avec de l'huile de palme fraîche qui laisse une odeur d'iris et de violette, ou avec l'étrange *atiké*. Elle relève ses cheveux crépus sur le sommet du crâne. Le chignon forme un tronc de cône, le front et la nuque complètement dégagés. Les plus coquettes disposent leur chevelure laineuse en petites tresses; elles font la raie par devant ou par derrière, ou bien tracent

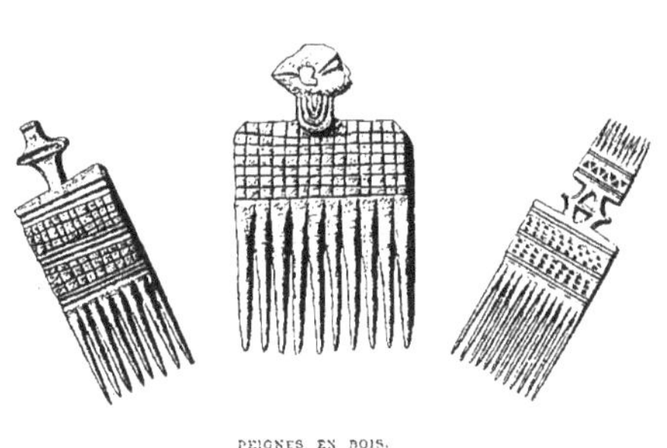

PEIGNES EN BOIS.

des sentiers nombreux qui aboutissent à une voie principale sur le côté. Elles se fardent : aux paupières elles donnent une teinte violette; aux ongles une couleur rouge; le cou, le dos et la poitrine sont enduits d'atiké, répandue à profusion et en dessins variés qui prennent un ton grisâtre. Toutes sont tatouées. Au bas des reins, elles portent une ceinture de grosses perles ou de billes de corail. Cette ceinture n'est jamais dénouée. Celles qui veulent avoir beaucoup d'enfants utilisent la colonne vertébrale d'un serpent. Les pauvresses se contentent d'une ficelle. C'est le premier ornement d'une femme, il est réputé indispensable pour plaire.

La maternité est le grand, le seul objectif. La stérilité est considérée comme une malédiction du ciel. Une femme de vingt-cinq ans qui n'a pas eu d'enfant ne compte pas; les noirs ne la recherchent plus. A trente ans, une femme se résigne et se contente de piler du maïs ou de vendre des *acassas* au marché, elle devient harengère. Son pagne en lambeaux court en désordre sur son corps amaigri et sombre, comme les branches de lierre jauni sur de vieilles ruines.

Lorsqu'un enfant vient de naître, on assemble les amis et l'on fait tam-tam. Le neuvième jour, on porte le bébé à un féticheur, qui lui donne un nom et qui est considéré comme le père spirituel. Ce dernier administre le baptême, qui consiste à mouiller d'eau la tête de l'enfant en répétant trois fois son nom et à lui faire toucher la terre avec le pied. Pendant quarante jours la mère ne se lave pas. Après ce laps de temps, elle se rase la tête et reprend ses occupations. Elle allaite jusqu'à l'âge de deux ans; puis le petit est abandonné à lui-même; il circule dans la cour, dans le village, se remplit la bouche de terre glaise, qu'il mâchonne constamment. On remarque des cas nombreux de variole. Nos médecins ont heureusement introduit, non sans peine, l'usage du vaccin. Les soins de propreté, l'usage des bains, sont en honneur. Matin et soir, le long des lagunes on voit des négresses se savonner, laver leurs pagnes et se disputer comme des harengères. Fillettes et garçons vivent pêle-mêle et jouent sur les tas d'ordures au milieu des cochons, des poules et des canards, ou dans l'eau. Les caïmans, nombreux dans les lagunes, viennent quelquefois jeter la terreur dans le village, enlevant un mouton, des poulets, ou même des enfants. On organise des battues, un vaillant se dévoue, se jette dans une pirogue le bambou d'une main, le fusil à pierre de l'autre, et marche à l'ennemi, qui s'enfuit vite sous les herbes parce que l'on fait un bruit énorme. L'indigène revient bredouille et supplie les Européens de lui venir en aide. On a beaucoup de peine à se débarrasser de ces encombrants amphibies qui, aux basses eaux, viennent faire la sieste sous vos fenêtres.

Le célibat est peu considéré, aussi bien chez l'homme que chez la femme. L'épithète injurieuse de *vocoucou* (impuissant) est adressée au noir qui vit seul.

Cependant, partout la famille est en honneur. Tout le monde vit en commun dans la cour divisée en petites cases et entourée de murs qui ne permettent pas au passant de plonger dans l'intimité des habitants. Le goût du *home* est très développé. Le père, le maître, est aimé et respecté. S'il ne s'occupe pas des affaires du ménage, qu'il laisse à ses épouses, il ne manque pas de les convier aux fêtes et festins, aux joies de la maison, aux tams-tams, dont elles sont le plus bel ornement. Chacune à son tour et par semaine prépare les aliments de l'époux. Elles y apportent tous leurs soins. Lorsque des événements graves se produisent, elles sont consultées.

Les épouses légitimes tolèrent les concubines, qu'elles se contentent de nommer *alomawilisi*, mot à mot, femmes de mains non jointes. Le bâtard est désigné par le terme *alomawilivi* (enfant produit par une femme de mains non jointes). Ce mot explique la cérémonie du mariage, *alowilinu*, alliance (mot à mot, action de joindre les mains), ou *alowiliwili*, poignée de mains, mariage (mot à mot, union de mains); *alowilivi*, enfant légitime, enfant de mains jointes.

PILEUSES DE MAÏS.

Avant de célébrer le mariage on consulte un *azento*, qui interroge *Fa*, le destin, et *Akwagi*, génie de l'enfantement. La femme la plus âgée du village donne aussi son avis, prend la future sous son patronage et lui enseigne ses devoirs d'épouse.

Si c'est une jeune vierge, on la désigne sous le nom de *calebasse* courge pleine. L'homme, qui a eu le temps de voir sa fiancée, apporte, après le palabre où il a demandé la main, les cadeaux d'usage, caisses de genièvre, pièces de tissus, bijoux et la dot, 125 francs. Le futur seul figure au contrat verbal pour un apport en numéraire. On a donné à cette coutume, très correcte en somme, le nom d'achat : grave erreur. Des anciens m'ont dit que le mari devait montrer de l'argent pour prouver qu'il était capable d'en gagner et par conséquent de nourrir sa femme. Si par hasard il est obligé de la répudier ou s'il y a divorce pour vice rédhibitoire, on lui restitue la dot, qui reste entre les mains des parents tant que dure l'union. L'Éoué est libre de répudier la femme qui ne lui donne pas d'enfants.

L'homme peut prendre autant de femmes qu'il peut en entretenir. Nul ne doit se défaire des enfants nés dans sa maison, ni les séparer de leur mère. Les concubines ne sont pas des esclaves. La polygamie ne m'a pas paru une institution contraire au bon fonctionnement de la société indigène. Bien au contraire, elle m'a semblé une nécessité de l'existence dans ces régions, où la richesse consiste à avoir beaucoup de femmes, beaucoup d'esclaves, beaucoup de bêtes de somme dans la maison de ville ou à la ferme. Le bonheur du noir est de voir la vie autour de lui, de contempler d'un œil calme une foule de petits jouant sur les tas d'ordures avec les poules, les canards et les cochons. Tout ce qu'il gagne, il le dépense pour son monde et n'amasse rien.

Les Éoués sont intelligents jusqu'à vingt ans. Les alcools de toute sorte qu'ils absorbent les abrutissent. Rien qu'à Grand-Popo il s'importe plus de 500 000 litres de tafia par trimestre, sans compter les caisses de genièvre, les liqueurs fines. Il est à craindre que les mœurs ne deviennent moins douces sous l'influence des libations toujours copieuses. On rencontre des hommes soûls à chaque pas, et le soir tout individu qui se respecte, qui veut jouir d'une grande considération, s'enivre. Prodigues et vaniteux, les Éoués aiment la toilette comme les femmes. Leur manière de s'habiller est plutôt grotesque que curieuse. On voit des gens en redingote, mais sans souliers, sans caleçon, sans chaussettes. Celui-là marche le torse nu, avec des bracelets aux poignets, vêtu d'une culotte bouffante comme un musulman. Celui-ci a acheté une chemise de flanelle, qu'il porte sans la passer dans son pantalon. L'un a sur la tête un vieux gibus bosselé, écrasé en accordéon. Il y a des gens qui ont une façon originale de porter leur pipe, car tous fument. Beaucoup l'attachent à la ficelle qui leur entoure la taille ou le bras gauche comme une ceinture ou un bracelet. D'autres, des jeunes gens du monde sans doute, ont la tête entièrement rasée, sauf une touffe de cheveux sur le côté droit. Les cheveux de cette touffe sont réunis ensemble de façon à former une sorte d'anneau dans lequel on passe le tuyau, et chacun porte sa pipe comme une cocarde. Les dandys noirs se balancent en marchant, rient aux éclats quand on les regarde et agitent une badine en disant : « Même chose blancs! » Ressembler à l'Européen, être pris pour des blancs, voilà leur rêve!

Lorsqu'un vrai noir parle à un Européen, et surtout à un chef, il défait son pagne jusqu'aux hanches et se présente le torse nu, la poitrine en avant. C'est un signe de déférence et une marque de confiance. Tous sont tatoués. Les signes cabalistiques que l'on voit sur les tempes, sur les joues, sont des marques distinctives de famille ou de tribu et quelquefois des traces d'initiation à tel ou tel fétiche. Les femmes ont sur le ventre plusieurs lignes de points. C'est un pur ornement. Avec un petit canif, la vieille mère, ou une féticheuse, fait une incision, met dans la plaie une composition végétale ou un peu de terre, verse de l'huile sur le tout, et au bout de quatre jours les cicatrices apparaissent indélébiles. Le fétichisme tient à Grand-Popo, comme à Ouidah, une grande place dans la vie domestique; mais les noirs mettent moins de conviction dans leurs pratiques. Les génies ont leurs adeptes sérieux au petit village de Noussoukoué, d'où partent les théories de féticheurs et de féticheuses, portant au cou, aux pieds et aux mains de gros bracelets de cauris blancs. Mais ces promenades sont plutôt des occasions de faire la fête et de ramasser quelques cadeaux que des cérémonies religieuses.

L'esclavage existe; mais nul ne maltraite les captifs, qui sont plutôt des enfants de la maison que des êtres inférieurs et des étrangers. L'esclave a un métier et travaille souvent en dehors de la case du maître. Il rapporte scrupuleusement son gain. Lorsqu'il va au loin exercer sa profession de cuisinier ou de domestique, il pense aux siens, à l'endroit où il est né : il revient dès que son engagement est ter-

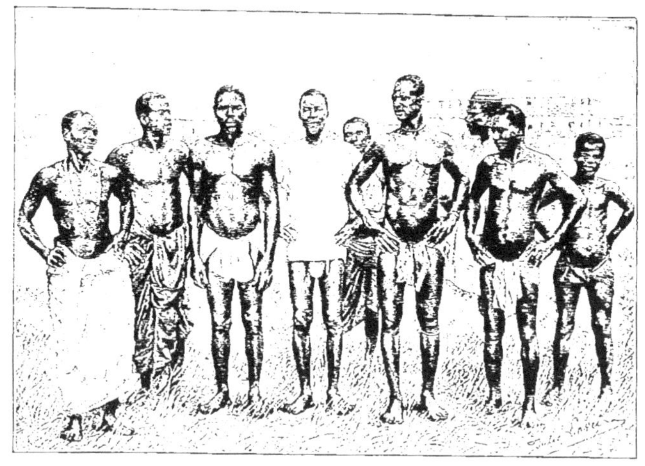

Types Popos.

miné et rapporte son pécule et des cadeaux pour tous. Autour des ouvriers de nos factoreries, charpentiers, tonneliers, gravitent des jeunes gens, des apprentis. Lorsque ces derniers deviennent à leur tour chefs de chantiers, ou sont embauchés pour leur compte, ils remboursent par des mensualités à leurs anciens patrons les leçons et les conseils. Dans les relations entre noirs règne une grande délicatesse, une honnêteté qu'il est très intéressant de constater. Ils ont tous un grand sentiment de la justice, et dans les palabres, qui se tiennent en plein air, chacun émet son avis et l'on prend rarement une décision contraire à l'équité. Ils ont une grande confiance dans les décisions du blanc, qu'ils prennent souvent pour arbitre.

La lagune d'Agoué qui commence vers Abananquein, à l'endroit où le Mono, venant du nord, tourne brusquement à l'est, coule de l'est à l'ouest, alimentée en partie par les pluies, en partie par la rivière d'Akrakou. Son courant est faible, sa largeur de 70 à 80 mètres. Très sinueuse, elle serpente encaissée entre des terrains cultivés, plantés de palmiers et de cocotiers. Après des coudes nombreux qui lui donnent une longueur de 30 kilomètres, elle se joint aux lagunes qui viennent de l'ouest pour se déverser dans la plaine basse où se trouve Petit-Popo. A 500 mètres des factoreries de cette ville, la mer fait quelquefois une brèche par laquelle s'échappe le trop-plein des eaux de l'intérieur.

Au premier abord, vue de loin, Agoué (*Ajigo*) paraît une grande ville. Les maisons, blanchies à la chaux, des nombreux métis brésiliens lui donnent un aspect civilisé. Il y a en tout 7 à 8 000 âmes, disséminées dans autant de cases bâties en argile pétrie ou en bambou, au rez-de-chaussée. La population, fréquemment décimée par la variole, est composée de

Minas venus de Petit-Popo, d'Éoués, et de Nagots dits *Malais*, tous musulmans. Les cabécères Tadjiropo, Ahrtante, John Ahyée, les tiennent en estime et ne les persécutent pas. Comme partout en Guinée, ils sont industrieux et commerçants et constituent l'élément intelligent. Les créoles sont tous chrétiens. Vers 1835 des esclaves libérés vinrent de Bahia s'établir dans ces parages et fondèrent une petite chapelle sur l'emplacement où se trouve aujourd'hui le cimetière. Le doyen de ces *vestidos* s'appelait Joachim d'Almeida. Il consacra l'église au *Senhor Jesus da Redempçao*, en souvenir d'une église de Bahia, très fréquentée. La petite chapelle des d'Almeida n'existe plus et en revanche Agoué possède une belle église qui ne déparerait pas un grand chef-lieu de canton de France. Le clocher, élevé de 15 mètres au-dessus du niveau de la mer, s'aperçoit de la haute mer et sert de point de repère pour les navigateurs. Les missionnaires, habillés de blanc, célèbrent la messe tous les dimanches, et l'on vient l'entendre de tous les environs. A côté de l'église, la Mission, avec ses salles d'école, mérite une visite particulière. C'est un édifice à double véranda, bâti selon les règles de l'hygiène coloniale; on y respire un air frais et pur venant du large. A la suite de la création de la préfecture apostolique du Dahomey, instituée par bref pontifical en date du 28 août 1860, deux Français intrépides, le père Borghero et le père Ménager entreprirent, mais sans grand résultat, d'évangéliser les noirs de cette contrée. Ils réussirent cependant à gagner assez leur confiance pour être pris pendant longtemps pour arbitres dans les palabres. L'instruction des enfants, l'exercice de la médecine, la distribution gratuite de médicaments, la culture maraîchère sont les principales occupations des pères et des religieuses qui dépendent du séminaire des Missions africaines de Lyon, dirigé par le R. P. Planque, un des hommes qui ont le plus contribué à la propagation de la langue française en Afrique. Les pères Chausse, Bouche, Baudin, Morane, dont les travaux littéraires sont aujourd'hui encore les seuls documents importants pouvant guider les linguistes, appartiennent à cette confrérie. Leur œuvre, continuée de nos jours, est considérable. Lagos, Porto-Novo, Cotonou, Ouidah, Grand-Popo, Quittah ont, comme Agoué, des missions catholiques et des écoles où l'on enseigne le français aux petits Éoués, dont l'intelligence est très vive jusqu'à l'âge de puberté. Les pères Morane et Beauquis sont les premiers Français qui aient pénétré dans l'intérieur. Ces deux missionnaires ont visité, dès 1886, la République d'Atakpamé au nord-est de Togodo et jeté les bases d'une ferme-école.

Agoué n'a pas d'importance commerciale. C'est le point de ravitaillement pour les volailles, fruits et céréales; mais les produits riches, huiles et amandes de palme, vont à Petit-Popo et à Grand-Popo. Les grandes maisons n'ont pas de succursales à Agoué; les Allemands seuls ont des commissionnaires et quelques boutiques.

On retrouve à Agoué le même fétichisme qu'à Ouidah, mais plus ouvert, moins entouré de mystère. On fait fétiche fréquemment et sans se gêner. On pratique beaucoup.

Le *gongon* sonne. C'est une sorte de clochette en fer épais sans battant et sur laquelle on frappe avec une baguette de bois ou de fer dans les cérémonies publiques et dans les pro-

MISSION ET ÉGLISE CATHOLIQUES D'AGOUÉ.

cessions. Une longue file de femmes, jeunes et vieilles, circule dans les rues, annonce la pluie, et prévient de se méfier d'*hévioso*, génie de la foudre. Si le fétiche est irrité et qu'une case ait été brûlée, les mêmes prêtresses se dévêtissent et procèdent à l'élimination des objets imprégnés du fétiche de la foudre et au transport des cadavres dans le lieu destiné à cet office.

Il est interdit de donner la sépulture aux gens qui meurent endettés. Comme les membres d'une famille sont solidaires les uns des autres, ils payent souvent pour pouvoir enterrer leur parent et faire ses funérailles. L'Éoué pense que le mort revient ennuyer le vivant quand il n'a pas été officiellement enterré. En général, on a une grande vénération pour les défunts. Il y a un embryon de croyance à l'immortalité de l'âme, et même à la métempsycose. Tous les ans, quelle que soit sa position sociale, un noir célèbre la fête des morts. N'aurait-il qu'un pagne, il le vendra pour acheter un peu de poudre et du tafia pour faire boire ses amis. Comme il n'existait pas de cimetière avant l'occupation française, on enterrait dans les maisons et l'on creusait même la fosse dans la chambre où l'individu était décédé. On leur laissait des victuailles la nuit pour manger, et l'on allumait des chandelles ou des écuelles en terre remplies d'huile de palme, qui, au moyen d'une mèche de coton, fournit un excellent élément d'éclairage. Il est aussi d'usage que les plus proches parents restent au moins dix jours à pleurer, dormir, manger, et tirer des coups de fusil. On fait exception à la règle pour des gens qui meurent d'une maladie épidémique ou de mort accidentelle, quoique le suicide soit rare. Je n'ai même jamais entendu dire qu'un noir ait mis fin volontairement à ses jours. Ils tiennent au contraire beaucoup à la vie, et recommandent de mettre des cauris dans leur cercueil pour pouvoir vivre encore dans l'autre monde sans avoir besoin de travailler. J'ai assisté à un bout de l'an chez les Malais d'Agoué. L'*halloufa*, le seigneur Adriano da Gloria (*sic*), se tenait au centre d'un groupe d'éphèbes qui récitaient à voix basse des versets du Coran et la prière des morts. Derrière les acteurs, sur des piquets, les chapeaux et les pagnes préférés des défunts qui sont censés revivre et assister à la cérémonie. Cette sorte d'évocation des habitants d'outre-tombe est saisissante par sa simplicité.

BOUT DE L'AN CHEZ LES MALAIS D'AGOUÉ.

L'halloufa interroge les âmes : Avez-vous de quoi manger là-bas? Êtes-vous heureux? Que vous faut-il? On raconte ensuite aux vieux parents tous les événements qui se sont produits depuis l'an dernier, on les tient au courant des mouvements dans le personnel de la maison, achat, évasion ou décès d'esclaves, mariages et naissances des gens libres, chiffres d'affaires, etc. Et après la cérémonie sérieuse, le tam-tam reprend, accompagné de coups de fusil et de libations copieuses, même chez les musulmans.

L'islamisme en Guinée est toujours entaché d'un peu de fétichisme. Les noirs n'adoptent jamais complètement une religion. Ils l'approprient à leurs habitudes, immuables malgré les événements politiques et la fréquentation des Européens.

Dans les rues, comme on travaille peu, hommes et femmes jouent à l'*ayo* à douze trous. La partie se fait à deux. Les joueurs ont vingt-quatre graines qui tiennent lieu de jetons; ils les répartissent par quatre dans les trous, de chaque côté; puis, comme au trictrac, chacun joue avec les graines du vis-à-vis et les porte une à une de gauche à droite. Lorsque les jetons du premier joueur rencontrent ceux du second par deux ou un, il y a prise et le jeu se continue jusqu'à ce que l'un des partenaires n'ait plus de munitions. Autour des joueurs se tiennent des parieurs, des conseillers, des spectateurs oisifs qui suivent attentivement la partie, poussent des exclamations gutturales, font des contorsions des plus expressives.

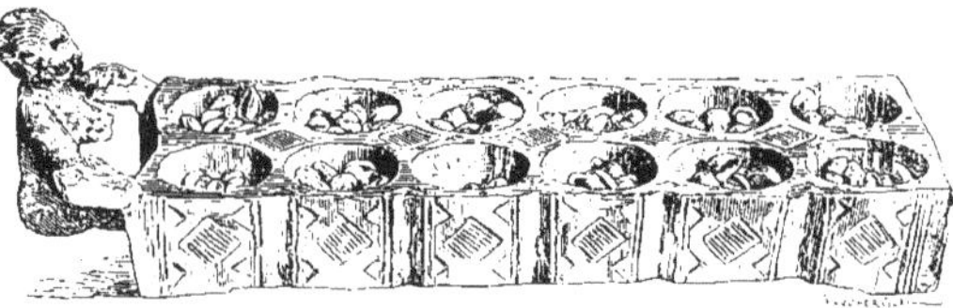

JEU DE L'AYO.

A Agoué, le châtiment infligé aux criminels, les pénalités sont très sévères. Quand il y a eu flagrant délit, on empale le condamné. Après un jugement sommaire, on le brûle vif, on le décapite, on l'assomme, on l'étrangle. La peine du talion est en honneur. J'ai eu l'occasion de sauver la vie à un misérable esclave nommé Boco, originaire du Mossi, qui avait tué son maître. Après avoir assassiné son patron, Boco s'était réfugié à la Résidence; la foule voulait s'en emparer et le lyncher. Les chefs le réclamaient pour faire la justice. On l'eût, si je l'avais livré, mis en croix à hauteur d'homme, et chaque membre de la famille de la victime eût eu le droit de lui enfoncer un couteau dans le corps, de lui couper qui une oreille, qui un doigt. Je préférai, au grand mécontentement des noirs et même des créoles qui se disent civilisés, envoyer Boco à Dakar, pour être traduit régulièrement en cour d'assises. Son avocat réussit à ne le faire condamner qu'à cinq ans de prison pour meurtre. A Agoué il y a un dicton : « Le sang demande du sang ».

AGOMÉ-SÉVA.

On se rend dans la vallée du Mono et chez les Éoués dits *Ouatchis* ou *Adjaas* par Akrakou et Agomé-Séva. Sept heures de hamac, à travers des palmiers. A première vue on croit que les villages sont abandonnés. Cela tient à ce qu'au moment des cultures les gens vont aux *mattes* ou champs et s'établissent dans les fermes ou *gleta*, pour ne rentrer au chef-lieu, laissé à la garde des vieillards et des infirmes, que lorsque le travail a cessé. Dès que la récolte est faite et que la subsistance de la communauté est assurée pour quelques mois, les villages se repeuplent et l'on commence à faire tam-tam au clair de lune. Les Éoués sont très prolifiques : dix et quinze enfants sont facilement rencontrés par famille. On peut sans exagération évaluer à près de 200 000 âmes les individus disséminés entre Agomé-Séva et le haut Mono. Il est néanmoins très difficile de faire des recensements précis.

Agomé-Séva est la capitale des peuplades placées sous notre protectorat depuis le 21 juillet 1885. C'est un point important : les maisons Régis et Fabre y ont des comptoirs. Toutes les huiles et amandes y sont rassemblées avant d'être dirigées sur Grand-Popo.

A 20 kilomètres au nord on trouve Athiémé, débouché des produits de l'intérieur. On s'y rend en cinq heures de pirogue, en remontant le Mono. Nos négociants y possèdent aussi d'importantes factoreries. Les eaux de la rivière sont toujours assez hautes pour permettre aux pirogues de circuler en toute saison. La largeur du Mono est de 50 mètres; sa profondeur de 3 mètres. La distance que j'ai parcourue sur le fleuve est de 23 à 24 kilomètres. Par terre on se rend d'Agomé-Séva à Athiémé en trois heures de hamac.

Athiémé est aujourd'hui le chef-lieu d'un cercle. Tous les villages environnants, Locossa, Chanou, Dobo, Topli, Gionougoui, Agomé-Glosou, Ouademé, sont des centres peuplés, mais sans aucune action les uns sur les autres. Personne ne reconnaît au voisin le droit de s'immiscer dans les affaires locales. Seul le roi de Toune, Pohenzon, paraît avoir une certaine influence, plutôt spirituelle que temporelle, sur les divers chefs ouatchis et dans la région des Popos, à cause du caractère fétiche attribué au terrain qu'il occupe. La chute des Fons a amoindri le prestige de Pohenzon, qui avait des relations suivies avec Abomey, mais qui a su garder une prudente neutralité pendant les derniers événements. Pohenzon est une sorte de pontife suprême. Son bâton jouit d'une grande considération.

On se rend à Toune, chef-lieu du Tado, soit par le Mono, soit par terre. J'ai fait le voyage des deux côtés. La première fois, en 1889, je suis passé par la rivière; la seconde fois, en 1892, avec la colonne du commandant Audéoud. A Topli, au nord d'Athiémé, j'ai trouvé un gros bourg peuplé de fétichistes fanatiques. Il y a une école d'initiation très fréquentée. Les habitants, hostiles aux marchands, ne veulent pas de factorerie.

Le courant commence à devenir rapide dans le Mono, la navigation difficile; les berges sont escarpées. La largeur moyenne du fleuve est encore de 40 mètres, sa profondeur de 2 mètres. En aval de Topli, à Dedepoé, j'ai rencontré les premiers cailloux. A Amédenta, port de la région de Ouademé et des Dobos, la végétation change; les palmiers sont plus rares; on rencontre les ficus en quantité. A droite et à gauche, des ondulations de terrain. Les rives du Mono sont peuplées de *Kotafons*, Dahoméens émigrés d'Agony et d'Abomey.

J'atteignis Togodo, le 20 juillet 1889, avec peine: les canotiers avançaient difficilement le long des berges en s'accrochant aux branches des arbres. Nous passâmes trois rapides, Alizanou, Aoma, Pako; quoique les eaux fussent hautes, il n'y avait qu'un mètre de profondeur, 30 à 40 mètres de largeur. Nous avions mis neuf heures pour faire le trajet, à cause de la violence du courant.

Togodo est un point de convergence de caravanes venant d'Atakpamé, de Pessi, de Sagada. On voit dans les cases des sacs de sel, déposés par les marchands, qui viennent les chercher dès qu'ils ont assez de porteurs à leur disposition. Jusqu'en ces derniers temps, c'est à Togodo qu'on venait chercher des esclaves pour la vente, prohibée depuis longtemps sur le littoral. Aussi les chefs de Togodo ne voyaient-ils pas d'un très bon œil le passage des blancs, dont ils redoutaient l'ingérence toujours bienfaisante aux malheureux captifs.

Aux environs de Togodo, à une heure de marche, se trouvent les chutes d'Adjahanoum. Le Mono, large à peine de 20 mètres, encaissé entre des roches de granit, se précipite brusquement d'une hauteur de 15 mètres. En amont des chutes, le lit a 40 et 50 mètres de largeur; dans les eaux circulent des hippopotames. Si le pays n'était mamelonné et sensiblement plus élevé que les régions du sud, on pourrait croire que les rochers d'Adjahanoum ont été apportés là par hasard et ne constituent qu'un accident. Je crois même qu'il ne serait pas difficile de les faire disparaître, ce qui permettrait de tracer par le Mono une voie de pénétration vers le Tchandjo.

La route de Togodo à Toune par Hounkemé et Tobamé traverse un pays ondulé, parsemé çà et là de rochers de granit et de blocs de grès rouge, rempli de cultures, de grandes plantations de cotonniers, de cocotiers et de palmiers. Le tafia étant rare, on boit du vin de palme. Pour se procurer ce liquide très rafraîchissant, les noirs montent au haut du palmier sans échelle, en s'aidant d'une corde enroulée autour de l'arbre et qui les soutient par le milieu du corps. En se tenant au palmier d'une main et pressant du pied de bas en haut, le sommelier monte à la cave. Il fait l'incision, place une feuille de bananier pour servir de rigole et descend; en bas, une calebasse ou un pot reçoit le liquide frais, fade et sucré. Quelques heures après, le vin fermente, le breuvage devient pétillant et peut s'absorber. Après deux ou trois jours de fermentation, il devient âpre et enivre. Les noirs cependant lui préfèrent le genièvre et le tafia, que l'on ne cesse de nous demander.

Quatre rivières se jettent dans le Mono, l'Haévi, le Togodononoum, le Papatonoum et le Lomo. Ce sont des torrents sans importance. L'eau du Lomo sort toute blanche d'un seuil de rochers élevés de 10 à 15 mètres.

Toune, où je suis entré pour la première fois le 23 juillet 1889, est un village bâti en barre rouge; il renferme plus de cases fétiches que d'habitations confortables; partout des legbas en terre affublés de longs phallus. Pohenzon ne manque pas de me dire que je suis sur un terrain sacré que jamais blanc n'avait foulé avant moi. Ma visite me coûte quelques cadeaux, comme d'usage, et je suis vite classé « bon blanc ». « Maintenant que nous sommes les enfants de la France, elle doit nous nourrir », ajoute Pohenzon. Les noirs ont l'instinct budgétivore comme de simples électeurs français.

La route de l'intérieur, de Toune à Athiémé, passe sous d'épaisses forêts de palmiers à huile. Les villages, très clairsemés, sont perdus au milieu de la brousse. Ils sont défendus contre les invasions subites par une fortification naturelle, la végétation très dense. Un taillis épais entoure chaque village et les chemins aboutissent à des portes, faites avec des troncs d'arbres. Des sentiers à peine visibles se croisent en tous sens et vont même se perdre dans la forêt sans issue. Nous avons un guide ouatchi qui pousse de temps en temps un cri auquel on se répond d'un point quelconque du fourré. Ce sont des sentinelles et des postes avancés. Les Éoués se gardent constamment. Avant la guerre ils craignaient les Dahoméens. Aujourd'hui ils ont peur les uns des autres. Le brigandage est assez répandu entre Dobo et Bopa-Sahoué. Des haines très vivaces existent entre les divers centres, et les gens cherchent à se voler les esclaves et les femmes. On manque de dames dans la forêt ouatchi. Les Dahoméens les ont presque toutes enlevées en 1871, au sac de Ouatchikomé. Elles sont d'ailleurs peu agréables à voir : elles ont un visage bestial et des allures qui éloignent l'homme le plus enthousiaste. A 50 kilomètres du littoral on ne trouve aucune trace de coquetterie. C'est la femelle, aux affinités

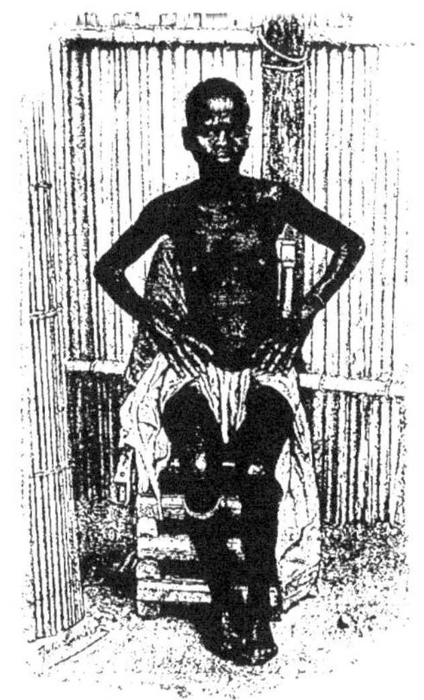

JEUNE FILLE DE TOUNE.

FEMMES ÉOUÉS.

simiesques. Les mâles eux-mêmes ont l'air de bêtes; un pagne très court et très sale leur entoure les reins.

Dobo est un grand village. On nous y regarde en sauvages. Le moindre de nos gestes est curieusement observé. Les hommes, les femmes, les enfants s'entassent, mais à distance respectueuse, pour nous contempler, et à chaque mouvement que nous faisons il se produit dans ce tas un brouhaha, une bousculade du plus haut comique et dont ces gens rient eux-mêmes.

Nous arrivons à Sahoué, résidence du chef de guerre Pobiry, général des Ouatchis, comme disent les interprètes Mensah et Péreira. Hansa Pobiry est un homme de cinquante ans environ; il a l'air intelligent et a cherché pendant la dernière campagne à se rendre utile. Il n'a pu être secondé; ses guerriers, très bruyants, très loquaces en dehors du champ de bataille, se sont montrés pusillanimes dès que M. Audéoud, chef de bataillon d'infanterie de marine, chargé par le général Dodds de faire une diversion dans l'ouest, a voulu les faire marcher à l'ennemi.

Pobiry a un trompette qui souffle dans une corne de bœuf. Il fait toutes sortes de variations ennuyeuses et assourdissantes et ne se tait que quand il est tout à fait épuisé, c'est-à-dire à la nuit tombante.

Le commandant Audéoud et moi avons assisté le 13 septembre 1892 à un rassemblement de ces fameux guerriers. Dès l'aube, grande animation dans le village. Les Ouatchis arrivaient les uns après les autres, se serrant la main avec frénésie, échangeant le signe de l'amitié : un frottement saccadé de l'index et du médius contre le médius du partenaire, et les saluts d'usage, la kyrielle usitée des génuflexions et des embrassements. Tous ces hommes de guerre avaient chacun leur harnachement complet : deux kilogrammes d'amulettes sur le corps, des cartouchières, des besaces, une queue de cheval, une dent de panthère, des moustaches de chat-tigre. Au son des *pesi* et des *hong*, au bruit des *assan*, les cours des cases se remplirent et furent vite bondées de visiteurs et de curieux. Le vin de palme coulait à flots, car tous avaient fait beaucoup de chemin et par conséquent devaient

RASSEMBLEMENT DES GUERRIERS OUATCHIS. — (13 SEPTEMBRE 1892.)

POBIRY, CHEF DES ÉOUÉS DE SAHOUÉ, ET SES DEUX FRÈRES.

avoir soif. A 10 heures, il y avait 300 guerriers. Pobiry leur tint un speech et entama un pas guerrier. La meilleure manière d'exciter l'enthousiasme c'est de danser, et les chefs relèvent leur prestige en piquant un cavalier seul. Les spectateurs poussent des cris de guerre et applaudissent avec frénésie. Tous ces gens n'ont pas mauvaise mine; mais c'est de l'opéra bouffe nègre. Pas un n'a de courage pour une affaire quelconque. Nous les avons vus à l'œuvre quelques jours après. Ils nous ont lâchés piteusement le 14 octobre devant Pédadenoum et au passage de l'Ahémé, très hableurs, parlant et gesticulant à tout propos, et ne pouvant pas dire vingt mots sans esquisser un mouvement chorégraphique quelconque, le fusil à pierre à la main.

Il faut cependant leur rendre quelque justice. Ils sont bons cultivateurs et bons chasseurs. Ils tuent fréquemment des daims et des biches qui abondent sur le plateau de Sahoué.

Je revins à Grand-Popo par l'Ahémé et Komé. Je quittai Sahoué à 5 heures du matin accompagné de Pobiry et de quelques guerriers. C'est un véritable dédale de sentiers autour du village. A 7 heures et demie, une forte pente et l'on se trouve en face d'une rivière large de 1 200 à 1 500 mètres devant Bopa. C'est l'Ahémé, dans lequel se déverse le Coufo. On voit au loin le royaume d'Alada et ses grands arbres. Des collines hautes de 60 mètres dominent la rive gauche. La rivière n'a pas toujours cette largeur. Un peu plus au sud, près de Guésin qui est dans une île, elle n'a plus que 30 à 40 mètres de largeur. Les deux rives sont peuplées de pêcheurs.

L'Ahémé et le Coufo sont à peine indiqués sur les cartes antérieures aux événements de 1892-1893; l'accès en était rigoureusement interdit aux blancs. L'Ahémé forme un lac de 15 kilomètres de longueur. Le Coufo qui s'y déverse est un petit ruisseau qui vient des Monts de Mahis, coule du nord au sud, au milieu de forêts inextricables qui le rendent impropre à la navigation. Si l'expédition du commandant Audéoud n'a pas eu d'importance au point de vue militaire, elle a présenté un grand intérêt géographique.

De Bopa à Komé en hamac. Nous marchons dans un sentier à peine frayé; on a toutes les peines du monde à avancer. Le chef de Komé est en train de discuter avec ses sujets pour rebâtir le village, détruit par Behanzin.

A Sé, gros bourg très peuplé, il y a quatre chefs, mais aucun ne veut nous donner des porteurs pour remplacer les gens de Pobiry qui désirent s'en retourner chez eux. Tous ces noirs ont peur de sortir des limites de leur habitat ordinaire. A Dré, où nous arrivons avec nos premiers porteurs, on trouve quelques Popos disposés à nous aider moyennant salaire. Ce grand village n'a pas de chef; il est mort sans être remplacé. Pendant l'interrègne, il est interdit aux habitants de parler du mort et de dire qu'il n'existe plus. Quand on demande le chef, les indigènes baissent les yeux et gardent le silence. Si on insiste, tout le monde se met à rire d'un air embarrassé; enfin l'un des chefs présents s'approche de l'interprète et lui dit tout bas que le chef a été tué par les Dahoméens. Et tout le monde d'éclater de rire bruyamment.

Quoique le mot *Dahomé* revienne à chaque instant dans les conversations, les guerriers de Behanzin ne sont pas venus jusque-là. Ils ont formé un raid sur Komé et se sont sauvés, craignant des représailles, faciles dans un pays naturellement protégé par sa brousse intense. Les gens de Dré nous donnent des guides pour aller à Adjaa. Nous continuons la série des chemins affreux, à travers les marais de la Sarzoué, les clairières plantées de cotonniers et les champs de maïs. On arrive à 6 heures du soir à Adjaa. Pas de pirogues pour rentrer à Grand-Popo; mais nos gens nous proposent de nous rendre à pied jusqu'à Éwé, où nous trouverons le moyen de passer à la Résidence. Ici se place un petit incident qui donne une idée de l'esprit cauteleux des Éoués, qui, dans les moindres actes de la vie ordinaire, sont rusés et défiants. Voulant causer avec le chef du village, je le fais appeler. Un individu se présente et me dit que le chef est absent. Je vais à la case dudit chef pour vérifier. « Le chef, me répond un brave tisserand qui travaillait sous une véranda, mais il est allé à votre rencontre quand on l'a appelé! D'ailleurs le voici derrière vous. » Et il désigne le bonhomme qui venait de me dire que le chef était absent. Le faire empoigner, ficeler et amener à Grand-Popo fut l'affaire d'un instant. Il quitta son pays au milieu des rires et des huées de ses concitoyens, qui le lâchaient piteusement dans son malheur. La rivière d'Adjara, qui débouche derrière Éwé, est vaseuse et encaissée. On la traverse à dos d'Éoué. La nuit arrive complète. Nous sommes dans un couloir formé de palmiers; on n'y voit goutte, chacun de nous empoigne le pagne d'un nègre et nous marchons à la queue leu leu comme des aveugles. Nous sommes obligés d'éteindre deux malheureuses lampes à chandelles, les moustiques se précipitant par myriades et nous dévorant, tandis que les chauves-souris affolées par la lumière se heurtent à nos jambes et à nos têtes. Je ne puis comprendre comment ces noirs peuvent se diriger dans l'obscurité!

Grâce au vieux Kouakou, qui nous prête une pirogue, nous passons le Mono et nous arrivons à la Résidence à 8 heures. Rude journée! Nous marchions depuis 6 heures du matin. Ce sont des étapes qui comptent sous le chaud soleil des tropiques.

J'arrête là mes souvenirs sur les Éoués, qui sont au demeurant de braves gens absolument inoffensifs. Grâce aux armes françaises, ils sont aujourd'hui libres et pourront, au contact des Européens, se développer un peu. Une superstition grossière et la crainte d'être pris comme esclaves les ont longtemps retenus dans leurs forêts épaisses.

Le climat agit sur les individus, les rend mous, impropres à tout acte de fermeté et de volonté. Ils apportent dans leur moindre geste une lenteur désespérante. La nature leur donne tout ce qui est nécessaire à la vie : pour les faire sortir de leur apathie naturelle et les mettre dans la voie du progrès, il faut que l'Européen qui vient s'enrichir dans ces contrées prenne pour tâche d'exercer son influence sur le moral autant que sur les goûts et les besoins factices de l'indigène.

UN TISSERAND.

LE HAUT-OUÉMÉ : VUE PRISE DU PLATEAU D'AGONY

CHAPITRE XI

Campagne de 1893-1894. — Combat de Houansouko. — Behanzin à Atchéribé. — Marche sur Agony. — Le Haut-Ouémé. — Zagnanado. — Le Zou. — Bivouac de Zoutenou. — Remise des armes à tir rapide. — Les princes et les ministres. — Fuite, poursuite et soumission de Behanzin. — Le pays des Mahis. — Couronnement d'Agoliagbo. — Démembrement du Dahomey. — Organisation de la colonie du Dahomey et dépendances après la conquête. — L'arrière-pays. — Conclusion.

FÉTICHES A ZAGNANADO.

Après l'incendie de sa capitale, Behanzin s'était retiré sur les bords du Zou, à Atchéribé, village situé à 30 kilomètres au nord d'Abomey. Un palais de moyenne grandeur, résidence de passage où la cour faisait étape au retour des guerres contre les Mahis, quelques cases en pisé, enfouies sous de grands fromagers, au milieu de champs de maïs et de taillis épineux, c'est tout ce qui restait au roi de ses anciens domaines. Les serviteurs demeurés fidèles et les guerriers, parmi lesquels de nombreux blessés revenus à la santé, avaient construit à la hâte des cases en bambou, à 2 kilomètres au nord-est d'Atchéribé, sur la rive gauche du Zou, au pied du mont Gbooulé ou Bowelé (montagne du Requin), au milieu d'un plateau dénudé, désigné par les indigènes sous le nom de Zounvei-Hono.

Une proclamation, affichée le 3 décembre 1892 à Ouidah et à Alada, avait fait connaître à la population la déchéance du souverain du Dahomey et l'annexion au nom de la France des territoires compris entre l'Ouémé et l'Ahémé.

« Le roi Behanzin Ahi-Djéry est déchu du trône de Dahomey et banni à jamais de ce pays.

« Le royaume de Dahomey est et demeure placé sous le protectorat exclusif de la France, à l'exception des territoires de Ouidah, Savi, Avrékété, Godomey et Abomey-Calavi, qui constituaient les anciens royaumes d'Ajuda et de Jacquin, lesquels sont annexés aux possessions de la République Française. Les limites des territoires annexés sont : à l'ouest, la rivière Ahémé; au nord et à l'est, la rivière de Savi et les frontières nord-est du territoire d'Abomey-Calavi; au sud, l'océan Atlantique.

Signé : « A. Dodds. »

« Mais, disait le bon abbé Vathelet, en prenant le frais sur le balcon du fort français de Ouidah, où le commandant supérieur du Dahomey avait établi son quartier général le 23 février 1893, la monarchie dahoméenne est un ténia; il ne suffit pas d'en disperser les anneaux, il faut, pour la détruire complètement, pour l'empêcher de renaître, arracher la tête. »

La colonie était pacifiée jusqu'à la Lama et l'on y circulait sans escorte. Dans le Haut-Dahomey au contraire, des escarmouches se produisaient toutes les semaines. Une guerre d'embuscades, une ère de piraterie commençaient pour nos petites garnisons de Goho, de Cana, de Cotopa et d'Adégon. De janvier à juin 1893, du camp de Zounveï-Hono où s'étaient rassemblés les débris de l'armée, 4 à 5 000 faméliques, groupés autour du maître parce qu'ils ne savaient où aller, se détachaient chaque jour de petites patrouilles qui venaient attaquer les reconnaissances et les convois. Autour d'Abomey, à Dan, Tendji, Oumbégamé, Vindouté, des chasseurs embusqués dans les arbres signalaient nos mouvements, fermaient les chemins, arrêtaient les déserteurs. Pour laisser les populations voisines dans l'incertitude sur ses moyens d'action, pour se donner encore l'illusion de la puissance, l'ex-roi s'entourait de mystère et cherchait à nous empêcher de nouer des relations avec les Mahis de Savalou, avec les Anas d'Atakpamé et de Pessi, avec les Nagots de Savé et de Ouessé, avec les habitants d'Agony, qui hésitaient à venir à nous, craignant encore leur ancien ennemi trop rapproché. La fin brusque des opérations militaires avait amoindri leur confiance.

Le 28 avril 1893, Candido Rodriguès, métis brésilien qui avait joué un rôle douteux pendant la campagne de 1890, et que Behanzin gardait en captivité à Atchéribé, arrivait à Ouidah avec le chettingan, porteur de propositions de paix. Les pourparlers n'ayant pas abouti, Candido refusa de remonter au camp de Zounveï-Hono et se rangea sous la protec-

LE POSTE D'AOUANDJI-TOHOUÉ ENVAHI PAR LES EAUX.

tion de la France. Intelligent, devenu sincère par nécessité, ce *Vestido*, nom sous lequel on désigne au Dahomey les nègres habillés, nous fournit des documents précieux. Dans l'entourage du roi on constatait une grande lassitude. De nombreuses désertions se produisaient malgré toutes les précautions, malgré les châtiments les plus sévères. Un incendie avait détruit la moitié des armes à tir rapide et une grande partie des approvisionnements. La famine faisait son apparition. La variole, maladie endémique au Bénin, sévissait sur les guerriers, sur les femmes et les enfants. Les membres de la famille royale commençaient à s'agiter et semblaient prêts à abandonner le maître.

Le 2 mai, à l'ouest de la Lama, à 59 kilomètres de Ouidah, à 20 kilomètres au sud-ouest d'Abomey, un détachement du bataillon d'Afrique est attaqué sur la route de Toffo à Huansouko. L'affaire commence à 8 heures; elle se termine à 2. Le lieutenant Courte, commandant l'avant-garde, résista héroïquement au milieu des balles que faisaient pleuvoir 300 guerriers embusqués derrière des fourrés impénétrables. Dans le carré, le capitaine Maugin reçoit huit balles dans le corps et meurt des suites de ses blessures. Le lieutenant Aigrot a la cuisse traversée d'un projectile. Le sergent Bianconi et un chasseur ont des blessures légères. Vers 2 heures, manquant d'eau et n'ayant ni brancards, ni moyens de transport, les « joyeux zéphyrs » durent se replier sur Toffo.

Ce guet-apens causa une vive émotion dans la colonie. On envisagea néanmoins froidement la situation, et une nouvelle expédition fut préparée. La solution, la fin de cette guerre qui menaçait de s'éterniser, était à Atchéribé.

On décida de reprendre la voie de l'Ouémé qui conduisait directement au plateau d'Agony, d'où Behanzin tirait encore ses ressources en vivres et où l'on pouvait établir une excellente base de ravitaillement. La saison des pluies battait son plein, l'inondation était exceptionnelle comme époque et comme importance. A Aouandji-Tohoué, sur l'Ouémé, le poste fut complètement envahi par les eaux; officiers et soldats durent se réfugier dans les arbres.

Il était de la plus grande importance de s'assurer, avant de pénétrer dans la vallée du Zou et dans la vallée supérieure de l'Ouémé, sinon de l'appui, au moins de la neutralité des riverains. Cette tâche échut au lieutenant Aubé, officier de renseignements détaché à Kpomé. Par des indigènes soumis à notre influence cet officier apprit que tous les villages situés sur l'Ouémé et sur ses affluents dépendaient de deux chefs religieux résidant à Gba, sur la rive droite de l'Ouémé, à 4 kilomètres en amont du poste d'Aouandji-Tohoué.

Le 8 juillet, M. Aubé se rendit à Gba, accompagné de quatre tirailleurs. Après quelques difficultés, les habitants se décidèrent à prévenir les féticheurs qui habitaient dans la forêt, sous un bois sacré, dit *atililiwu*. Les ermites noirs se rendirent à l'appel du blanc et acceptèrent le palabre. Assis sur des tapis formés de peaux de bêtes et d'étoffes précieuses, que leurs domestiques apportèrent, ils avaient la tête complètement cachée par leurs cheveux nattés et rabattus en avant. On n'apercevait leurs figures qu'à travers un rideau de petites franges. Ils parlaient sans que l'on pût voir la moindre impression sur leurs visages, et seulement quand on les interrogeait directement. Le reste du temps un vieux serviteur ou une féticheuse répondaient en leur nom, après les avoir consultés à voix basse. Cette première visite eut néanmoins un résultat : elle permit à M. Aubé de remonter le Zou jusqu'au pont d'Allahé (la vallée du Zou n'avait pas encore été reconnue) et l'Ouémé jusqu'à Sagon. Les villages, prévenus par deux sous-féticheurs qui servaient de guides, reçurent la petite mission avec des protestations d'amitié et exprimèrent le désir de voir bientôt les Français s'établir à Agony.

PONT SUR LE ZOU, PRÈS D'ALLAHÉ.

Une seconde visite fut faite à Gba par le commandant Drude. Cette fois, comme l'expédition était décidée, on se montra plus énergique dans les propositions et les féticheurs promirent tout leur concours. Ils exhibèrent même complètement leurs visages, et déclarèrent qu'ils abandonnaient Behanzin.

Le 13 octobre, le général Dodds quitte Porto-Novo à bord de l'*Opale*, escorté par toute la flottille. Du 14 au 15, séjour à Dogba, où l'on prend le premier groupe. Chaque canonnière avait à la remorque une vingtaine de pirogues. Les cris des canotiers, les jurons des troupiers, les mille petits accidents inhérents à un embarquement précipité, égayent la traversée, qui s'accomplit sans coup férir, l'ennemi n'existant plus que de nom. L'herbe a poussé, haute et drue, sur le champ de bataille de Dogba et sur la route de terre suivie en 1892, que

OUÉMÉTON.

l'on avait eu tant de peine à tracer. Le point de débarquement choisi et reconnu à l'avance était Ouéméton, sur la rive droite de l'Ouémé, vis-à-vis d'Agombo. Nous savons aujourd'hui que l'Ouémé (*Ouo*, nom propre; *mé*, dans) ne s'incline pas au nord-ouest. Ce fleuve prend sa source dans les montagnes situées par 8° 30′ de latitude Nord et coule d'abord au sud-est; à partir de 8° 20′ il suit une direction nord-sud, qu'il conserve jusqu'à Aguégué. Devant Ouessé il a 100 mètres de largeur et un débit d'eau considérable, surtout à l'époque des pluies, qui dure trois mois. Dans sa partie supérieure il coule au milieu d'un plateau élevé de 180 mètres avec un courant de six nœuds. Les berges sont escarpées; le fond est formé d'énormes blocs de granit ou de quartz amoncelés sur certains points et constituant barrage. A Diabanou se trouve un seuil qui arrête la navigation des vapeurs; mais les pirogues peuvent remonter jusqu'à Savé.

Il y aura lieu de procéder ultérieurement à une canalisation de ces biefs successifs pour entretenir la circulation des pirogues en tout temps. La baisse des eaux est très rapide. Les deux affluents les plus importants sont le Zou et l'Ocpa. Cette dernière, très encaissée et peu navigable, viendrait, d'après les indigènes, d'une région située au nord de Liki et resterait continuellement sur le territoire soumis à l'influence française.

Le Zou n'est bien connu que depuis la campagne de 1893. Les canonnières l'ont remonté jusqu'à Begohnou. Un fort courant, des coudes brusques, des séries de rochers en rendent la navigation très difficile aux hautes eaux. Son lit est rocheux et sablonneux; les sables contiennent une forte proportion de quartz et de mica. M. le lieutenant d'infanterie de marine Aubé a signalé dans le cours de l'Ocpa des fonds de schiste ardoisé, analogue à celui qui avoisine les terrains carbonifères. Les indigènes, dit-il, ignorent absolument l'existence d'un gisement houiller quelconque. D'une façon générale, les habitants ne paraissent retirer de leur sol aucun produit minéral, et nulle part on ne trouve trace d'une exploitation minière quelconque. Le pays cependant est riche en minerai de fer, et doit renfermer de l'or et peut-être même du diamant. Skertchly n'hésite pas à comparer le Haut-Dahomey au Transvaal. Il y a là pour les industries extractives de la métropole un vaste champ de recherches et d'exploitation. Dans les régions où le palmier n'existe plus, on trouve des gommiers, et en grande abondance le karité, une essence tinctoriale, le *cossoué*, qui donne une sorte de gomme laque, un arbre amer, sorte de quinquina, le *alisin dolopoué* des indigènes, qui connaissent aussi le caoutchouc, dénommé *galigali*. Le colatier se rencontre sur la rive gauche de l'Ouémé. Le lieutenant Guérin a signalé le mil, et le riz de montagne rouge, du côté d'Aouangon.

Nous débarquons le 16 octobre à Ouéméton, au milieu de hautes herbes. Il y a 500 mètres de marécages à traverser. Malgré les difficultés matérielles, notre arrivée par la rivière avec cinq bateaux (*congos*) produit une grande impression sur l'imagination des riverains. Nous devons avoir « un très bon fétiche », disent-ils, puisque les dieux des eaux nous laissent passer là où jamais blanc n'avait osé venir.

Le *bonougan* Houngan, représentant officiel de Behanzin à Zagnanado, s'enfuit précipitamment et retire les derniers postes dahoméens. La population, féticheurs en tête [1], se présente avec des moutons, des poules et des chèvres et fait sa soumission.

« Venez-vous franchement à moi, demande le général Dodds au zouno de Cové, le vieil Ahaloupé, et au zouno de Québo, Avoundéba.

— Oui, *Maou* (Dieu) t'envoie pour nous délivrer.

— Si Behanzin revenait, que feriez-vous?

— Il ne reviendra plus. Les fétiches dahoméens avaient déclaré que jamais bateau de blanc ne pénétrerait dans la rivière. Les fétiches ont menti.

1. Les féticheurs du pays d'Agony portent le nom de *zounos*. Ce sont des chefs autant que des prêtres ; leur religion diffère de celle des Fons d'Abomey. On n'y pratique pas de sacrifices humains.

PLACE DU PALAIS DE ZAGNANADO.

— Alors vous avez confiance dans la France?

— Quand on veut dormir tranquille, on met sa tête du côté le plus élevé et le plus solide. »

Accueillis avec bienveillance, les habitants prennent avec un certain recueillement le pavillon français et offrent leurs services comme porteurs. Les opérations de déchargement, de transport de matériel sont menées rapidement et le 20 octobre le quartier général est porté à Zagnanado, ancienne résidence du roi Glé-Glé. Nous prenons pied sur le plateau d'Agony, entre Zou et Ouémé.

La région portée sur les cartes antérieures par une simple désignation de nom de village comprend plus de 60 centres habités, très peuplés, bien cultivés. Elle se divise en quatre cantons : Agony-Covè, Agony-Québo, Agony-Dovi, Agony-Aguégadji. Quoiqu'il y ait moins de palmiers qu'aux environs d'Alada et de Porto-Novo, la contrée est riche et propre aux plantations de café et de cacao. Le sol, argilo-ferrugineux, contient moins de matières organiques que les terrains du sud, où pullulent des myriades de vers et d'insectes qui dévorent les racines et les semailles. Les grands arbres abondent. Les champs sont défrichés presque partout et plantés de maïs, manioc, citrouilles et tomates. Le plateau est sillonné de vallons profonds dont le fond est coupé par un filet d'eau limpide. Sur la route de Ouéméton à Zagnanado on jouit d'un panorama magnifique. Au nord se profilent les monts de Loussa et de Gbooulé. Au nord-est et au sud, tout autour du plateau, l'Ouémé se déverse rapidement et coule dans une vaste plaine marécageuse qui se continue jusqu'au royaume de Porto-Novo.

Le Dahomey considérait Agony comme un protectorat. Les rois ménageaient cette famille de cultivateurs qui jouissaient d'une liberté relative, nommaient eux-mêmes leurs chefs, que le Bonougan présentait à la cour pour l'investiture. Le tribut payé tous les ans se composait de céréales et d'animaux domestiques.

Le palais de Zagnanado, où avaient été reçus en 1890 nos compatriotes Dorgère, Chaudouin, Heuzey, Piétri, les casernes des amazones, vastes hangars situés sur la grande place de la ville, sont transformés en magasins. La salle des fêtes va servir désormais de bureau au commissaire de la colonne, qui distribuera son riz et son tafia sous la protection des bas-reliefs fantastiques, sculptés sur les murailles, rappelant les événements du passé, les souvenirs de l'époque héroïque, fétiches, singes qui font la grimace, esclaves que l'on décapite, couteaux, chevaux, haches. C'est l'histoire militaire du roi Glé-Glé, qui a pris mille villages, me dit le Zouno Dasso, chef de Zagnanado; ce noir affirme pénétrer pour la première fois dans cette enceinte, réservée à l'aristocratie dahoméenne ou aux condamnés à mort.

INTÉRIEUR DU PALAIS DE ZAGNANADO.

La concentration s'achève le 26 octobre. Elle a été rendue difficile par le débordement des rivières pour les troupes qui ont suivi la voie de terre, Tori, Ouagbo, Cotopa, Allahé, et qui ont contourné la Lama et traversé le Zou à Aboudougnianli au moyen de pirogues fournies par les indigènes enthousiasmés.

La Lama sépare le Bas-Dahomey des protectorats d'Abomey et de Ouère-Kétou. C'est une grande dépression de terrain qui divise le pays en deux parties distinctes au point de vue de la géologie, comme au point de vue de la flore. Du Mono jusqu'à l'Addo on trouve un vaste marais recouvert, à la saison des pluies, de boue noirâtre. A cette même époque de l'année, les parties basses se remplissent d'eau, la marche y est impossible. Pendant six mois de l'année, il y a là un obstacle à la régularité et à la fréquence des communications. L'amélioration de la route centrale au moyen d'un pont en fer ou d'une chaussée en rondins de bois s'impose pour combattre l'isolement dans lequel se trouvent les populations du Nord. La forêt épaisse qui recouvre la Lama dans toute son étendue pourrait être utilisée.

BIVOUAC DEVANT ZAGNANADO.

Le 31 décembre, tout le monde bivouaque devant Zagnanado, au milieu d'un champ de haricots appartenant à Houngan. A proximité du camp se trouvent une source d'eau sulfureuse et une grande mare, où l'eau claire et potable jaillit abondamment d'un rocher caché derrière un bosquet de dracænas. Trois gros fétiches en terre rouge, avec des cauris en remplacement d'yeux, semblent regarder d'un air goguenard tous ces étrangers, hommes et animaux, qui viennent à l'abreuvoir et qui circulent sans les remarquer, sans déposer le moindre cadeau. L'un d'entre eux est le génie de l'agriculture. Il est assis avec une pioche sur l'épaule ; sa tête est recouverte de plumes.

Le corps expéditionnaire comprend en tout 1724 combattants, se répartissant de la manière suivante :

1° Général Dodds et son état-major; chef, le commandant Taverna, de l'état-major de l'armée, 4 capitaines, 1 lieutenant.

2° Les affaires politiques et indigènes, sous la direction de M. d'Albéca, administrateur colonial. Une section de gardes civils fait le service d'estafettes. De Ouidah à Zagnanado, on a échelonné des petits postes-relais de trois à quatre hommes. Un pli urgent parti le matin à 6 heures du quartier général arrive à 6 heures du soir à la côte.

Chefs des porteurs, guides et courriers piétons, le prince Alada-Maouzou, roi des Toffos, neveu de Behanzin. Cet indigène s'est rallié à nous après la prise d'Abomey et a servi notre cause avec dévouement, en coupant les routes de l'ouest, autour de la Lama, en arrêtant les rôdeurs et les espions.

3° 1er *double groupe* (colonel Dumas, de l'infanterie de marine), comprenant le groupe I (commandant Drude, du 1er Étranger), une compagnie de Légion (capitaine Vernier), 12e Sénégalaise (capitaine Lemoine), 4e Haoussas (capitaine Ligier); le groupe II (commandant Boutin, de l'infanterie de marine), une compagnie de Légion (capitaine Brundseaux), deux compagnies sénégalaises (capitaines Ditte et de Curzon).

4° 2e *double groupe* (lieutenant-colonel Mauduit, du 1er Étranger, commandant le régiment de marche de la guerre), comprenant le groupe III (commandant J. de Cauvigny, de l'infanterie de marine), même composition (capitaines Le Moel, Monnoye et Dessort); 2° le groupe IV (commandant Schmittelin et capitaine Lamolle), avec une compagnie du bataillon d'infanterie légère d'Afrique, deux compagnies noires.

LE COLONEL MAUDUIT, COMMANDANT LE RÉGIMENT DE MARCHE DE LA GUERRE.

L'objectif du général est Atchéribé, que l'on cherche à atteindre par une marche sur deux routes parallèles partant de Zagnanado, les 1er et 3e groupes longeant la rive gauche du Zou pendant que le 2e va directement à Paouignan où Behanzin a laissé son troupeau de bœufs, le 4e devant Abomey, en réserve. Comme nous sommes réduits au fastidieux endaubage, nous nous faisons une joie de manger quelques beefsteaks saignants et de boire de l'eau claire, sans microbes, car nous entrons dans un pays montagneux.

Départ le 1er novembre. Le chemin commence à l'angle ouest du palais de Zagnanado et bifurque vers le nord-ouest à partir de Naogon. Le mouvement est lent; il faut ouvrir des routes pour les voitures Lefèvre dans des sentiers rocheux coupés de nombreux ruisseaux, le Zoumon, l'Ellély, le Paco, dont les vallées sont à versants très raides. Le terrain solide est mélangé de cailloux ferrugineux. Nous sommes à 4 kilomètres du Zou. Cette rivière descend d'un plateau appelé Tsara[1], situé à cinq jours de marche au nord-ouest de Savalou. Elle coule d'abord nord-sud, puis ouest-est, à hauteur de Zounveï-Hono, et enfin sud-est, jusqu'à son confluent avec l'Ouémé, en amont d'Adégon, devant Sagon. Les pirogues ne dépassent pas Atchéribé. A la saison chaude, le lit est presque à sec. Pendant les pluies, grosses inondations; après une baisse de 6 à 7 mètres, le Zou se déverse à l'est et à l'ouest dans des dépressions souvent plus difficiles à passer que le cours d'eau principal. D'Atchéribé à Abodougnianli, la vallée a une largeur d'environ 6 kilomètres. Le sol qui la forme est marneux, le granit y affleure par places; d'une façon générale, elle est marécageuse et presque entièrement submergée.

Le 6 novembre, le quartier général, les 1er et 2e groupes sont à Zoutenou. La végétation

1. Probablement le fameux pic de Tcbararah, porté sur les cartes antérieures avec une altitude de 3 500 mètres, ce qui nous paraît très exagéré.

change. Il n'y a plus de villages. Quelques abris de chasseurs. De rares cultures. Plus de palmiers à huile. Des essences tinctoriales, principalement le dragonnier, des karités (arbres à beurre) rabougris. Peu d'ombre. La chaleur est très forte. Mais l'état sanitaire est satisfaisant. Il n'y a plus d'émanations palustres. Le commandement est d'ailleurs brillamment secondé par les médecins des colonies. Chaque groupe a son docteur. Sous la direction de M. Henry, médecin de première classe, on a installé une ambulance d'évacuation à Zagnanado, d'où les rares malades sont transportés en canonnières à Cotonou directement, soit par le Zou, soit par l'Ouémé. Tous les matins, on fait des distributions de quinquina et de quinine préventive; on boit de l'eau bouillie, mélangée de thé; les nuits étant fraîches, le veston de molleton bleu est pris au coucher du soleil. Le climat se rapproche de celui des régions continentales de cette partie de l'Afrique. Plus d'émanations palustres. L'air est plus sec: la température, très chaude pendant le jour, s'abaisse pendant la nuit et varie quelquefois de 20 degrés centigrades en vingt-quatre heures. Le matin, les brouillards épais entourent le bivouac et nous cachent la vue des paysages. L'*harmattan* commence à souffler et fait tomber les feuilles.

M. D'ALBÉCA,
DIRECTEUR DES AFFAIRES POLITIQUES
ET INDIGÈNES.

Le commandant Drude se porte sur Zounveï-Hono, pendant que le colonel Dumas atteint Paouignan et ferme les routes de l'est, qui conduisent au Yoruba et à Lagos. L'approche des colonnes jette le désarroi dans le camp de Behanzin, qui envoie des messagers. Le vieux Capo, l'éternel Capo, récadaire officiel de la cour, après avoir débité son speech habituel : « Le roi salue le général et les officiers », ajoute que son maître est fatigué, agité, inquiet. Il voudrait bien se rendre, mais demande qu'on attende le retour des cabécères, partis pour l'Europe. « Tu diras à Kondo, répond le général Dodds, que le gouvernement lui accorde la vie sauve, s'il rend ses armes, et s'il vient faire sa soumission sans conditions. Il peut compter sur la générosité de la France. »

Capo s'en va tout guilleret, le bâton du roi à la main, disant tout bas au commandant Taverna : « Je vais lui répéter tout ce que j'ai entendu. Et, ma foi, s'il ne comprend pas, moi je reviens ici. Vous seriez bien aimable de me réserver un petit emploi, je sais très bien faire les commissions. »

Le 6 au soir, une centaine de Dahoméens, sales et déguenillés, l'air rébarbatif, cheveux longs et bouclés, s'approchent des avant-postes. Les uns étaient chargés de paquets d'armes, winchesters, peabodys, sniders, chassepots, les autres roulaient des canons. C'est le commencement de la capitulation. Nous comptons, non sans quelque satisfaction, 481 fusils de fabrication européenne, une pièce de huit avec avant-train (marques *Carlsruhe* 1872, *n°* 2 725). Deux krupps de six (*Cassel* 1872), une mitrailleuse (*Le général Levasseur, Meudon* 1867); d'après le relevé que j'avais établi en janvier 1893 à Ouidah, Behanzin s'était procuré, par l'intermédiaire des maisons allemandes, 5 canons, 3 mitrailleuses et 1 750 fusils. En 1892, on a retrouvé dans les cachettes d'Abomey et sur les divers champs de bataille 2 canons, 2 mitrailleuses et 1 millier de fusils. L'arsenal dahoméen devait être vide.

Le 9 novembre, nous voyons arriver les princes, les ministres, les cabécères et les serviteurs de tout rang. Ces gens ont bonne allure, se présentent fièrement et déclarent renoncer à la lutte. Nous faisons connaissance. Chacun décline ses titres et qualités. Nous pénétrons enfin cette mystérieuse administration nègre qui faisait la force des rois d'Abomey et sur laquelle on a tant écrit, non sans quelque exagération. Nous voyons [1] :

Imavo, fils d'Andijan, conseiller intime, premier ami du roi;

Ihomé, conseiller et médecin;

Aladahé, trésorier et surveillant des contributions;

Fiogbé, chargé de la politique avec les Mahis et les Nagots;

Nigla, *Migan*, bourreau et affaires intérieures;

Akladaten, *Méhou* et *Mévo* à la fois; relations avec les blancs et les traitants, chargé des approvisionnements en temps de guerre;

Les chefs militaires : le *Gaou* Béléhoumé; le *Possou* Charagacha; le *Bigo*, qui commandait à Dogba, Lahasaoupamazé; le *Sogan* (chef des chevaux) Agahagléto;

Quatre fils du roi Guéso, oncles de Kondo : Aladaponougan, Hahinquenou, Bosékou, Bientohento;

Sept fils de Glé-Lé, frères de l'ex-roi, qui tenait les membres de sa famille à l'écart de toute fonction active et ne gouvernait qu'avec ses favoris et ses féticheurs.

Dans un palabre qui a lieu en présence de tous les officiers, le général Dodds les rassure sur leur sort et ordonne qu'ils soient l'objet de bons traitements. Comme ce sont des combattants vaincus qui ont fait preuve d'énergie et d'une certaine crânerie, nous sympathisons vite. Ces braves gens sont enchantés de nous voir, de boire, de manger et surtout de fumer. Le tabac est un important facteur en matière de politique indigène. On doit toujours en avoir un stock en réserve quand on voyage. La nomenclature administrative s'augmente de rations inconnues aux fourriers jusqu'à ce jour :

Rations de princes (riz, endaubage, tafia, tabac);

1. Toutes les fois qu'un cabécère se présentait dans le palais du roi, il devait être en tenue; cette tenue consistait en un grand pagne, des bracelets de cuivre ou d'argent, des colliers de corail et de verroterie. Plus le grade était élevé, plus le corail était gros.

Rations de ministres (riz, endaubage, tafia, tabac);

Rations de cabécères (maïs, sel, tafia) ;

Rations d'autruches (maïs).

Comme au Dahomey les ministres ont le pas sur les princes, on leur fait la plus grosse part.

Behanzin cependant ne se rend pas. Il n'a plus de cour. Des déserteurs se présentent tous les jours. On ne voit pas très bien ce qu'il peut espérer encore. Pendant que ses parents sont installés au milieu de nous, il incendie le camp de Zounveï-Hono, et s'enfuit précipitamment vers le nord par la route de Bédavo à Logozohé, chassant devant lui ses femmes et ses enfants, semant partout des gens épuisés par la fatigue et la faim. Il est le 12 novembre à Bédavo; le 15, entre la Louto et l'Agbado, à 7 kilomètres environ au sud de Logozohé.

La poursuite commence. La livraison des armes permettant de penser qu'on ne rencontrera plus de résistance armée comparable à celle de 1892, pour faciliter la marche et augmenter les moyens de transport, la composition du corps expéditionnaire est modifiée. Chaque groupe forme une colonne volante, composée d'une section blanche et de deux pelotons indigènes, à peu près sans bagages et n'emportant que des cartouches et des vivres. L'artillerie est supprimée. Les animaux sont affectés au convoi; les mulets meurent les uns après les autres, par excès de fatigue ou par suite de blessures occasionnées par le sol constamment caillouteux. On nous distribue quelquefois un morceau de mulet, que nous savourons avec plaisir. La question des subsistances est un problème de chaque jour, et la viande fraîche un objet de curiosité.

Toutes les colonnes volantes se livrent à une véritable chasse à courre, de jour et de nuit, cherchant un ennemi qui se dérobe constamment, qui ne s'arrête jamais. Le colonel Dumas lancé dans la même direction que Behanzin, le force à se rabattre vers l'ouest. L'ex-roi tente une démarche auprès du chef de Savalou pour obtenir asile. Devant l'insuccès de ses propositions, il se décide à continuer sa fuite vers le sud-ouest, vers Djalloukou. Il aurait à ce moment l'intention de revenir au sud, pour mourir, dit-on, à Abomey.

Le colonel Dumas pousse un *raid* sur Savalou, et le 19 novembre campe près de ce village, point extrême des régions explorées par les Européens. Seul le voyageur anglais Skertchly affirme avoir visité la région en 1871. Mais il a été impossible de retrouver les noms cités dans *Dahome as it is*.

Savalou est un assez gros village, d'environ 200 cases, bâties presque toutes en barre. Il est situé au fond d'un hémicycle faisant face au sud de la montagne qui le domine de 130 mètres. C'est le lieu de résidence de Baguidi, chef de la confédération des Mahis, qui comprend : Losi, Cantago, Medji, Agouna, Ouagoudou, Aclampa, Dagbalo, Bobé [1]. Tous ces villages vivent dans une indépendance relative. Peu de rapports entre les indigènes, dont le

1. Ce point est marqué sur l'itinéraire de Duncan, voyageur anglais qui en 1845 s'est rendu d'Abomey à Adafoudia.

nombre est très restreint. Le pays produit des ignames, du mil, du maïs et du manioc ; pas de palmiers; des gommiers, des ficus et des karités dont on emploie le beurre pour la préparation des aliments. Quatre routes partent de Savalou : l'une au nord vers Losi suit le flanc oriental de la chaîne qui sépare l'Agbado du Zou; la seconde, la *route du Dahomey*, va directement à Abomey, par Badagba; la troisième se dirige vers l'est et conduit au pays des Dassas, par Logozohé ; la quatrième conduit au Tado par Djalloukou et Agouna. Les deux premières constituent la voie de communication la plus directe entre la côte et l'hinterland. Pour se rendre au moyen Niger, l'itinéraire semble devoir être Ouidah-Abomey, Savalou, Losi, Bobé, Diagbalo, Dadjo, Ouessé, Begbéra et Liki, chez les Baribas. Les caravanes qui vont de Salaga au Sokoto passent par ce dernier point, où règne, dit-on, le sultan Mouza.

Les relations entre les Mahis et leurs voisins du nord et de l'est paraissent peu suivies actuellement. Les routes sont peu sûres et parcourues par des bandes de pillards. Néanmoins beaucoup de noirs connaissent très bien Liki et Tchaki, où ils sont allés.

L'expédition de 1893, entre autres résultats, aura permis de faire une véritable exploration, très intéressante pour la géographie.

Le 18 novembre, le général Dodds se porte sur Paouignan avec le troisième groupe, la direction des affaires politiques et son état-major. Le 21, nous campons au pied du mont Fita, dont je fais l'ascension le 22 avec le commandant Taverna. Ce massif est situé dans la plaine de l'Agbado, à 7 kilomètres environ au nord de Bédavo. Sur le sommet sont construits les villages de Guéna et de Fita, cachés au milieu de champs de maïs et de rochers granitiques. A 320 mètres au-dessus du niveau de la mer, on trouve une grande vasque de pierre remplie constamment d'une eau claire que recouvre un tapis vert de plantes aquatiques, qui arrêtent l'évaporation pendant la saison sèche. Le panorama est très beau. Tout autour de l'horizon apparaissent des lignes continues de hauteurs boisées; ce sont les collines qui forment la ligne de partage des eaux entre le bassin du moyen Niger et les cours d'eau qui vont se jeter dans le golfe de Bénin. Çà et là émergent des massifs rocheux isolés, énormes blocs de granit taillés presque à pic, que l'on prend de loin pour des châteaux forts [1]. Complètement dénudés, ils ont été noircis par les rayons du soleil. Les rares habitants des vallées ravinées, formées de débris de rochers désagrégés qui ont été entraînés là par les pluies diluviennes, se réfugiaient sur les sommets lorsque les Dahoméens venaient leur faire la guerre et exécuter les razzias qui alimentaient leur commerce de chair humaine. Ce sont les monts de Gbooulé, Paouignan, Loussa, Ashani, Ouohongo, dans les grottes desquels Behanzin avait caché ses *richesses*, des stocks de tissus et de liquides, et les 40 pics sur lesquels sont bâtis les 40 villages qui forment la Confédération des Dassas, famille indigène qui parle une langue différente de celle des Mahis. Zoumaou, leur chef, qui réside à Dassa-

1. Roches granitiques à grains très variables, veinées de nombreux filons de quartz blanc ou légèrement teinté de jaune. Au-dessus du granit on trouve presque partout des assises de quartz jaunes, cristallisées, surmontées très souvent de bancs de grès rougeâtre.

PAYSAGE MAHI.

Poing, vient saluer le général. Les habitants de Savé et de Ouessé envoient aussi des délégués. Ils sont tous déclarés indépendants du Dahomey et placés sous le protectorat de la France.

Djalloukou, résidence du roi Noukoumoké, chef d'une confédération indépendante de Savalou et de Paouignan, est un gros village de 300 à 400 cases en terre de barre. Malgré les fréquents pillages dont ils ont été victimes, ils sont riches. Ils cultivent le mil, dont ils tirent une bière légère très rafraîchissante. Les autres localités dépendant de Djalloukou sont : Dialouma, Chetti, Canaou et Doumé. Ce dernier centre est gouverné par une femme, la féticheuse Nabohoué, qui jouit dans la contrée d'une grosse influence.

Paouignan constitue aussi une petite confédération avec Iko, Assanti, Baffo, Agoagon, Thio. Quelques palmiers à Assanti. Partout des ruines, que les habitants sont en train de relever.

Sur la rive gauche de l'Ouémé, tous les villages mahis sont groupés sous l'autorité du roi de Ouessé. Ils ont été ravagés il y a quatre ans par Behanzin, et les habitants, qui étaient installés plus près de l'Ouémé, se sont retirés vers le nord-est, où ils ont commencé de belles cultures.

Au point de vue anthropologique, toutes ces familles se rattachent à un type uniforme : peau noire, généralement chaude et luisante ; crâne comprimé, front fuyant légèrement en arrière, nez large et épaté, narines dilatées, haute stature, 1 m. 70 et 1 m. 80. Hommes et femmes sont grands, vigoureux, bien musclés. Ils ont les cheveux crépus, laineux, la voix gutturale. Ils parlent des idiomes qui ont de nombreuses affinités avec les dialectes que l'on rencontre de la Volta à l'Ogoun, le *nago*, le *djedji* ou *fon*, le *mina*, l'*anlo*, l'*ana*, langues agglutinantes et monosyllabiques. Les verbes-racines expriment des idées. Quelquefois des monosyllabes réunis forment un mot qui devient lui-même racine. Mais les mots formés de deux ou trois monosyllabes sont moins fondus et moins agrégés que dans les langues européennes. Les indigènes du nord ont le verbe haut, le ton dur, rempli d'aspirations gutturales ; en parlant, ils s'accompagnent de gestes expressifs et énergiques. Leur bagage littéraire se compose de chansons et de complaintes dans lesquelles reviennent surtout leurs démêlés avec le Dahomey et les coutumes sanguinaires de ce pays.

Toute cette région du nord ne forme en ce moment qu'un immense terrain presque inhabité, zone de chasse où vivent des éléphants, toutes les variétés de cerfs et d'antilopes, des panthères et des hyènes, de grands singes à poil noir. On trouve des bœufs de petite race, robe noire tachetée de blanc. Il y a quelques chevaux, également de petite race; robe rouanne, taille 1 m. 10 au garrot, panards du devant et du derrière. Au cours de la colonne on en a pris une vingtaine. Il n'y en avait guère plus dans tout le Dahomey, où l'indigène est piéton. Le roi seul allait en hamac ; les chevaux servaient à quelques cabécères, qui ne les montaient qu'avec infiniment de précautions, sans étriers ; un homme menait le cheval par la bride ; un autre à droite, un autre à gauche soutenaient le cavalier pour prévenir les chutes. L'usage du hamac était réservé aux blancs, toléré pour les *vestidos* employés dans les factoreries. Les Dahoméens sont particulièrement aptes à ce mode de transport. J'ai tenu le *record* du hamac dans le courant de décembre 1893. En quarante-huit heures, j'ai fait sans fatigue le trajet d'Abomey à Ouidah, à travers la Lama centrale. La colonne était accompagnée d'une équipe de cinquante hamacaires commandés par le nommé Gon, de Ouidah, l'indigène qui a eu le plus à souffrir, pendant les opérations, de la mauvaise humeur du blanc, et des conséquences de l'irritabilité nerveuse à laquelle sont constamment sujets les Européens sous l'ardent soleil des tropiques, surtout lorsque se fait sentir l'*harmattan* [1].

Les lignes de soulèvement de la région montagneuse située au-dessus des plateaux d'Abomey et d'Agony, région qui diffère complètement par le climat, la flore, la faune et les habitants des plaines basses et tristes du littoral, sont au nombre de quatre. Le centre paraît devoir se trouver vers le 9° 30′ de latitude Nord. De formation ignée, toutes les chaînes présentent les mêmes caractères : pitons d'une altitude moyenne de 300 mètres, recouverts d'herbes desséchées et d'arbustes rachitiques

1. Harmattan, de l'arabe *erramadhan*, terre brûlée : vent chaud qui souffle d'octobre à février.

De l'est à l'ouest, on trouve d'abord la ligne qui sépare l'Ouémé de l'Agbado, puis du Zou : monts de Dassa et de Paouignan. Une deuxième chaîne sépare l'Agbado du Zou : le chemin direct d'Abomey à Savalou le serpente. La troisième sépare le Zou du Coufo, déterminée par les monts de Canaou à Djalloukou. Le ruisseau prend sa source en deux endroits, à l'ouest et à l'est du massif de Chetti, coule nord-sud jusqu'à l'Ahémé qui se déverse dans le Mono, à la Bouche du Roi (*Bocca de Rio*), près de Grand-Popo.

Le quatrième soulèvement sépare le bassin du Coufo de celui du Mono ; les chemins conduisent vers le nord au Chantjo, visité par le voyageur allemand Wolff en 1889.

Du nord au sud une série de gradins dont le niveau va en s'abaissant insensiblement vers la mer. Les sommets diminuent d'altitude, l'inclinaison des pentes s'adoucit, les vallées s'élargissent, les terrasses s'arrêtent brusquement, forment muraille et laissent tomber les eaux sur un sol uni, en pente douce, sous un angle de 15° à 0°. Le plateau d'Abomey qui sépare le pays accidenté de la plaine marécageuse et alluvionnaire s'étend uniformément plat, découvert. L'eau est rare à la partie centrale. Dans la partie occidentale, sur les bords du Coufo, on rencontre des vallées sillonnées de torrents limpides, cachés sous la verdure. Les villages, centre de grandes cultures (*gleta*), sont construits sur des collines de faible hauteur ; on les reconnaît de loin aux bouquets de palmiers plantés au bord de l'eau. Les rares voyageurs qui ont décrit le plateau d'Abomey n'ont pu que le traverser par la route ordinaire d'Avedji aux palais des rois. Il y a à l'ouest des centres importants que l'on ne soupçonnait même pas et d'où les Dahoméens tiraient toutes leurs ressources en vivres : Gboli, agglomération de douze villages très peuplés ; Oumbégamé, onze villages.

Le 25 novembre, le quartier général est porté à Atchéribé. Repoussé par toutes les populations, n'ayant plus auprès de lui que ses femmes ou deux ou trois serviteurs, Behanzin est revenu sur le plateau, entre Coufo et Zou, dans la partie relativement fertile et populeuse du Dahomey. Il passe près d'Oumbégamé, de Djidja, de Bagbavodou, de Sahéloupé, villages habités par les fermiers de la cour. A défaut de sa personne, les trois colonnes volantes, qui le poursuivent, s'emparent des personnages qui n'avaient pas pu se présenter à Zouténou, les princes Goutchili, Séfolelé, Aidama, Topa-Mélé, le docteur Pinocondéou, la princesse Videcalo, quelques vieilles femmes se disant amazones. O Antiope ! O Thomyris ! O Penthésilée ! quelle déchéance ! De nombreux prisonniers et esclaves sont rendus à la liberté. Les derniers partisans armés disparaissent. Le 4 décembre, le colonel Dumas atteint la smala près du ruisseau Dravo ; un féticheur s'avance vers l'officier qui commandait la pointe et fait perdre la piste pendant la conversation. Fuyant toujours, Behanzin tâche de s'esquiver par le sud-est et en dessous d'Abomey. Une colonne de police, détachée à Houansouko, lui barre la route et ramasse un millier d'esclaves, qui sont dirigés sur Goho, devenu un vaste caravansérail, où s'agglomèrent des gens venus de tous côtés, la plus grande masse du peuple dahoméen. Le 30 décembre, le roi est à Coufo-Goudo, près de Sahéloupé. C'est l'anniversaire de la mort de

Glé-Glé, il se fait couper les cheveux [1] et ordonne l'exécution des créoles Georges da Souza, Africa, José Quénou, qui sont décapités en l'honneur du feu roi. Kondo espérait se rendre les fétiches plus favorables. Du 1er au 15 janvier 1894 il se terre, se sauve, s'isole. Bocono Nugbozoume l'abandonne. La famille royale lui désigne un successeur. On le poursuit, on le traque comme une bête fauve. Tout le monde le tient, tout le monde le manque. Cela devient de l'obsession. Enfin, le 25 janvier, après avoir échappé de quelques secondes à une reconnaissance de la colonne Drude, ayant appris l'avènement d'Agoliagbo, Behanzin se livre sans conditions. Un officier est envoyé à sa rencontre, guidé par les chasseurs du nouveau roi et le trouve au village d'Acachacpa, près d'Yégo. Le 26, il arrive au poste de Goho, où il est reçu en présence de deux ou trois officiers. L'aide-commissaire Michel le photographie. L'ex-roi s'intéresse beaucoup à cette opération. Entre Agoliagbo son frère et les Français ses ennemis, il n'a pas hésité. Il a préféré un sort inconnu à la certitude de trouver une mort prochaine, s'il demeurait isolé au milieu des siens en qualité de prétendant. Il boit cinq à six litres de tafia par jour, ne mange presque rien. On fait un ordre du jour pour déterminer la *ration de roi*, qui n'était pas encore prévue par les règlements.

La capture du principal acteur du drame, du dernier chef dahoméen réfractaire à notre appel, produisit une grande impression sur l'esprit des indigènes, quoiqu'elle n'eût plus d'intérêt politique, la désagrégation de l'État dahoméen étant achevée depuis longtemps. Mais il fallait un dénouement concret, et tant que Behanzin n'était pas entre nos mains, on ne pouvait pas considérer la victoire comme définitive.

Sa famille le traite moins bien que nous. Capo, le messager officiel, vient de la part d'Agoliagbo et lui décoche une récade. « Je suis chargé de te dire que tu ne fais plus partie de la maison d'Alada. Tu as empoisonné ton frère Sassé, tu as empoisonné ton père. Les dieux t'abandonnent. Ton règne a été plus mauvais que celui d'Adondozan. Tu as perdu le Dahomey. Tu n'es plus rien pour nous. »

Behanzin, qui était tranquillement assis et dégustait un verre de rhum, comme un simple mortel, sans apparat, répondit philosophiquement : « Dis à mon frère et aux miens qu'ils m'ennuient. Je suis avec les blancs maintenant, et j'y resterai. Tôt ou tard les Français s'apercevront que vous êtes des farceurs et des imbéciles. Va-t'en, vieux singe. » Le prestige de cet homme était tel, que Capo n'osa pas se retirer sans avoir fait plusieurs courbettes. Quelques jours après, devenu notre commensal, Behanzin nous fit à sa manière l'histoire des derniers événements, se plaignant d'avoir été trompé par ses conseillers. Il fut dirigé sur Cotonou, d'où on l'embarqua sur le *Segond*, à destination de la Martinique. *Sic transit gloria....*

La conquête du Dahomey était finie. Mais, avant de rapatrier les troupes, le général Dodds procéda à la réorganisation du pays.

1. Les cheveux longs sont un signe de deuil pour les gens de qualité, qui ne doivent se raser la tête qu'après avoir célébré les funérailles de leurs parents.

BÉHANZIN ARRIVANT AU POSTE DE GORO.

Les Nagots qui s'étaient établis autour de nos postes, furent renvoyés dans leurs foyers; les cabécères n'auraient pas manqué, après notre départ, de reprendre de nouveau par la force leurs anciens cultivateurs, qui émigrèrent tous sur la rive gauche de l'Ouémé et s'établirent à Kétou, ville détruite par Glé-Glé et abandonnée depuis de longues années.

Avant les incursions des Dahoméens, le royaume de Kétou s'étendait jusqu'au delà de Savé. La ville de Kétou comptait plus de 20000 âmes. Fondée par Édé, habitant d'Agoudo, village dont il ne reste aucune trace, elle a été détruite de fond en comble sous le règne du roi Glé-Glé; une partie des habitants fut massacrée, l'autre réduite en esclavage. Le roi qui régnait alors, Ochoun, fut tué. Trois ans après, les Dahoméens revinrent et complétèrent la ruine de leur ancienne rivale en détruisant les villages de Pankou, Gahingou, Ofia. Quelques Nagots, assez heureux pour échapper au désastre, s'enfuirent vers l'est sous la conduite du prince Fetona; celui-ci s'établit à Gua, sur le territoire anglais, et ses compatriotes se groupèrent autour de ce lieu. En septembre 1893, M. le chef de bataillon Drude, accompagné du lieutenant d'infanterie de marine Aubé, attaché au service des affaires indigènes, ayant poussé une reconnaissance sur la rive gauche de l'Ouémé jusqu'à Gahingou, à deux heures de marche au sud de Kétou, et étant entré en relations par émissaires avec Fetona, quelques familles, dont celles du prince, revinrent s'établir à l'ancien marché d'Assoua, aux portes de Kétou. Ce fut le commencement du retour qui, grâce aux succès de nos armes, devait continuer pendant la campagne de 1893 à 1894. Du 18 janvier au 19 février 1894, M. Aubé a visité et étudié le pays. Nous empruntons à son rapport, inédit, les renseignements qui suivent.

« Les familles princières de Kétou, dont il existe encore des représentants, sont au nombre de cinq. Ce sont par ordre de règne :

1° Adjiboulou, dont le fils s'appelle Odou; 2° Adebia, dont le fils s'appelle Fetona; 3° Adebedé, dont le fils s'appelle Okonou; 4° Adegounlé, dont le fils s'appelle Adechoken; 5° Ochoun, dont le fils s'appelle Idotrou.

« Les Nagots suivaient cet ordre pour l'élection de leurs souverains. C'est ainsi que Odou a été nommé roi le 13 février 1894, parce qu'il était fils aîné de l'ancien roi Adjiboulou. A Odou succédera Fetona, fils d'Adebia; à Fetona ou à Odou, si Fetona était déjà mort, succédera Okonou, le fils aîné d'Adebedé, et ainsi de suite. La série épuisée, on reprendra au commencement. »

Kétou était autrefois la ville la plus commerçante et la plus industrielle de toute la région. Elle était la rivale d'Abéokouta et d'Abomey, comme Porto-Novo dispute à Lagos et à Ouidah le monopole du commerce. Les habitants, fermiers réputés beaucoup plus intelligents et plus commerçants que les Djedjis et les Minas, se livraient à la confection des étoffes et fabriquaient des poteries et des ouvrages de vannerie. A la suite de la ruine de Kétou, beaucoup de familles se fixèrent en territoire anglais. Elles apprirent à y connaître les marchandises de Lagos et peu à peu celles-ci parvinrent jusqu'à Savé et dans le pays des Baribas, soit par Diaplakamé, soit par la route directe d'Oketo.

Actuellement les produits de provenance anglaise sont à peu près les seuls connus dans la région du Nord-Est. Il y a lieu de profiter de la création du poste de Sagon pour y fonder des entrepôts qui peuvent être ravitaillés par vapeurs aux hautes eaux, et créer ainsi un courant d'échanges entre les pays nagots et Porto-Novo, où toutes les confréries musulmanes ont des représentants. L'action du résident de Sagon s'étend non seulement sur Kétou, mais aussi sur l'Ouéré et les Hollis.

L'Ouéré comprend les villages d'Avatcha, Ichedé, Abaningbé, Eouignan. Ce pays n'a plus d'importance depuis que les nombreux habitants de la famille des Hollis se sont retirés à Saba et ont fondé les villages de Chaukpo, Ichegon, Klechi, Ifedi et Eouon, construits sur des îlots au milieu des marécages formés par l'Ouémé, et complètement desséchés pendant quelques mois de l'année.

La ville la plus importante après Kétou est Savé. Bâtie au pied d'un petit massif montagneux, où les habitants se réfugiaient à l'approche des Dahoméens, elle a pu, grâce à sa situation topographique, échapper à une ruine complète. M. le lieutenant Guérin, de l'état-major, a visité le pays. Les Nagots qui l'habitent ont presque tous leurs villages au voisinage de la route de Savé à Liki par Baboua et Agboo et s'étendent dans cette direction jusqu'à la frontière du Bariba vers le 9e degré. Ils paraissent plus civilisés que tous leurs voisins. Ils ont fortement subi l'influence des musulmans, qui semblent occuper les principaux emplois dans le pays. Le roi de Savé est lui-même un adepte du Coran et il est entouré de marabouts connaissant l'écriture arabe. Il vit en très bonne intelligence avec le roi de Kétou, auquel il payait tribut autrefois. La population parle la même langue, et, étant sur la même route commerciale, en reprenant son importance comme marché, Kétou redeviendra la ville suzeraine de la contrée. A Savé on trouve les produits ordinaires du pays, maïs, ignames, manioc. Le palmier est rare; mais l'arbre à beurre (karité) abonde. On trouve des bœufs et des chevaux de la taille de l'arabe. On y a remarqué de très belles plantations de coton.

A la suite du sac de Kétou, beaucoup de routes, qui reliaient entre eux les différents centres ruinés par les Dahoméens, ont été abandonnées et ont disparu dans la brousse. Il n'existe plus, à vrai dire, dans la région que quelques chemins. Comme voies de communication vers le Yoruba, il convient de citer : 1° la route de Kétou-Likimou à Méko-Oyo; 2° la route Diaplakamé-Dingri-Setou-Oyo; 3° la route Diaplakamé-Ouétré-Eloro; 4° la route Callejo-Baba, ancien chemin de guerre des Dahoméens; 5° la route Savé-Okélo. Les Nagots ont promis de débroussailler les grands chemins. La population n'est pas dense encore. Il faut laisser faire au temps son œuvre réparatrice. Cette immense zone a sommeillé pendant deux siècles sous la domination des Dahoméens, qui entravaient toutes relations avec les gens du littoral et par conséquent avec nos négociants. Il appartient à ces derniers de se lancer dans le haut pays, pour y porter nos marchandises et y créer de nouveaux débouchés.

COURONNEMENT DU ROI AGOLIAGBO.

La famille fon, improprement appelée dahoméenne, n'occupait qu'une assez faible partie du pays que nous venons de parcourir. Son habitat était limité par le Coufo, l'Ouémé, la Lama et les monts de Mahis. Une proclamation du général Dodds a divisé l'ancien royaume en deux États indépendants, Abomey et Alada. Pour éviter une reconstitution de l'agrégat hétérogène qui entravait leur développement économique et social, on a reporté les indigènes à leur situation de l'année 1610: nous retrouvons cette division dans la carte du seigneur d'Anville, insérée dans les *Voyages en Guinée du Chevalier des Marchais*.

La reconnaissance du roi d'Abomey, prince Goutchili, a eu lieu avec solennité, le 15 janvier, sur la place du palais de Simbodji, en présence des princes, cabécères, chefs et habitants accourus de tous côtés et d'après le cérémonial en usage à l'ancienne cour. A 6 heures du matin, les troupes du corps expéditionnaire prirent les armes et se formèrent en ligne déployée, adossées aux murailles incendiées par Behanzin le 17 novembre 1892 et sur lesquelles s'étaient enroulés des plantes grimpantes et des parasites de tout genre. Malgré ces ruines, Simbodji avait un aspect riant: la persistance de la verdure faisait oublier à tous que la ville était abandonnée depuis plus d'un an.

Devant la porte d'entrée, pavoisée et décorée au moyen de tissus de prise, cotonnades aux dessins variés, un grand mât avait été érigé. Un artilleur de marine, le mousqueton à la bretelle, se tenait prêt à arborer le pavillon tricolore.

A 8 heures, le général Dodds fait son apparition suivi de ses officiers, ayant à sa droite Goutchili. Selon l'usage antique, le nouveau roi est accompagné de Géonéda, gardien de parasol, qui tient respectueusement au-dessus de la tête du monarque une ombrelle de soie, du chambellan Kalan-Kan-Klozan, qui porte le crachoir d'argent rempli de sable poreux, destiné à recueillir la salive royale.

Goutchili, drapé dans un grand pagne de soie, le sein droit découvert, un sabre en argent sous le bras gauche, un long fume-cigare dans la bouche, une calotte de velours jonquille et noir sur la tête, s'avance lentement, se dandinant comme il convient à un roi dahoméen qui ne doit effleurer la terre que dans les grandes circonstances. C'est un beau noir, de trente-huit ans environ.

Tous les membres de la famille, ministres, cabécères et féticheurs, se prosternent, mettent la tête dans la poussière et avec force gestes et contorsions se lavent littéralement le corps dans de la terre rouge, en criant : *Hossou! hossou!* « Le roi! le roi! » Le peuple, deux à trois mille êtres humains demi-nus, est couché par terre, n'osant pas bouger, ni même regarder le monarque.

Le pavillon national est hissé au haut du mât et l'artillerie tire vingt et un coups de canon.

« Princes, chefs et peuple dahoméens, dit le général Dodds, au nom du gouvernement de la République Française, je reconnais comme roi d'Abomey votre candidat, le prince Goutchili, fils de Glé-Glé. »

Le crieur public Fibidji-Hountogan-Sarano, principal chef de quartier à Abomey, s'écrie : « J'ai vu Guéso, j'ai vu Glé-Glé, vive le nouveau roi ! Il s'appellera Agoliagbo. » Et Fibidgi frappe en cadence sur la double cloche en fonte qu'il tient à la main, comme le veut le protocole. « *Ago-li-agbo*, dit-il trois fois d'une voix nasillarde. *Alada Klen-afo-majai, Francé Oniouegnimo*... : « Dahomey (*Agbo*), prends garde (*ago*), la maison royale (*Aláda*) trébuche (*Klen*) sans (*afo*) tomber (*majai*), les Français (*Francé*) la soutiennent (*oniuegnimo*). »

Agoliagbo est une devise, la phrase qui suit la complète. Agbo par rapport à Dahomey est comme Gaule à France. Alada s'emploie dans le même sens que Capétiens, Bourbons, Napoléons.

A l'appel de son nom, souligné par les hourras des princes agenouillés, Agoliagbo se dresse fièrement et d'une voix de stentor demande à tous les dignitaires présents s'ils sont décidés à lui obéir. « Vous avez entendu la parole du blanc ? dit-il. — Oui ! oui ! » Et tous de nouveau se roulent dans la poussière. « Eh bien ! qu'on se le dise, des Mahis jusqu'à la mer, de l'Ashanti jusqu'aux pays musulmans. »

Le nouveau roi s'exagérait quelque peu les limites de ses futurs domaines, car le traité signé le 29 janvier 1894 ne lui laissait que le pays situé entre le Coufo à l'ouest, la région des Mahis au nord, l'Ouémé à l'est, la Lama au sud. Mais ce n'était là qu'un subterfuge oratoire, pour en imposer à la masse. Agoliagbo savait à quoi s'en tenir. Il se laissait emporter par le désir de se donner quelque prestige et le goût des Dahoméens pour les phrases à effet.

Il rendit visite au général Dodds le jour même du couronnement. Avant d'entrer dans le poste, les princes et cabécères de la suite firent trois fois le tour des remparts en courant après le hamac royal et en exécutant une série de danses, et des pas plus ou moins pittoresques. On distribue des dames-jeannes de tafia pour mettre la nouvelle cour en joie. « Il y a si longtemps que nous n'avons bu ! » disait Topa-Mélé. Les libations copieuses n'enlèvent ni la gaieté ni la cordialité qui règne désormais entre les conquérants et les vaincus d'hier.

Agoliagbo manifeste le désir de porter la santé de la France. On lui prépare une coupe de champagne. Immédiatement Topa-Mélé se met à hurler : *Hossou pong ! poong ! po ooong !*... « Le roi va boire ! Le roi va boire ! » Tous les spectateurs se précipitent à terre et se voilent la figure. Le roi boit en se cachant derrière son pagne. Le même Topa informe la population que Sa Majesté n'a plus soif. Tout le monde se relève et exprime par des soupirs et des exclamations son contentement.

Le 4 février, nous couronnions le roi d'Alada, qui devait gouverner les territoires compris entre le Coufo et l'Ahémé à l'ouest, le royaume d'Abomey au nord, l'Ouémé en amont de Dogba et la rivière de So à l'est, les cercles annexés au sud. Les chefs du Bas-Dahomey avaient désigné le vieux Ganhou-Hougnon, grand féticheur gardien de la source de Ahouté-goudou, berceau de la famille qui avait conquis le pays. Ganhou a pris le nom de *Gi-gla-no-pon-gbe-nou-Maou*. Traduction : le roi qu'on vient d'élire (littéralement l'astre existant) servira la France comme le soleil et la lune servent le bon Dieu.

Un traité a été également signé à Alada, stipulant des garanties en faveur des négociants français, ouvrant les routes, réglant les questions de détail et l'exercice de notre protectorat. Le commerce y trouvera l'avantage de pouvoir circuler jusqu'au 9e degré sans rencontrer comme autrefois les décimères et les cadeaux forcés.

L'évacuation des diverses fractions du corps expéditionnaire s'effectua sans incident. La saison avancée et déjà mauvaise, le manque d'eau résultant du dessèchement presque complet des rivières, enfin les fatigues d'une expédition qui durait depuis cinq mois, rendaient désirable le rapatriement rapide des troupes.

Le 1er mars, tout le monde était concentré à Porto-Novo, où Toffa nous offrait banquets sur banquets en témoignage de sa reconnaissance.

En deux ans, notre autorité, autrefois problématique, s'est affirmée sur cette côte des Esclaves, tristement célèbre. Notre influence s'étend désormais librement jusqu'au 9e degré de latitude. Il appartient aux voyageurs et aux commerçants de continuer l'œuvre commencée par nos soldats, auxquels le Dieu des batailles avait réservé le rare et périlleux privilège de démolir l'État dahoméen, qui était fatalement appelé à disparaître de la carte africaine, n'ayant jamais eu d'homogénéité ethnographique.

Le décret du 22 juin 1894 a réglé l'organisation administrative de la colonie du Dahomey et dépendances. L'ensemble de nos possessions a été placé sous les ordres d'un gouverneur. Un arrêté ministériel portant la même date, et inséré au *Journal officiel du Dahomey et Dépendances* du 1er août 1894, supprime définitivement la désignation « Établissements du Bénin », qui s'applique plus justement aux vastes territoires anglais portant ce nom, situés à l'ouest des bouches du Niger; le même acte divise notre nouvelle conquête en trois parties distinctes :

1° Territoires annexés; 2° Territoires protégés; 3° Territoires d'action politique.

Les territoires annexés, divisés en trois cercles, sont compris entre le Togo à l'ouest, la lagune côtière au nord, le royaume de Porto-Novo à l'est, et l'océan Atlantique au sud.

Les territoires protégés ont pour limites :

1° Le *Protectorat de Porto-Novo*, à l'est les possessions anglaises, au sud le cercle de Cotonou, à l'ouest la rivière de Sô, et au nord la république nago d'Ouéré-Kétou;

2° Le *Protectorat d'Alada*, au nord la Lama et le royaume d'Abomey, à l'est la rivière de Sô et la frontière ouest du royaume de Porto-Novo, à l'ouest la rivière Coufo, au sud le territoire annexé;

3° Le *Protectorat d'Abomey*, au nord le pays des Mahis, à l'est la rivière Ouémé, au sud la Lama, à l'ouest la rivière Coufo;

4° Le *Protectorat des Ouatchis* (Eoués), au sud la lagune de Ouidah, à l'ouest la frontière de Togo, à l'est la rivière Ahémé, au nord le Tado;

5° Le *Protectorat d'Ouéré-Kétou*, à l'est la frontière des possessions anglaises, à l'ouest la rivière Ouémé, au sud le royaume de Porto-Novo, au nord le pays des Mahis.

Un administrateur exerce, au nom du gouverneur, dans chaque région, les fonctions de résident.

Les territoires d'action politique s'étendent au nord de nos possessions immédiates, du Dahomey au Niger, et sont placés sous la surveillance directe du gouverneur.

On pourrait croire, en lisant l'énumération qui précède, qu'il n'y a là qu'une nomenclature superficielle, inspirée par le besoin de réglementer. L'arrêté susvisé n'est pas œuvre d'archiviste, mais le résumé de toutes les observations faites sur place. On a, avec juste raison, donné une sanction officielle à un morcellement ethnographique que tous les voyageurs avaient constaté depuis longtemps.

Le Dahomey tirait des éléments de vie de ses succès militaires, du courage de ses soldats réputés invincibles, de l'ignorance des habitants, cultivateurs paisibles, d'une organisation administrative unique en ces contrées, basée sur la terreur. Le pouvoir central, le roi, seul maître de tout et de tous, était secondé par une police secrète merveilleuse, par une féodalité de princes (*Ahovi*) et de chefs (*Bonougans* et *Cabécères*) vivant des largesses du souverain par les mystérieuses pratiques d'une religion naturelle que l'on avait longtemps considérée comme un panthéisme grossier basé sur une adoration vague des objets matériels et dans laquelle on a été obligé de reconnaître, après examen, un système complet avec son dogme et ses doctrines, un polythéisme s'inspirant des principes spiritualistes, dont les desservants savaient user avec opportunité pour interpréter les événements au gré des nécessités politiques, pour diriger la conscience des sujets, pour faire l'opinion des hésitants.

Nous sommes désormais en présence de tribus et de familles sans homogénéité, sans intérêts généraux, sans idées publiques, inoffensives si on ne cherche pas à les molester, vivant et ne demandant qu'à vivre. Les nouveaux rois et chefs reconnus par nous, Toffa, Agoliagbo, Gigla, Pohenzon, Aladamaouzou, Pobiry, Baguidi, Zomobon, etc., n'ont ni armée, ni argent, ni esclaves, et par conséquent sont incapables de contre-balancer l'autorité des représentants de la France. Avec des *égards*, et sous ce vocable il convient d'entendre, en Nigritie, les larges et fréquentes distributions de tafia, de tabac, de tissus, le cérémonial, l'étiquette, les longues conversations ou *palabres*, on peut facilement tenir en main les indigènes et éviter tout incident de nature à troubler la tranquillité des habitants, et la sécurité des transactions commerciales. Avec des cadeaux judicieusement placés et des rentes servies par le protectorat, ces roitelets de fantaisie pourront enrayer les actes de brigandage et nourrir les nombreux parasites qui les entourent et auxquels ils donnent les noms de conseillers, ministres ou princes.

Dans son désir d'imiter le blanc et de paraître civilisé, le noir n'hésite pas à se livrer à de grosses dépenses, quand son amour-propre est en jeu. Il est aussi très capricieux. Avant de choisir un article, il tourne et retourne tout ce qu'il voit; il n'achète jamais de choses anciennes. Un homme de qualité ne lave pas deux fois son pagne.

Les statistiques publiées par le *Journal officiel* de la colonie donnent depuis quatre ans les chiffres suivants. On remarquera qu'il s'agit de la période de guerre 1890 à 1894.

	Importations.	Exportations.	Ensemble.
1890	3,489,894,12	5,916,494,46	9,406,388,58
1891	5,789,213,76	7,679,076,20	13,468,289,96
1892	6,432,700,97	9,259,910,05	13,692,611,02
1893	10,456,857,54	8,681,463,94	19,138,321,48
1894	10,771,989,79	9,973,703,57	20,745,493,54

Les produits exportés pendant l'année 1894 sont :

Amandes de palme, 23,766,601 kilogrammes; huiles de palme, 8,421,117 kilogrammes ; noix de coco, 640,990 paquets; noix de cola, 102,985 kilogrammes.

Au 31 décembre 1894, le wharf de Cotonou avait encaissé la somme de 112 665 fr. 70 au taux de 8 francs la tonne à l'importation, et de 6 francs à l'exportation.

Il n'y a pas d'exagération à évaluer le mouvement commercial à 20 000 000 de francs, mouvement occasionné par un seul produit, le palmier, qui donne par an 10 000 tonnes d'huile et 20 000 tonnes d'amandes.

L'administration se préoccupe d'exploiter le café, qui a si bien réussi à San Thomé. Le pays présente des conditions favorables à cet arbuste : un sol gras, de l'ombre et de l'eau à certaines périodes de l'année. Les métis d'origine brésilienne, qui abondent sur le littoral et qui forment un groupe d'hommes intelligents et désireux de s'enrichir, paraissent tout indiqué pour servir, au début de la culture du café, de contremaîtres et de surveillants, avec un système de fermages à forfait dans lequel l'Européen apporterait son capital et le créole son travail.

Le Dahomey n'est pas une colonie de peuplement. La main-d'œuvre indigène, bien que médiocrement active, et en réalité sans valeur véritable, suffit à tous les besoins, et ne réserve rien à la main-d'œuvre européenne. Des émigrants isolés qui n'y viendraient qu'avec leur deux bras et leur énergie pour tout capital n'y trouveraient aucun travail rémunérateur, et leur pauvreté les exposerait aux intempéries du climat et au mépris du noir, habitué à considérer le blanc comme un être supérieur, comme un riche en toutes sortes de marchandises.

Il n'y a place actuellement que pour des comptoirs. Mais quoique la traite ne consiste pas en *échanges*, comme dans certaines régions de l'Afrique, il y a un commerce bien établi. Les indigènes n'écrivent pas, mais ils sont très intelligents; ils ont la notion des valeurs, connaissent les cours d'Europe ; je parle, bien entendu, du noir de la côte, du traitant qui est en contact avec l'Européen, intermédiaire obligé des factoreries bien organisées. Dans les questions d'intérêt, le Dahoméen est âpre au gain, se défend. Il n'a pas de scrupule ; il n'hésite pas à tromper son client. La mauvaise foi des courtiers noirs est tellement connue de tous, que dans le langage *fon* marchand est synonyme de voleur. C'est le vocable *agioto* qui explique ces deux mots. Aujourd'hui les chemins sont ouverts partout; le noir de la brousse peut venir sans crainte à la ville; le négociant européen, pour l'attirer à lui, doit l'éblouir par ses étalages de marchandises, le fasciner par la variété des liquides qu'il débite. On ne doit pas reculer devant des cadeaux. Il est même d'usage que tout achat, quel qu'il soit, oblige le vendeur à une petite commission en nature. Un noir achète une dame-jeanne de tafia ; le marchand doit lui donner une ou deux bouteilles en plus à titre gracieux. S'il n'y a pas eu de cadeau, il ne revient plus chez ce blanc, qu'il dédaigne.

Pour effectuer ce commerce il faut des établissements dits *factoreries ;* il faut :

1° s'installer; 2° avoir un matériel; 3° avoir un personnel; 4° avoir toujours des marchandises en magasin. Il est de toute évidence que dans ces conditions une petite opération n'aurait aucun succès, que des efforts isolés demeureraient stériles. C'est pour avoir manqué à cette nécessité, un capital sérieux, que l'on a vu des négociants faire de mauvaises affaires. Il faut s'établir à demeure fixe et attendre dans des factoreries, et non dans des boutiques. Il faut venir là pour acheter, et non pour vendre. Un commerçant qui se contenterait de vendre sans acheter des produits ne réaliserait à peine que de quoi balancer ses frais généraux. C'est le pays tout indiqué pour appliquer, avec de très grandes chances de succès, le principe de l'association des capitaux, de la compagnie de commerce. Nous n'entendons pas par compagnie de commerce la compagnie à charte ou à privilège. Cette conception, mise en application sous l'ancien régime, est incompatible avec l'obligation où l'on se trouve au Dahomey de gouverner les habitants, habitués à avoir au-dessus d'eux une organisation administrative et par conséquent à obéir à des fonctionnaires. Mais il semble logique qu'au lieu de tenter avec de faibles ressources des œuvres de longue haleine qui demandent un fonds de roulement considérable, des commerçants isolés, des industriels ayant besoin de se créer de nouveaux marchés, pourraient se réunir et tenter de nouvelles entreprises. Il y a place encore pour beaucoup de maisons. Le noir ne récolte pas tout ce que produit son merveilleux domaine.

Notre colonie du Dahomey, quoique déjà très riche par elle-même [1], enserrée entre le Togo et le Lagos, ne peut se développer à l'ouest et à l'est. Nous sommes dans l'obligation de chercher son expansion vers le nord, dans des régions encore inconnues, et quelles que soient les décisions de la diplomatie, les indigènes prendront tôt ou tard la route de nos ports, n'étant plus arrêtés par les rois du Dahomey, attirés par le bruit qui s'est fait autour de nos succès militaires; c'est l'impression que j'ai rapportée de mon dernier séjour en Afrique.

Les territoires d'action politique encore peu connus sont le Tschandjo, le Sougou et le Bariba. La zone d'influence s'étend au nord jusqu'à Say sur le Niger et à l'ouest vers le Mossi et nos possessions du Soudan occidental. Nous n'avons sur ces régions que des données scientifiques incomplètes, les voyageurs qui les ont visitées étant peu nombreux. En 1845,

1. Le budget local a suivi une marche ascensionnelle depuis le 1er janvier 1890, date à laquelle le Bénin a été séparé du Sénégal, les droits d'importation étant inférieurs à tous ceux appliqués sur la côte occidentale d'Afrique, dans les colonies françaises comme dans les colonies anglaises.

1890 : 313,004,29 ; 1891 : 462,772,93 ; 1892 : 628,025,31 ; 1893 : 1,211,912,52 ; 1894 : 1,500,000,00.

Les taxes ne portent que sur les alcools, tabacs, poudres et fusils. La vente de ces derniers articles a été interdite de 1892 à 1894. En principe, est vendable toute marchandise bon marché.

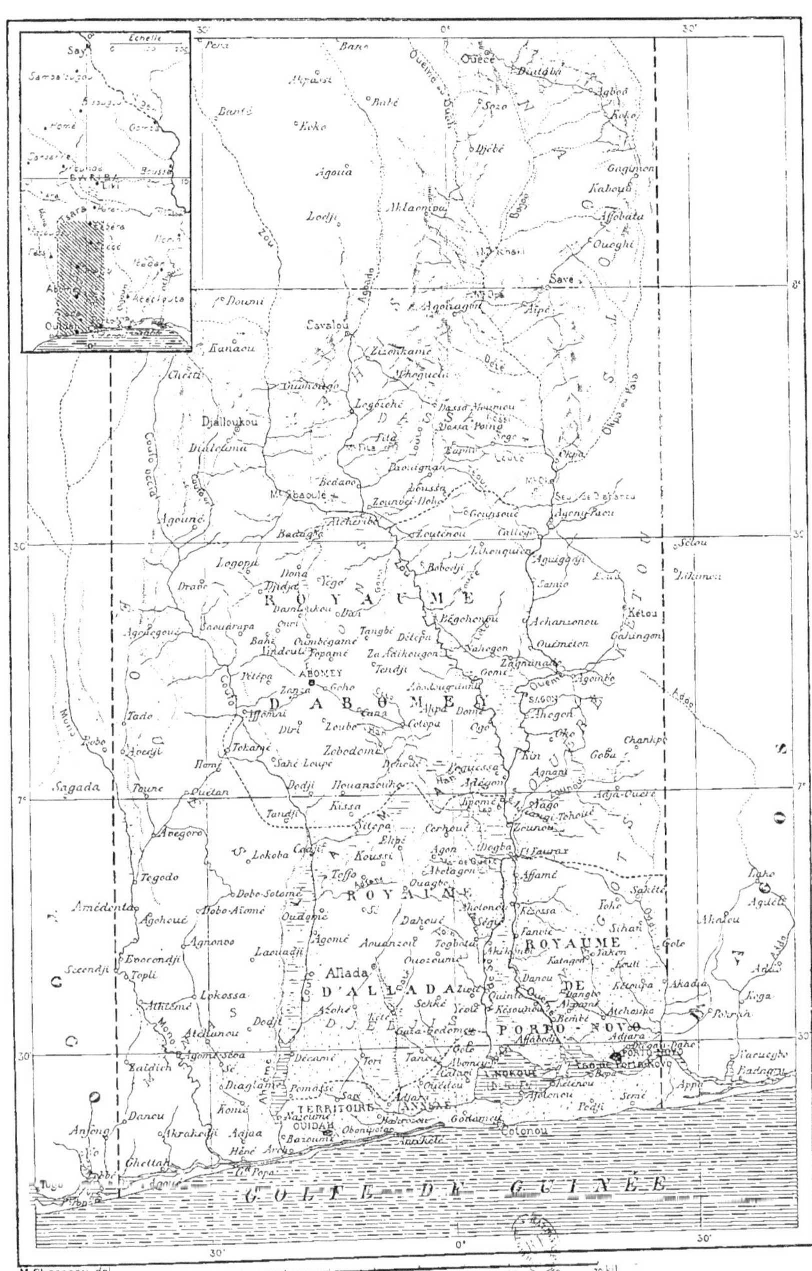

CARTE DU DAHOMEY, D'APRÈS LES TRAVAUX TOPOGRAPHIQUES LES PLUS RÉCENTS.

le sergent-major Duncan, sans grande instruction, surveillé étroitement pendant son exploration, a traversé le Dahomey et la région des Mahis et s'est avancé au nord vers une ville d'Adafoudia qui est encore marquée sur les cartes par habitude, vers le 10° 30′ de latitude Nord, mais dont les indigènes interrogés par nous ont déclaré ignorer l'existence et même le nom : peut-être a-t-elle disparu dans quelque révolution ou destruction d'empire, choses si fréquentes en Afrique, ou bien a-t-elle reçu une autre dénomination, comme cela arrive souvent.

Un voyageur allemand, M. Krause, poursuit depuis 1887 une série de voyages entre la côte de Guinée et le Macina; mais il n'a publié que des notes sommaires. Le Dr Wolff, au contraire, a laissé dans les *Mittheilungen aus den deutschen Schutsgebieten* (1891, n° 1) une relation complète de son voyage, que M. le lieutenant Kling a accompagnée d'une carte. Le 22 avril 1889, le Dr Wolff quitte Bismarckburg, station fondée par fon François et Putkammer en 1888, et suivant une direction nord-nord-est pénètre dans le Tschandjo ou Sogodé par 9° de latitude et 2° de longitude Est de Greenwich, c'est-à-dire 0° 20′ 14″ Ouest de Paris [1]. Paratau est la capitale de ce pays, qui dépend, au point de vue hydrologique, du bassin du Mono. L'Angaé, affluent de droite du Mono, sert de limite au Tschandjo vers le sud-ouest, du côté de Fasougou. Au nord, le Tschandjo est séparé du Sougou par une limite passant entre Aledjo et Seméré, vers 9° 25′ de latitude Nord. Le Dr Wolff, marchant droit au nord vers le 10e degré, a traversé Soungou-Kouna, village au milieu d'une forêt, et Ouangara, ville de 7 000 âmes. Le pays est bien cultivé, quoique peu fertile. Le sol est ferrugineux. Il cite aussi Seméré, Barci, localités intéressantes, marchés d'esclaves. A Ouangara, capitale du Sougou, un esclave vaut en moyenne 100 francs, un paquet de coton non lavé 0 fr. 56, un mouton 4 francs, un taureau 15 francs, un poulet 0 fr. 80. On compte en cauris. 2 000 coquillages valent 1 fr. 25, tandis qu'à Ouidah la même quantité est cotée 0 fr. 50. Il s'y tient un marché tous les quatre jours. C'est une ville de 1 500 cases. La population est fétichiste, mais les musulmans forment la classe dirigeante, comme dans tout le pays situé au nord du 8e degré de latitude. L'influence des Haoussas se fait sentir partout; ils sont marchands et voyageurs comme les *Dioulas* du Soudan occidental. Le 5 juin 1889, le Dr Wolff s'élevait dans le nord-est jusqu'au village de Ndali ou Dbari. Affaibli par les fièvres, il mourut le 26 juin, sans avoir pu atteindre le Bariba, mais après avoir reconnu le cours supérieur des rivières Oli et Moussa, qui toutes deux portent, dit-on, leurs eaux au Niger. Le lieutenant Kling, en octobre 1891, retourna dans le Tschandjo, faisant route vers le Bariba; mais parvenu à Kuandé, par 10° 15′ de latitude Nord, il fut obligé de rebrousser chemin. La carte publiée par les *Mittheilungen* est un document important pour la géographie; mais il nous est permis, après ce qui s'est passé pour l'établissement de la carte définitive du Dahomey sur laquelle toutes les anciennes localités ont été déplacées de 30 et même de 40 kilomètres vers le sud, de faire des réserves

1. Le méridien frontière qui sépare les possessions allemandes et françaises étant 0° 40′ 37″ O. de Paris, on voit qu'une partie du Tschandjo est en territoire français.

tant en ce qui concerne les distances qu'en ce qui a trait aux directions. On est facilement porté, quand on voyage à pied avec des nègres, à confondre l'espace parcouru avec la durée du trajet, et une visée topographique est trop aisément reportée sur le croquis dans un sens favorable aux intérêts que l'explorateur est chargé de sauvegarder. Seule une triangulation sérieuse ou des observations astronomiques précises permettent d'accepter définitivement une carte. Tout en rendant hommage à la valeur scientifique des travaux effectués par les voyageurs allemands au nord et au nord-est du Togo, nous ne pouvons nous empêcher de remarquer qu'ils nous ont rapporté très peu de longitudes, ce qui est particulièrement intéressant pour des régions aussi rapprochées les unes des autres.

Le protocole du 24 décembre 1885 et la convention additionnelle du 1er février 1887, ratifiés le 20 avril 1887, ont fixé la ligne de démarcation au méridien 0° 40′ 37″ longitude Ouest, prolongé jusqu'au 9e degré de latitude Nord. Le 23 juillet 1889, nous avons eu l'occasion, comme il a été dit plus haut, étant administrateur du Grand-Popo et Agoué, de visiter le Tado et d'y établir le protectorat français. L'exactitude du croquis rapporté fut contestée, parce qu'il n'était pas d'accord avec les itinéraires antérieurs. Une commission mixte, composée du *Landeshauptmann* de Puttkammer pour l'Allemagne et du lieutenant de vaisseau Colson pour la France, a procédé en 1893 au levé régulier du Mono et a parcouru l'intérieur jusqu'à Tado. Les positions des divers points en litige ont été déterminées astronomiquement, et, comme nous l'avions précédemment indiqué, demeurent dans la zone d'influence de résidents français le riche pays de Tado, une partie du royaume d'Atakpamé, le pays des Éoués, les marchés de Togodo, Topli, Dobo, Athiémé, Afagna qui conduit à Wo. Le Mono coule en territoire français, sauf une boucle insignifiante entre Séana et Sakonjé de 6° 41′ 40″ à 6° 44′ 28″.

Le Chabe, cité dans Wolff par renseignements entre le 8e et le 9e degré, ne paraît être qu'une localité, ou tout au plus un plateau montagneux. Les Mahis de Savalou (7° 56′ N.) ont affirmé que le Zou descendait d'un haut plateau du nom de Tzara, lequel serait situé à cinq journées de marche au N.-O. de Savalou. Il y a peut-être une certaine corrélation entre le Chabe et le Tcharara du Dr Skertchly, dont les gens du pays nient absolument l'existence.

Pendant l'année 1893, M. le chef d'escadron Decœur, chargé de tracer la route de l'Atlantique au Niger, s'est élevé, accompagné du lieutenant Baud, jusqu'à la hauteur de Bébéra, en suivant l'itinéraire Mono-Pessi-Savalou-Ouessé, pendant que le lieutenant d'infanterie de marine Guérin arrivait en ce point par Kétou, Savé, Ouessé, à peu près à la même date, en janvier 1894.

On peut considérer ces voyages, qui sont continués actuellement par M. Decœur et M. Alby, comme un premier jalon vers notre *hinterland*. M. Decœur a été accompagné jusqu'au 9e degré par le gouverneur du Dahomey M. Ballot, et, escorté de 150 gardes civils, il s'est avancé dans un pays inconnu le 1er octobre 1894.

Le 26 novembre 1894, la colonne Decœur arrivait à Liki, et M. Alby, administrateur colonial, directeur des affaires politiques, passait un traité par lequel toute la région située au nord de notre colonie du Dahomey est placée sous le proectorat de la France.

On confond quelquefois le Bariba avec le Borgou. Pendant mon passage à la direction des affaires politiques, il m'a été donné d'interviewer des notables originaires de Liki, et leur ignorance au sujet des faits, gestes et noms de leurs voisins m'a confirmé dans cette idée que, depuis Barth et les frères Lander, qui n'ont eux-mêmes rapporté que des observations recueillies de la bouche des indigènes, les multiples États situés entre le Tschandjo et le Niger ont subi plusieurs révolutions qui ont anéanti le prestige et l'influence problématiques des sultans de Sokoto, les prétendus suzerains de ces contrées. En 1830, le Borgou payait, paraît-il, tribut au roi de Boussa. Mais les Peulhs, les conquérants du Soudan, auraient également soumis à leur autorité toutes les populations disséminées dans ces parages. Il semble difficile d'établir des droits de vassalité sur des souvenirs transmis verbalement de père en fils, sur des légendes et des chansons rappelant une époque héroïque, presque voisine d'un âge préhistorique. Les nombreux marchands venus de Salaga, de Liki et même du Haoussa nous ont déclaré que la reine des Baribas, Aïccoré, résidait à Thoui, à trois jours de marche au nord de Savé; que le roi de Liki, Mouza, gouvernait son peuple d'après les lois et coutumes anciennes, qu'il ne payait tribut à personne, que ses cavaliers étaient les premiers du monde et que son pays n'appartenait qu'à Dieu.

Le Dr Wolff a laissé aussi de précieux renseignements sur les routes qui du Sougou conduisent au Dahomey, ainsi que sur celles du Sougou à Rabba sur le Niger, par Perere et Liki en seize jours, de Liki à Ilorin, de Perere à Abéochouta, du Sougou à Salaga en quinze jours, du Sougou à la rivière de Sokoto en vingt et un jours, d'Aledjo à Jendi, de Liki au Noupé. Tous ces itinéraires sont presque neufs et peu fréquentés en ce moment. Quant au Borgou, Clapperton, à son second voyage à Sokoto, en 1826, en avait *entendu* parler comme d'un grand État situé à l'ouest du Niger entre le Gourma et le Yoruba, *mais ce nom était presque oublié*.

La ligne de démarcation entre le Dahomey et la colonie anglaise de Lagos n'est pas déterminée astronomiquement dans le nord de nos possessions. Du 26 mai au 6 juin 1890 une commission mixte, composée de M. Tracou, lieutenant de vaisseau, pour la France, et M. Mackentry, commandant l'aviso de la marine royale l'*Alecto*, a procédé dans la lagune de Porto-Novo aux opérations d'une première délimitation. La commission a placé une borne à l'endroit désigné par l'arrangement du 10 août 1889, sur la rive droite de la rivière de Porto-Novo, vis-à-vis de la crique d'Adjara. Les observations à l'horizon artificiel ont donné pour résultat : latitude, 6° 23′ 51″ N.; longitude, 0° 25′ 25″ E. de Paris. Une deuxième borne a été placée au confluent des deux rivières Ocpara et Adjara, qui forment l'estuaire dénommé, sur les cartes, Adjara, en amont du village de Djofi appartenant au royaume de Pocra. La position de ce point est : latitude, 6° 38′ 15″ N.; longitude, 0° 26′ 34″ E. de Paris. C'est par ce méridien

0° 26′ 34″ que passe la limite franco-anglaise prolongée d'après la convention de 1889 jusqu'au 9e parallèle.

« La géographie a ses lois, disait Prévost-Paradol [1], et lorsque deux nations également civilisées sont en rivalité pour l'exploitation commerciale ou la domination politique d'un point quelconque du globe, c'est la plus voisine qui en fin de compte a le plus de chances pour l'emporter. » Or nous sommes sur le méridien zéro, sur le chemin direct de Cotonou à Say, point déjà atteint en 1891 par le commandant Monteil. En faisant communiquer le Dahomey avec le Gando, en englobant le Bariba dans notre nouvelle conquête, nous atteignons la route des caravanes qui vont de Salaga et du Mossi au Sokoto et au lac Tchad; Liki paraît être le point de convergence des marchands et voyageurs de l'intérieur. Le jour où toutes les peuplades dispersées dans la boucle du Niger auront accès à la mer, le jour où nos possessions de l'Afrique occidentale formeront un tout homogène au point de vue politique, nous posséderons un véritable empire colonial pouvant rémunérer largement les capitaux qui s'engageront dans les entreprises de différent ordre, et il faut espérer que ce jour n'est pas très éloigné.

1. *La France nouvelle*, Paris, Lévy, 1889.

« AGANMAN » OU « TOGBODONOU », CAMÉLÉON FÉTICHE EN CUIVRE DORÉ PRÉSIDE AUX DESTINÉES DE LA PATRIE DAHOMÉENNE.

ANNEXES

ANNEXE I

CERCLE DE OUIDAH.

L'Administrateur.

RELEVÉ DES ARMES ET MUNITIONS

VENDUES PAR LES ALLEMANDS DE OUIDAH AUX DAHOMÉENS.

(D'après les livres de commerce.)

DATES DE LA LIVRAISON	MODÈLES	QUANTITÉS	MAISONS
1891. 5 février	Peabodys	300	Wolber et Brohm (Richter et Buss).
— 17 juillet	Winchesters	60	—
— 18 octobre	Canons 6 c/m Krupp (campagne)	4	—
— —	Canon 8 c/m (campagne)	1	—
— 28 novembre	Mitrailleuses complètes	2	—
1892. 5 mars	Winchesters	3	—
— 28 février	—	40	—
— 11 avril	—	30	—
— 9 août	Mitrailleuse complète	1	—
— 9 —	Petit canon (ballon Geschütz)	1	—
1891. Janvier	Chassepots	408	Godelt (Witt.)
— Octobre	Sniders	50	Barth.
— —	Albinis	150	—
— —	Chassepots	75	—
1892. Avril	Sniders	150	—
— —	Albinis	50	—
— —	Chassepots	125	—
1891. Avril et octobre	Spencers	200	Traugott-Sollner.
— —	Sniders	40	—
— —	Chassepots	40	—
— —	Revolvers	12	—

MUNITIONS.

DATES DE LA LIVRAISON	MODÈLES	QUANTITÉS	MAISONS
1891. Février	Cartouches pour Peabody	60 000	Wolber et Brohm (Richter et Buss).
— —	Cartouches d'exercice	20 000	—
— Juillet	Cartouches Winchester	25 600	Wolber et Brohm.
— 18 octobre	Obus pour canons de 6 c/m	300	—
— —	Boîtes à mitraille de 6 c/m	100	—
— —	Obus pour canons de 6 c/m	300	—
1892. 5 mars	Cartouches Winchester	300	—
— 19 juillet	—	200	—
— 28 février	Cartouches pour mitrailleuses	4 024	—
— 9 août	Caisses capsules	6	Buss.
— —	Cartouches Winchester	2 000	—

DATES DE LA LIVRAISON	MODÈLES	QUANTITÉS	MAISONS
1892 9 août...........	Obus de 6 c/m......................	8 caisses. ?	Buss
— —	Boîtes à mitraille..................	8 caisses. ?	—
— —	Obus pour canons de 4 c/m..........	8 caisses. ?	—
— —	Cartouches pour mitrailleuses.......	Caisses. ?	—
Janvier 1891-Avril 1892...	Cartouches de modèles divers.......	180 000	Barth (300 cartouches par fusil).
1891. Janvier..........	Cartouches pour chassepots........	26 280	Godelt (Witt).
— Avril et octobre ..	Cartouches diverses................	33 646	Traugott-Sollner.
1892. Avril.............	Cartouches.........................	1 150	—

RÉCAPITULATION.

ARMES.

300 Peabodys.
133 Winchesters.
648 Chassepots.
200 Albinis.
240 Sniders.
200 Spencers.
12 revolvers.
1 canon de 8 c/m
2 canons de 6 c/m.
1 petit canon (ballon Geschütz).
3 mitrailleuses.

MUNITIONS.

Cartouches diverses, 348 026 (plus en caisse, nombre encore inconnu).
Obus de 6 c/m, 300 (plus 8 caisses).
Boîtes à mitraille de 6 c/m, 100 (plus ? caisses).
Obus de 4 c/m, 8 caisses. ?
Obus pour canons de 8 c/m, 300.
Cartouches pour mitrailleuses, 4 024 (plus ? caisses).
Caisses capsules (6 caisses).

Certifié le présent relevé conforme aux livres de commerce examinés par nous administrateur de Ouidah.

Ouidah, le 5 janvier 1893.

Signé : D'ALBÉCA.

Vu :

Le Lieutenant-Colonel commandant la région,

Signé : GONARD.

ÉTAT DES ARMES ET MUNITIONS DE GUERRE
TROUVÉES A OUIDAH APRÈS L'OCCUPATION FRANÇAISE ET ACTUELLEMENT DÉPOSÉES AU FORT FRANÇAIS

1 mitrailleuse avec affût (modèle français).

2 petits canons (ballon Geschütz de 4 centimètres, modèle allemand, marque nos 13 et 14). Fried-Krupp, Essen, 1872.

NOTA. — Un des canons a été trouvé à Savi avec son chandelier, 2 fourches et le chariot destiné à le transporter; le second a été livré dans la caisse d'emballage à M. le lieutenant de vaisseau Le Baron par le chef dahoméen Tossa Unkese. Du chariot on n'a trouvé que les 4 roues et la limonière : marques PD Ouidah sur les caisses d'emballage et HV sur les roues.

10 fusils Snider.
3 150 cartouches pour Snider;
1 albini;
2 fusils Spencer 518A P.L;
1 carabine Robert Jones;
4 mousquetons à pierre;
1 paquet cartouches chassepot, P;
12 barils poudre de traite;
90 cartouches Winchester;
203 cartouches pour mitrailleuses.

Ouidah, le 5 janvier 1893.

L'Enseigne de vaisseau, chargé de l'artillerie,
Signé : E. THÉVENARD.

VU : Le Lieutenant-Colonel commandant la région,
Signé : GONARD.

NOTE SUR LE MATÉRIEL ET LES MUNITIONS D'ARTILLERIE
EMPLOYÉS PAR LES DAHOMÉENS DANS LA CAMPAGNE DE 1892

L'artillerie que les Dahoméens ont utilisée contre nous pendant toute la durée de la campagne, comprenait, d'après les renseignements puisés à différentes sources :

4 mitrailleuses;

2 canons Krupp du calibre de 87 millimètres environ;

4 canons Krupp du calibre de 58 millimètres environ, calibres mesurés approximativement d'après le diamètre des obus tombés dans nos bivouacs et n'ayant pas éclaté.

Les projectiles étaient tous armés de la fusée percutante allemande modèle 1872 à goupille. En dehors de cette artillerie mobile traînée à la bricole par des captifs, les Dahoméens possédaient encore à Abomey un assez grand nombre de pièces anciennes, canons ou mortiers, en bronze ou en fonte, mais dans un tel état de délabrement, qu'il eût été difficile de les utiliser pour un tir de guerre.

En quittant Abomey, le roi Behanzin n'a pu emmener avec lui qu'une très faible partie de ce matériel; tout le reste a été précipitamment enfoui dans les champs qui environnent les palais d'Abomey.

Les fouilles qui ont été entreprises et qui se poursuivent actuellement ont amené jusqu'à présent la découverte du matériel suivant :

2 canons Krupp de 58 millimètres avec affûts métalliques;
1 mitrailleuse;
2 grosses pièces en fonte;
1 mortier en bronze;
2 mortiers en fonte avec leurs affûts;
1 affût métallique } pour pièces de gros calibre;
1 affût en bois }
1 avant-train.

Janvier 1893.

CORPS EXPÉDITIONNAIRE DU DAHOMEY. — ÉTAT-MAJOR

NOTE SUR LES ARMES PORTATIVES ET MUNITIONS

UTILISÉES PAR LES DAHOMÉENS DANS LA CAMPAGNE DE 1892

Armes portatives. — Du 19 septembre au 18 novembre il a été pris sur les Dahoméens environ 800 fusils, sans compter un millier d'armes de rebut et pour la plupart inutilisables (tromblons, fusils de rempart, fusils à pierre de toutes dimensions), trouvées enfouies dans les cachettes des palais de Bécon et d'Abomey. Sur les 800 fusils ramassés sur le terrain après les combats de la campagne, 300 environ étaient des armes à tir rapide, de systèmes et de modèles très variés, provenant pour la plupart de l'armement réformé des armées européennes.

Savoir :

Armes françaises { Chassepots modèle 1866. Fusils modèle 1867.

Armes allemandes { Fusils Dreyse. Fusils Mauser modèle 1871.

Armes austro-hongroises { Fusils Wänzl. Fusils Verndl.

Armes anglaises : Fusils Enfield-Snider modèle 1867.

Armes américaines { Fusils Peabody. Carabines Winchester.

Munitions. — Dans les divers combats livrés aux Dahoméens, ces derniers ont souvent dans leur retraite précipitée abandonné ou laissé tomber une quantité considérable de munitions. C'est ainsi qu'on a pu recueillir des boîtes entières de cartouches Winchester; des paquets de cartouches de la société belge pouvant être indifféremment tirées avec les fusils Mauser, Peabody et Wänzl; des cartouches de chassepot.

Ces dernières étaient empaquetées par six dans des étuis en carton portant extérieurement des marques qu'il a paru intéressant de relever et qui indiquent suffisamment leur provenance.

1° *Cartouches fabriquées dans les cartoucheries militaires françaises avant ou pendant la campagne de 1870-71.*

LFE 70

AL. C. 11m

EG. AOUT

2° *Cartouches fabriquées en Allemagne après la campagne 1870-71.*

CHASSEPOT PATRONEN

à 5 G

CASSEL den 30 mai 1873

Poudre. — Des recherches faites à Cana et à Abomey ont amené la découverte de trois poudrières, renfermant respectivement environ 1 000, 1 500 et 2 500 kilogrammes, soit au total 5 000 kilogrammes de poudre de traite renfermée en partie dans de grandes jarres en terre cuite hermétiquement fermées par des tampons d'argile; en partie dans des barils portant l'étiquette de la poudrerie française de Saint-Chamas.

Cette poudre était destinée principalement au chargement des fusils à pierre, mais aussi à la confection des cartouches pour mitrailleuses; car à Cana on a découvert un véritable atelier pyrotechnique dans lequel se trouvaient 8 000 douilles vides pour mitrailleuses et l'outillage nécessaire à leur chargement.

Janvier 1893.

ANNEXE II

NOS TRAITÉS AVEC LE DAHOMEY

« Traité d'amitié et de commerce conclu à Abomey le 1er juillet 1851, entre la France et le roi de Dahomey. — Sa Majesté le roi de Dahomey, voulant resserrer les liens d'amitié qui unissent depuis des siècles sa nation à la nation française, a conclu le traité qui suit avec l'officier chargé des pleins pouvoirs de M. le Président de la République française :

« Article premier. — Moyennant les droits et coutumes usités jusqu'à ce jour et stipulés dans l'article ci-après, le roi de Dahomey assure toute protection et liberté de commerce aux Français qui voudront s'établir dans son royaume. Les Français, de leur côté, se conformeront aux usages établis dans le pays.

« Art. 2. — Tout navire déchargeant une cargaison entière payera, comme droits d'ancrage, savoir : 40 piastres de cauris blancs; 28 pièces de marchandises; 5 fusils; 5 barils de poudre et 60 gallons d'eau-de-vie. S'il ne décharge qu'à moitié, il ne payera que moitié; s'il ne décharge rien, il ne payera rien, même en prenant à terre un chargement complet de marchandises du pays.

« Art. 3. — Si une autre nation obtenait, par un traité particulier, une diminution de droits quelconque, le roi accorderait sur-le-champ la même faveur aux Français.

« Art. 4. — Désirant prouver au gouvernement français toute sa bonne volonté pour ouvrir aux négociants étrangers de nouvelles branches de commerce, le roi promet sa protection toute particulière au trafic de l'huile de palme, des arachides, et autres produits des contrées placées sous ses ordres.

« Art. 5. — En cas de naufrage d'un navire français sur les côtes du Dahomey, le roi fera porter tous les soins possibles au sauvetage des hommes, du navire et de la cargaison. Une indemnité conforme à l'usage du pays sera payée aux sauveteurs.

« Art. 6. — Les gens dits du Salam français de Ouidah prétendant avoir seuls droit aux travaux des factoreries françaises, leurs salaires seront fixés par une convention spéciale, quelle que soit la nature de ces travaux. Par réciprocité, le roi fera punir sévèrement tout homme du Salam qui refuserait de travailler sans prétexte valable.

« Art. 7. — Le roi s'engage à réprimer avec sévérité la fraude de l'huile de palme, laquelle fraude peut porter un préjudice notable à cette industrie naissante.

« Art. 8. — Il ne sera plus permis à des agents subalternes, tels que les *décimères* [1], d'arrêter la traite de l'huile de palme, comme ils l'ont fait parfois, sous le moindre prétexte. Le roi jugera seul si elle doit l'être, ou au moins le gouverneur ou yévoghan de Ouidah, et conformément aux anciens usages les traitants seront prévenus de cette défense.

« Art. 9. — Pour conserver l'intégrité du territoire appartenant au Fort français, tous les murs ou bâtiments construits en dedans de la distance réservée (treize brasses à partir du revers extérieur des fossés d'enceinte) seront abattus immédiatement, et il sera fait défense par le roi d'en construire de nouveaux.

« Art. 10. — Le roi prend l'engagement de donner toute sa protection aux missionnaires français qui viendront s'établir dans ces États, de leur laisser l'entière liberté de leur culte, de favoriser leurs efforts pour l'instruction de ses sujets.

1. Note du traité. — On désigne sous le nom de *décimères* les agents chargés de percevoir un droit du *dixième* sur la valeur des marchandises achetées.

« M. le Président de la République française voulant reconnaître, de son côté, les bons offices et la protection accordés aux Français par Sa Majesté le roi du Dahomey, saisira toutes les occasions de lui en prouver sa satisfaction, en lui adressant le plus souvent possible des officiers investis de sa confiance.

« Fait double à Abomey, le 1er juillet 1851. — (Marque du roi de Dahomey.) — Pour le Président, l'Officier français en mission : A. Bouet. »

« Cession à la France du territoire de Kotonou par le roi de Dahomey. — Copie du traité du 19 mai 1868. — L'an 1868, le 19 du mois de mai, les soussignés, Jean-Baptiste Bonnaud, agent vice-consul de France au Dahomey et à Porto-Novo, assisté de M. Pierre Delay, négociant français à Ouidah, et Daba-yévoghan, gouverneur de Ouidah, agissant au nom et par les ordres du roi de Dahomey, assisté de Chaudaton, grand cabécère de Ouidah, en présence de tous leurs moces [1], des envoyés ordinaires et extraordinaires du roi de Dahomey et des moces des grands cabécères du royaume, absents de Ouidah, se sont réunis dans la maison du yévoghan, siège du gouvernement du roi de Dahomey à Ouidah, à l'effet de convenir de ce qui suit. Le yévoghan ayant pris la parole s'est exprimé ainsi : Le roi de Dahomey, dans son désir de donner une preuve d'amitié à Sa Majesté l'empereur des Français, et reconnaître les relations amicales qui ont existé de tout temps entre la France et le Dahomey, avait vers la fin de l'année 1864 fait la cession à la France de la plage de Kotonou. Le 9 mars dernier, il a envoyé à Ouidah un messager spécial, nommé Kokopé, porteur de son bâton royal, à l'effet de renouveler cette cession entre les mains de l'agent vice-consul de France, avec toute la solennité en usage dans le Dahomey. Dans ces circonstances, il a été jugé nécessaire, tant par le roi de Dahomey que par l'agent vice-consul de France, qu'un acte écrit constatât la confirmation de la cession faite antérieurement par le roi de Dahomey de la plage de Kotonou et l'acceptation par la France de cette cession. L'agent vice-consul a répondu, au nom du gouvernement de l'Empereur, en exprimant toute sa gratitude au roi de Dahomey pour cette nouvelle preuve d'amitié.

« Il a ajouté qu'il acceptait cette cession, dans la pensée qu'elle favoriserait l'extension des relations commerciales existant entre les deux pays, et serait ainsi profitable à tous les deux, mais que, et quel que fût le désir du roi de Dahomey de voir Kotonou occupé militairement par la France, le gouvernement de l'Empereur n'avait pas cru devoir jusqu'à présent réaliser cette occupation, et qu'il ne la réaliserait qu'autant que cela conviendrait à ses intérêts, que jusqu'à ce moment rien ne devait être changé à l'état de choses actuel en ce qui concerne les indigènes du pays et la perception des droits de douane.

« Le yévoghan, les grands cabécères, les envoyés du roi de Dahomey et les moces présents de tous les grands cabécères du royaume, ayant manifesté leur adhésion aux paroles prononcées par M. l'agent vice-consul, les articles suivants ont été rédigés, d'un commun accord, entre les parties contractantes.

« Article premier. — Le roi de Dahomey, en confirmation de la cession faite antérieurement, déclare céder gratuitement à Sa Majesté l'empereur des Français le territoire de Kotonou avec les droits qui lui appartiennent sur ce territoire, sans aucune exception, ni réserve, et suivant les limites qui vont être déterminées. Au sud, par la mer. A l'est, par la limite naturelle des deux royaumes de Dahomey et de Porto-Novo. A l'ouest, à une distance de 6 kilomètres de la factorerie V. Régis aîné, sise à Kotonou, sur les bords de la mer. Au nord, à une distance de 6 kilomètres de la mer, mesurée perpendiculairement à la direction du rivage.

« Art. 2. — Les autorités établies par le roi de Dahomey à Kotonou continueront d'administrer le territoire actuellement cédé, jusqu'à ce que la France en ait pris effectivement possession. Rien ne sera changé à l'état de choses existant actuellement; les impôts et les droits de douane continueront, comme par le passé, à être perçus au profit du roi de Dahomey.

« Art. 3. — Le présent traité sera soumis à l'approbation du gouvernement de Sa Majesté l'Empereur, mais la cession du territoire de Kotonou est considérée d'ores et déjà comme définitive au présent traité par l'empereur des Français.

« Fait et signé par les parties contractantes à Ouidah, les jour, mois et an que dessus.

« Suivent la signature de l'agent vice-consul de France et la marque du yévoghan.

« Pour copie conforme. — Le Lieutenant de vaisseau, commandant la canonnière française le *Gabès*, — Signé : P. Arnoux.

1. *Moce*, domestique de confiance.

« Cession de Kotonou. — Copie du traité passé entre la France et le Dahomey, le 19 avril 1879. — Entre le capitaine de frégate Paul Serval, chef d'état-major du contre-amiral commandant en chef de la division navale de l'Atlantique sud, au nom de la République française, d'une part, et le yévoghan de Ouidah et le cabécère Chaudaton, au nom de Sa Majesté Glé-Glé, roi de Dahomey, lequel a préalablement pris connaissance du projet de traité et lui a donné son approbation d'autre part, il a été convenu ce qui suit :

« Article premier. — La paix et l'amitié qui règnent et n'ont cessé de régner entre la France et le Dahomey, depuis le traité de 1868, sont confirmées par la présente convention, qui a pour objet d'élargir les bases de l'accord entre les deux pays.

« Art. 2. — Les sujets français auront plein droit de s'établir dans tous les ports et villes faisant partie des possessions de Sa Majesté Glé-Glé et d'y commercer librement, d'y occuper et posséder des propriétés, maisons et magasins, pour l'exercice de leur industrie; ils jouiront de la plus entière et de la plus complète sécurité, de la part du roi de Dahomey, de ses agents et de son peuple.

« Art. 3. — Les sujets français résidant ou commerçant dans le Dahomey recevront une protection spéciale pour l'exercice plein et entier de leurs diverses occupations de la part de tous les sujets de Sa Majesté Glé-Glé et des étrangers résidant au Dahomey. Il leur sera permis d'arborer sur leurs maisons et factoreries le drapeau du Dahomey, seul ou associé au pavillon français, *et le roi Glé-Glé s'engage à faire connaître à ses sujets et à tous les étrangers qui habitent ses domaines, qu'ils aient à respecter les personnes et les propriétés des Français, sous peine d'un sévère châtiment.*

« Art. 4. — Les sujets français jouiront, pour l'admission et la circulation des marchandises et produits introduits par eux et par leurs soins au Dahomey, du traitement de la nation la plus favorisée.

« Art. 5. — Aucun sujet français ne pourra désormais être tenu d'assister à aucune coutume du royaume de Dahomey où seraient faits des sacrifices humains.

« Art. 6. — Toutes les servitudes imposées aux Français résidant au Dahomey, et particulièrement aux habitants de Ouidah, sont et demeurent supprimées.

« Art. 7. — En confirmation de la cession faite antérieurement, Sa Majesté le roi Glé-Glé abandonne en toute souveraineté à la France le territoire de Kotonou avec tous les droits qui lui appartiennent, sans aucune exception ni réserve et suivant les limites déterminées : au Sud par la mer, à l'Est par la limite actuelle des deux royaumes de Porto-Novo et de Dahomey, à l'Ouest à une distance de 6 kilomètres de la factorerie Régis aîné, sise à Kotonou, sur le bord de la mer, au Nord à une distance de 6 kilomètres de la mer, mesurée perpendiculairement à la direction du rivage.

« Fait à Ouidah, en double expédition, le 19 avril 1878. — Signé : P. Serval.

« Suivent les marques du yévoghan de Ouidah et du cabécère Chaudaton.

« Les témoins au traité, — signé : B. Colonna de Lecca, Agent en chef de Régis aîné et Cie; Francisco F. Souza (Chacha); G. Ferrat, Lieutenant de vaisseau, commandant le *Bruat*.

« Pour copie conforme, le Capitaine de frégate, commandant supérieur des établissements français du golfe de Guinée, signé : G. Pradier. »

ÉTABLISSEMENTS FRANÇAIS DU GOLFE DE BÉNIN. — GRAND-POPO ET AGOUÉ

PROCÈS-VERBAL

L'an mil huit cent quatre-vingt-neuf et le 22 juillet, à 9 heures du matin, le pavillon tricolore a été arboré à Toune (État du Tado), 35 kilomètres nord-est de Togodo (rivière Mono) et 35 kilomètres sud-ouest d'Abomey, capitale du Dahomey,

En présence de :

Monsieur A.-L. d'Albéca, administrateur colonial de Grand-Popo et Agoué (golfe de Bénin), en mission politique chez les Ouatchis et dans la rivière Mono ;

Pohenzon, roi fétiche du Tado, contrée sacrée où les rois du Dahomey et les chefs des Ouatchis viennent recevoir l'investiture ;

Victor Mensah, dit Aïté, interprète auxiliaire de Grand-Popo.

En arborant le pavillon tricolore le roi Pohenzon a déclaré : être satisfait de la présence à Toune de l'envoyé français; qu'un blanc foulait pour la première fois le terrain fétiche du Tado; que son plus ardent désir était de contracter amitié et alliance avec la France.

Trois salves de mousqueterie ont été ensuite tirées pour saluer le pavillon français.

Pour confirmer et appuyer ses paroles, le roi Pohenzon a envoyé à Grand-Popo, à la suite de l'administrateur colonial, les nommés Niakodjo, porteur de son bâton royal, Moussa, Abourou, moces de la cour.

Ces envoyés sont arrivés le 27 juillet à Grand-Popo et ont prêté devant les témoins soussignés serment que le roi Pohenzon avait arboré le pavillon tricolore en présence de l'administrateur et que le roi du Tado désirait être en rapport constant avec le représentant de la France à Grand-Popo, que Sa Majesté désirait contracter alliance et amitié avec la République française.

Les envoyés ont déclaré ne savoir signer.

Fait à Grand-Popo le 28 juillet 1889,

L'Administrateur de Grand-Popo,
A. D'ALBÉCA.

Témoins :

Le Sergent d'infanterie de marine commandant le poste de Grand-Popo,
TIEULIN.

Le Commis auxiliaire du commissariat,
J.-S. DE SOUZA.

L'Interprète auxiliaire de Grand-Popo,
J.-F. MENSAH.

Vu pour légalisation des signatures des sieurs Tieulin, Souza et Mensah,
A. D'ALBÉCA.

ARRANGEMENT CONCLU ENTRE LA FRANCE ET LE DAHOMEY

LE 3 OCTOBRE 1890

En vue de prévenir le retour des malentendus qui ont amené entre la France et le Dahomey un état d'hostilité préjudiciable aux intérêts des deux pays,

Nous soussignés :

Aladaka, Do-de-dji, messagers du roi;

Assistés de :

Cussugnan, faisant fonctions de yévoghan;

Zizidoque, Zonouhoucou, cabécères;

Aïnadou, trésorier de l'*agoli*,

Désignés par Sa Majesté le roi Behanzin Ahy Djéri;

Et capitaine de vaisseau de Montesquiou-Fézensac, commandant le croiseur le *Roland;*

Capitaine d'artillerie Decœur,

Désignés par le contre-amiral Cavelier de Cuverville, commandant en chef les forces de terre et de mer, faisant fonctions de gouverneur dans le golfe de Bénin, agissant au nom du Gouvernement français,

Avons arrêté, d'un commun accord, l'arrangement suivant, qui laisse intacts tous les traités ou conventions antérieurement conclus entre la France et le Dahomey :

ARTICLE PREMIER. — Le roi du Dahomey s'engage à respecter le Protectorat français du royaume de Porto-Novo et à s'abstenir de toute incursion sur les territoires faisant partie de ce protectorat.

Il reconnaît à la France le droit d'occuper indéfiniment Kotonou.

ART. 2. — La France exercera son action auprès du roi de Porto-Novo pour qu'aucune cause légitime de plainte ne soit donnée à l'avenir au roi de Dahomey.

A titre de compensation pour l'occupation de Kotonou, il sera versé annuellement par la France une somme qui ne pourra en aucun cas dépasser vingt mille francs (or ou argent).

Le blocus sera levé et le présent arrangement entrera en vigueur à compter du jour de l'échange des signatures. Toutefois cet arrangement ne deviendra définitif qu'après avoir été soumis à la ratification du Gouvernement français.

Fait à Ouidah, le 3 octobre 1890.

Signé : ALADAKA, DO-DE-DJI, CUSSUGNAN, ZIZIDOQUE, ZONOUHOUCOU, AÏNADOU.

Signé : H. DECŒUR, Y. DE MONTESQUIOU.

Les témoins :

Signé : CANDIDO RODRIGUEZ, ALEXANDRE.

Les témoins :

Signé : D'AMBIÈRES, DORGÈRE.

VU :

Le contre-amiral commandant en chef les forces de terre et de mer, faisant fonctions de Gouverneur,

Signé : CAVELIER DE CUVERVILLE.

DÉCLARATION

Au nom du Gouvernement de la République française,

Nous, général de brigade, commandant supérieur des Établissements français du Bénin, grand officier de la Légion d'honneur,

En vertu des pouvoirs qui nous été conférés,

DÉCLARONS :

I. — Est acceptée la soumission des princes, cabécères, chefs et habitants du Dahomey.

II. — Sont détachés du Dahomey sur leur demande et placés sous le protectorat de la France les pays des Mahis, des Dassa, et les confédérations Nagots et autres de la rive gauche de l'Ouémé, dont les territoires avaient été annexés par la force.

III. — Pour donner satisfaction aux vœux des populations, est reconnue la division du Dahomey proprement dit en deux royaumes indépendants, ayant respectivement pour capitales Abomey et Allada.

IV. — Le royaume d'Abomey comprend le pays situé entre le Coufo à l'ouest, la région des Mahis au nord, l'Ouémé à l'est, la Lama au sud.

V. — Le royaume d'Allada comprend le pays situé entre le Coufo et l'Ahemé à l'ouest, le royaume d'Abomey au nord, l'Ouémé en amont de Dogba et la rivière de Sô à l'est, le territoire annexé au sud.

VI. — La désignation des premiers rois d'Abomey et d'Allada sera faite par les chefs de ces royaumes réunis en assemblée générale, et soumise à l'approbation du Gouvernement français.

VII. — Les royaumes d'Abomey et d'Allada sont placés sous le protectorat de la France.

VIII. — Des traités détermineront ultérieurement les relations politiques et commerciales qui devront exister entre le représentant du gouvernement de la République et les nouveaux souverains, ainsi que les conditions suivant lesquelles s'exercera le protectorat de la France.

Fait à Abomey (Goho), le 5 janvier 1894.

A. DODDS.

RECONNAISSANCE DU ROI D'ABOMEY

PROCÈS-VERBAL

Le quinze janvier mil huit cent quatre-vingt-quatorze, à 8 heures du matin, les princes, cabécères et chefs du Haut-Dahomey, réunis sur la place du palais de Simbodji, à Abomey, ont proclamé roi d'Abomey, sous le nom d'Ago-li-Agbo, le prince Goutchili, fils du défunt roi Glé-Glé.

Le général de brigade Dodds, commandant du corps expéditionnaire et commandant supérieur des établissements du Bénin, grand officier de la Légion d'honneur, après avoir fait arborer, au palais de Simbodji, le drapeau français et l'avoir fait saluer de 21 coups de canon, a reconnu le nouveau roi au nom du gouvernement de la République française et déclaré le royaume d'Abomey placé sous le protectorat de la France.

Les honneurs militaires ont été ensuite rendus au roi d'Abomey.

Fait et signé à Abomey les jour, mois et an que dessus.

Le Général de brigade commandant supérieur,
A. Dodds.

Marque du roi,
X

Ont signé comme témoins :

X Alladoponougan, *fils de Guézo*;

X Guézo-jé, *fils de Guéso*;

X Topa, *fils de Glé-Glé*;

Ignacio da Chagas, *interprète*;

A. Féraud, *interprète*.

Colonel commandant le 1er double groupe de la colonne expéditionnaire,
A. Dumas.

Chef de bataillon d'infanterie, chef d'état-major du corps expéditionnaire,
Taverna.

Administrateur colonial, directeur des affaires politiques et indigènes, p. i.
A.-L. d'Albéca.

Chef de bataillon d'infanterie de marine, commandant du poste de Goho,
E. Boutin.

Lieutenant d'infanterie de marine, officier d'ordonnance,
L. Garineau.

RECONNAISSANCE DU ROI D'ALLADA

PROCÈS-VERBAL

Le quatre février mil huit cent quatre-vingt-quatorze, à 8 heures du matin, les cabécères et chefs du Bas-Dahomey, réunis sur la place du palais à Allada, ont proclamé roi d'Allada, sous le nom de Gi-gla-don-Gbé-nou-maou, le prince Ganhou Hougnon, représentant de la famille royale d'Ardres et descendant direct de Meji, dernier roi de ce pays.

Le général de brigade Dodds, commandant du corps expéditionnaire et commandant supérieur des établissements français du Bénin, grand officier de la Légion d'honneur, après avoir arboré au palais d'Allada le drapeau français et l'avoir fait saluer de 21 coups de canon, a reconnu le nouveau roi au nom du gouvernement de la République française et déclaré le royaume d'Allada placé sous le protectorat de la France.

Les honneurs militaires ont été ensuite rendus au roi d'Allada.

Fait et signé à Allada, les jours, mois et an que dessus.

Le Général de brigade, commandant supérieur,
A. Dodds.

Marque du roi,
X

Ont signé comme témoins :

X Kori, *chef de Tori*;

X Alladamaouzou, *chef de Toffo Coussi*;

X Géco, *chef de Onzoumé*;

Chef de bataillon d'infanterie, chef d'état-major du corps expéditionnaire,
E. Taverna.

Administrateur colonial, directeur des affaires politiques et indigènes, p. i.,
A.-L. d'Albéca.

Capitaine d'infanterie de marine, commandant du poste d'Allada,
Noel.

Lieutenant d'infanterie de marine, officier d'ordonnance,
L. Garineau.

ROYAUME D'ABOMEY

TRAITÉ DU 29 JANVIER 1894

Au nom de la République française,

Entre le général de brigade Dodds, commandant supérieur des établissements français du Bénin, grand officier de la Légion d'honneur, d'une part;

Et Ago-li-Agbo, roi d'Abomey, d'autre part, a été conclu le traité suivant :

Article premier. — Le roi et les habitants du royaume d'Abomey se placent sous le protectorat et la suzeraineté de la France.

Art. 2. — Le gouverneur des établissements français du Bénin est chargé de l'exercice du protectorat. Il est représenté à Abomey par un délégué qui prend le titre de vice-résident.

Art. 3. — Le royaume d'Abomey a pour limites :

Au nord, le Petit-Couffo, le Zou, le Paco, le village et les terrains de culture de Gounsoué qui dépendent de ce royaume;

A l'est, l'Ouémé;

Au sud, une ligne brisée passant par les villages de Tandji, Dassa, Kissa, Aiwedji, Alagba, Lomé, Massi, Han, Aouangitomé, tous ces villages faisant partie, ainsi que leur territoire, du royaume d'Abomey;

A l'ouest, le Couffo.

Toutefois, les villages dahoméens de Lahomé, Tocamé, Aouleta, Aglali, Arobia, Dadji, Azangbé, Adjasagon, Zali, Acocojia, Bota, situés sur la rive droite, restent dépendants du royaume d'Abomey. Le cours de l'Ouémé et celui du Couffo demeurent neutres dans toute leur étendue.

Art. 4. — Le roi d'Abomey renonce, en son nom et au nom de ses successeurs, à toutes prétentions sur les territoires situés en dehors des limites définies par l'article précédent.

Art. 5. — La désignation des futurs rois d'Abomey sera faite conformément aux usages en vigueur dans ce pays et soumise à l'approbation du gouvernement de la République française.

Art. 6. — Le roi exerce son autorité sur ses sujets d'après les lois et usages du pays; toutefois il s'engage à interdire le commerce des esclaves et à abolir toutes pratiques ou coutumes ayant pour résultat des sacrifices humains.

Art. 7. — En aucune circonstance, et sous quelque prétexte que ce soit, le roi ne pourra faire acte d'autorité sur les étrangers européens ou indigènes de passage ou en résidence dans le pays.

Toute contestation entre un habitant du royaume d'Abomey et un étranger européen ou indigène sera soumise au vice-résident de France à Abomey, sauf appel devant le gouverneur des établissements français du Bénin.

Art. 8. — Le commerce se fera librement. Le roi s'engage à tenir ouvertes toutes les routes entre son pays et les régions voisines, à prendre toutes mesures nécessaires pour favoriser l'exportation des produits et le développement des cultures.

Il n'exigera aucun droit ni coutume de la part des commerçants qui viendront s'établir dans son pays avec l'autorisation du Gouvernement français.

Art. 9. — En retour, les habitants du royaume d'Abomey pourront circuler librement dans tous les pays administrés directement ou protégés, y faire séjour et s'y livrer à des opérations de commerce. Ils recevront aide et protection des autorités françaises, conformément aux lois en vigueur.

Art. 10. — Le roi ne pourra entreprendre aucune opération de guerre sans l'autorisation du Gouvernement français.

Art. 11. — Aucune concession de terre ne pourra être accordée dans le royaume d'Abomey sans l'autorisation du Gouvernement français.

Art. 12. — La France aura le droit de faire des établissements de toute nature, d'exécuter tous travaux d'utilité publique, lignes télégraphiques, voies de communication (routes, canaux, chemins de fer).

Art. 13. — Le roi garantit le respect de la propriété, ainsi que la sécurité des biens et des personnes.

Art. 14. — Des écoles françaises pourront être ouvertes dans tous les centres de population; le roi en favorisera l'établissement et usera de son influence pour propager la langue française et répandre l'instruction dans le pays.

L'école d'Abomey sera fréquentée par les enfants de la famille royale.

Art. 15. — Tous les traités antérieurs conclus avec ou par les rois du Dahomey sont annulés.

Art. 16. — Le présent traité, fait en triple expédition, ne deviendra définitif qu'après l'approbation du Gouvernement de la République française.

Fait à Abomey, le vingt-neuf janvier mil huit cent quatre-vingt-quatorze.

(Suivent les signatures.)

ROYAUME D'ALLADA

TRAITÉ DU 4 FÉVRIER 1894.

Au nom de la République française,

Entre le général de brigade Dodds, commandant supérieur des établissements français du Bénin, grand officier de Légion d'honneur, d'une part;

Et Gi-Gla-Don-Gbé-Nou-Maou, roi d'Allada, d'autre part, a été conclu le traité suivant :

Article premier. — Le Gouvernement de la République française, pour donner satisfaction aux vœux unanimes et réitérés des cabécères, chefs et populations du Bas-Dahomey, reconnait la reconstitution de l'ancien royaume d'Ardres en un État indépendant, sous le nom de royaume d'Allada.

Le royaume d'Allada a pour limites :

Au nord, la frontière du royaume d'Abomey (ligne brisée passant par les villages de Tandji, Dassa, Kissa, Aévedji, Hallagba, Lomé, Massi, Han, Aouangitomé qui appartiennent au royaume d'Abomey);

A l'ouest, le Couffo et l'Ahémé;

Au sud, le territoire annexé;

A l'est, l'Ouémé, d'Aouangitomé à Dogba, l'Ouavimé jusqu'à son confluent avec la rivière de Sô, enfin cette rivière jusqu'à la limite des territoires annexés.

Art. 2. — Le Gouvernement de la République française reconnait comme roi d'Allada le prince Ganhou-Hougnon, élu par les cabécères, chefs et habitants, et qui prend à son avènement le nom de « Gi-Gla-Don-Gbé-Nou-Maou ».

Art. 3. — Le roi, les cabécères et les chefs d'Allada se placent sous le protectorat et la suzeraineté de la France.

Le gouverneur des établissements français du Bénin est chargé de l'exercice du protectorat et peut être représenté par un délégué, résidant soit à Allada, soit à Ouidah.

Art. 4. — Les successeurs du roi d'Allada seront élus par les cabécères et chefs réunis en assemblée générale à Allada et agréés par le Gouvernement de la République française.

Art. 5. — Le roi exerce son autorité et administre le pays d'après les lois et usages en vigueur; toutefois la traite des esclaves et les sacrifices humains sont interdits.

ART. 6. — En aucune circonstance, et sous quelque prétexte que ce soit, le roi ne pourra faire acte d'autorité sur les étrangers, Européens ou indigènes de passage, ou en résidence dans le pays. Toute contestation entre un habitant du royaume d'Allada et un étranger européen ou indigène sera soumise aux autorités françaises.

ART. 7. — Les droits et les impôts établis dans le pays par le roi sont soumis à l'approbation du gouverneur des établissements français du Bénin chargé de l'exercice du protectorat.

Toutefois aucun droit ni coutume ne peut être exigé des commerçants qui viendront s'établir dans le royaume d'Allada avec l'autorisation du Gouvernement français.

ART. 8. — La libre circulation sera assurée sur les routes pour tous les produits ou marchandises à destination ou en provenance des comptoirs français, ainsi qu'à tous les commerçants ou voyageurs protégés par la France qui voudront traverser le royaume d'Allada.

Le roi et les chefs s'engagent à leur donner aide et protection en toute circonstance.

ART. 9. — Les habitants du royaume d'Allada pourront circuler librement dans tous les pays administrés directement ou protégés par la France, y faire séjour et s'y livrer à des opérations de commerce. Ils recevront aide et protection conformément aux lois en vigueur.

ART. 10. — Le roi ne pourra entreprendre aucune opération de guerre sans l'autorisation du Gouvernement français. Toute contestation entre le royaume d'Allada et les États de protectorat limitrophes sera réglée par le gouverneur des établissements français du Bénin.

ART. 11. — Aucune concession de terre ne pourra être accordée dans le royaume d'Allada sans l'autorisation du Gouvernement français.

ART. 12. — Le roi garantit le respect de la propriété ainsi que la sécurité des biens et des personnes.

ART. 13. — La France aura le droit de faire des établissements de toute nature, d'exécuter tous travaux d'utilité publique, lignes télégraphiques, voies de communication (chemins de fer, routes, canaux).

ART. 14. — Des écoles françaises pourront être ouvertes dans tous les centres de population. Le roi en favorisera l'établissement et usera de son influence pour propager la langue française et répandre l'instruction dans le pays.

ART. 15. — Tous les traités conclus par les rois du Dahomey, anciens possesseurs du pays, sont annulés.

ART. 16. — Le présent traité, fait en triple expédition, ne deviendra définitif qu'après l'approbation du Gouvernement de la République française.

Fait à Allada, le quatre février mil huit cent quatre-vingt-quatorze.

(Suivent les signatures.)

TRAITÉ

AVEC LA CONFÉDÉRATION DES MAHIS DE SAVALOU.

AU NOM DE LA RÉPUBLIQUE FRANÇAISE,

Entre le général de brigade Dodds, commandant supérieur des établissements français du Bénin, grand officier de la Légion d'honneur, représenté par M. Pentel (Horace), capitaine d'infanterie de marine de l'état-major du corps expéditionnaire du Dahomey;

Et Baguidi, roi de la confédération des Mahis de Savalou, a été conclu le traité suivant :

ARTICLE PREMIER. — Le roi et les habitants de la confédération des Mahis de Savalou, heureux d'avoir reconquis leur indépendance, se placent sous le protectorat et la suzeraineté de la France, leur libératrice.

ART. 2. — La confédération des Mahis de Savalou sera gouvernée d'après les mœurs et coutumes du pays, dont les institutions seront respectées.

ART. 3. — Les habitants du pays de Savalou s'engagent à tenir ouvertes toutes les routes conduisant au nord et au sud, à laisser librement circuler les voyageurs et commerçants et, en général, tous ceux qui désireront traverser leur pays pour aller faire le commerce dans les territoires soumis directement à l'autorité de la France ou protégés par elle.

ART. 4. — Les commerçants et traitants français, ou protégés par la France, pourront s'établir librement dans le pays pour y fonder des comptoirs ou établissements après autorisation du Gouvernement français. Le roi et les chefs s'engagent à favoriser de tout leur pouvoir les Français ou protégés de la France.

ART. 5. — Nul ne peut s'établir dans le pays de Savalou pour y entreprendre des travaux d'utilité publique, une exploitation agricole ou minière, sans l'autorisation du Gouvernement français.

ART. 6. — Le roi et les chefs s'engagent à faciliter, notamment par des concessions de terrain, l'établissement de postes, routes, chemins de fer, canaux, lignes télégraphiques et voies de communication de toute nature si la France en juge utile la construction.

ART. 7. — Les habitants du pays de Savalou auront les routes ouvertes dans toute l'étendue du territoire français et des pays protégés par la France. Ils seront protégés par les représentants de l'autorité française lorsqu'ils voudront se rendre ou transporter leurs marchandises dans les possessions françaises du littoral.

ART. 8. — Toutes contestations entre les habitants de Savalou et les pays circonvoisins ou les indigènes originaires des régions directement administrées par la France seront jugées par le résident de France à Abomey, chargé de l'exercice du protectorat, avec appel au chef de la colonie du Bénin.

ART. 9. — Le roi et les peuples de la confédération des Mahis de Savalou s'engagent à ne jamais faire la guerre à leurs voisins et à ne pas laisser traverser leur territoire par des troupes de guerriers armés sans en avoir reçu l'autorisation du chef de la colonie.

ART. 10 ET DERNIER. — Le présent traité, fait en quadruple expédition et provisoirement exécutoire, aura son effet plein et entier dès que le Gouvernement français aura donné avis de sa ratification.

Fait à Savalou, le trente janvier mil huit cent quatre-vingt-quatorze.

(Suivent les signatures.)

ÉTOILE-NOIRE

STATUTS

AFRIQUE OCCIDENTALE

ROYAUME DE PORTO-NOVO

Nous TOFFA, prince royal du Dahomey, par la grâce de l'Être Suprême et la protection de la France, roi de PORTO-NOVO,

A TOUS CEUX QUI CES PRÉSENTES VERRONT, SALUT.

Voulant fonder dans notre royaume une institution qui nous permette de récompenser les services de nos sujets et ceux des Européens qui, par leur concours, Nous ont donné des gages de leur dévouement;

NOUS AVONS ORDONNÉ ET ORDONNONS CE QUI SUIT :

ARTICLE PREMIER. — Est institué dans notre royaume l'ordre civil et militaire de l'Étoile-Noire du Bénin.

ART. 2. — Le roi, chef souverain du royaume, est grand maître de l'Ordre.

ART. 3. — L'Ordre de l'Étoile-Noire se compose de chevaliers, d'officiers, de commandeurs, de commandeurs avec plaque et de grands-croix.

ART. 4. — Les membres de l'Ordre sont nommés à vie.

ART. 5. — Le nombre des chevaliers n'est pas limité, celui des officiers est fixé à 3 000, celui des commandeurs à 1 000, celui des commandeurs avec plaque à 500, celui des grands-croix à 100.

ART. 6. — Le modèle de la décoration est une croix d'émail blanc à quatre rayons doubles, bordés de bleu, partagés entre eux par des rayons, surmontée d'une couronne formée de branches de chêne et de laurier. Au centre de cette croix, une étoile d'émail noir à cinq rayons simples.

ART. 7. — La monture et les rayons de la croix sont en argent pour les chevaliers, en or pour les grades supérieurs. Le diamètre est de 45 millimètres pour les chevaliers et officiers et de 62 milimètres pour les commandeurs et grands-croix.

ART. 8. — Les chevaliers portent la décoration attachée sur le côté gauche de la poitrine par un ruban moiré bleu clair de 40 millimètres de largeur. Les officiers la portent à la même place et avec le même ruban, mais en forme de rosette; les commandeurs portent la décoration en sautoir attachée au cou par un ruban moiré de même nuance et de 45 millimètres de largeur. Les commandeurs avec plaque portent en outre sur le côté droit de la poitrine une plaque diamantée tout argent, du diamètre de 90 millimètres, dont le centre représente une étoile.

Les grands-croix portent un ruban moiré bleu clair de 11 centimètres de largeur, en écharpe passant sur l'épaule droite, au bas duquel est attachée la croix. De plus ils portent la plaque sur le côté gauche de la poitrine.

ART. 9. — Nul Européen ne pourra être nommé ou promu dans l'Ordre que sur la proposition du Chef de la Colonie française du Bénin.

ART. 10. — Des brevets, revêtus du sceau du roi, enregistrés au Gouvernement de Porto-Novo et contresignés par le Chef de la Colonie française du Bénin, sont délivrés à tous les membres de l'Ordre nommés ou promus.

Fait en notre palais de Békon, à Porto-Novo, le trente du mois d'août de la mil huit cent quatre-vingt-douzième année de l'ère chrétienne et la dix-huitième de notre règne.

Signé : TOFFA.

ANNEXE III

ÉTAT NUMÉRIQUE

DES TUÉS, BLESSÉS ET MORTS DES SUITES DE LEURS BLESSURES OU DE FATIGUE PENDANT LES CAMPAGNES DE 1892-1893.

NOMS	DATES DES AFFAIRES	OFFICIERS		EUROPÉENS		INDIGÈNES	
		TUÉS	BLESSÉS	TUÉS	BLESSÉS	TUÉS	BLESSÉS
Zobbo	10 août 1892.			2			13
Takon	21 septembre.		2				
—	22 septembre.		1		2		6
Dogba	19 septembre.	2		3	20		7
Reconnaissance des canonnières	28 septembre.			1	12		1
Reconnaissance	2 octobre.					1	
Poguessa	4 octobre.	3	2	3	14	3	18
Pont-d'Adégon	6 octobre.	1	2	3	12	2	18
Oumbouémédi	12 octobre.		1	4	18		9
Akpa et Koto	13 octobre.		4	4	16	4	16
—	14 octobre.		1		8	1	5
—	15 octobre.	1	2	2	14	3	19
—	20 octobre.	2		5	17	4	18
—	21 octobre.				2		4
—	26 octobre.		1	1	14	1	9
—	27 octobre.			2	5		7
Reconnaissance	1er novembre.						3
Combat d'Ouakon	2 novembre.	1	1	1	14	2	8
—	3 novembre.	1	4	4	25	1	29
Yokué	4 novembre.	1	3	5	17	2	29
Escorte de convoi	....	»	»	»	»	3	7
Huansouko	2 mai 1893.	1	1	1	»	»	»
Divers	....	8	1	»	»	»	»
Totaux	Tués	21	»	41	»	27	»
	Blessés	»	26	»	210	»	226
Soit au total	21 officiers, 68 hommes tués. / 26 — 436 — blessés.	551.					

1. Voir, pour les malades, p. 103.

ÉTAT NOMINATIF

DES OFFICIERS TUÉS OU MORTS DES SUITES DE LA CAMPAGNE.

Légion étrangère : Chef de bataillon FAURAX.
— Lieutenant AMELOT.
Infanterie de marine : Capitaines BELLAMY.
— — MARMET.
— — BÉRARD.
— Lieutenants TOULOUSE.
— — BOSANO.
— — MERCIER.
— — GÉLAS.
— — VAILLY.
— — BADAIRE.

Infanterie de marine : Lieutenant DOUÉ.
Artillerie de marine : Capitaine FALLIÈRES.
— Lieutenants VALABRÈGUE.
— — MENOU.
— — MICHEL.
— — LACABE.
— — MARON.
Spahis : Capitaine CRÉMIEU-FOA.
Médecin des colonies : Dr ROUCH.
Infanterie légère d'Afrique : Capitaine MAUGIN.

TABLE DES MATIÈRES

TABLE DES GRAVURES

FIN.

Coulommiers. — Imp. Paul BRODARD. — 19-95.